李小龍

不朽的東方傳奇

我絕對不會說我是天下第一，可是我也絕不會承認我是第二。

——李小龍

《青蜂俠》系列宣傳照，拍攝於 1966 年左右。

《死亡遊戲》劇照，拍攝於 1972 年。

全家合照（拍攝於 1970 年左右）。

李小龍與琳達的結婚照（拍攝於 1964 年左右）。

《龍爭虎鬥》劇照，拍攝於 1973 年。

《龍爭虎鬥》劇照，左為洪金寶，拍攝於 1973 年。

我一切的所想所為，在於發現生活的真正意義——獲得心靈的平靜。

——李小龍

《唐山大兄》劇照，拍攝於 1971 年。

《青蜂俠》劇照，拍攝於 1966 年。

《猛龍過江》劇照，拍攝於 1972 年。

序言　你所不知道的李小龍

朱建華
中國截拳道國際聯盟副主席兼秘書長

二〇一六年十一月，我曾和師兄以及中國截拳道國際聯盟（CJIF）主席一行三人，專程赴美，拜祭截拳道恩師李愷師父。其間，我們專門抽出時間前往西雅圖，拜祭李小龍宗師，代表聯盟、國內的弟子們，完成一個截拳道者朝聖般的夙願。

記得從西雅圖機場出來，一位黑人計程車司機接我們去市區。他很熱情，一路與我們閒聊。路上，他好奇地問我們來西雅圖做什麼，我們說為了拜祭「Bruce Lee」而來，他一聽就興奮起來，大叫一聲「哦打！」當時，他的雙手如果不是緊握著方向盤，以他的那個興奮勁兒，恐怕還要學著宗師的表情，抹一抹鼻子。到了西雅圖之後，為探尋宗師的足跡，由美國著名李小龍紀念品收藏家李捷勤先生帶領，我們夜訪唐人街「大同飯店」。李小龍當年常常光顧這家飯店，至今這家飯店還留有一個紀念專座。剛剛進門，就見一位年輕人異常高興，衝著我們一邊嚷著，一邊手裡還揮舞著什麼，定睛細看，原來是一瓶「李小龍茶」，而當時我們三人也是人手一瓶。也許，對於這位美國人而言，「李小龍茶」就是全世界「龍迷」的接頭信物。那一份毫不見外的激動，我們也馬上心領神會，同樣報以中國式的熱情回應……李小龍是很多美國人心中不滅的偶像，這次美國行，一路上有非常多直觀的感受。

多年來，我陸續看過很多有關李小龍的新聞報導、街頭採訪，似乎無論是在中國的北京、長沙，還是在美國的紐約、舊金山，乃至於遠在印度洋西南方的非洲島國模里西斯，走在大街上，隨便問一個人，你知道李小龍嗎？鮮有不知道的，而且其中大部分人還會像那位西雅圖的黑人計程車司機一般，在瞬間被某種叫做「李小龍」的神祕能量點燃，激動得手舞足蹈之外，一定還要加上幾聲大叫「哦打！」

你一定聽說過李小龍。不過，你真的「知道」李小龍嗎？

拋開那些李小龍影視表演中展現的各種姿式，拋開二十世紀七〇年代娛樂記者和新聞媒體們炮製的一個個「李三腳」、「精武指」之類的子虛烏有的噱頭，拋開那些基於李小龍「國際功夫電影巨星」的浮光掠影的外在表象，他的思想、他的生活、他的武術生涯、他的人生追求和成就、他的光榮和夢想，有多少人真正瞭解呢？

當我們只是留著長髮，穿著黃色運動裝，叫著「哦打」，抹著鼻子，踢一個高腿，擺出一副李小龍式的標誌性姿勢，然後就此滔滔不絕地談論李小龍的時候，我們談的是那位不到三十歲就在美國創立截拳道的武學宗師嗎？我們談的是那位說「一個人必須努力做到最好，只有天空才是極限」的李小龍嗎？我們談的是那位一生中堅持「始終做自己」，努力追求成為真正的「人」的李小龍嗎？我們談的是那位終生以自己是中國人而自豪，以向外國人傳播中國文化而驕傲的李小龍嗎？我們談的是那位有血有肉，寧願國術館賠本，也不願為了商業化犧牲藝術品質；寧願不要演出機會，也不願摧眉折腰事權貴，犧牲中國人尊嚴的李小龍嗎？我們談的是那位性格急躁、喜歡惡作劇，有點小驕傲，有不少普通人的缺點，但又能坦誠面對自我的李小龍嗎？我們談的是那位情商很高、才華橫溢，喜歡在微雨中漫步，能詩善畫懂設計的李小龍嗎？我們談的是那位從來不以大師自居，一生踐行空杯哲學和學無止境理念的李小龍嗎？

如果，我們感興趣的只是那位外形俊朗、肌肉健美、功夫超群，可以短暫激增我們的荷爾蒙，滿足我們心理代入感的電影明星李小龍先生，那麼，這對於我們而言，特別是對於那些以李小龍為榜樣的人們而言，有任何現實意義嗎？

這必須打一個大大的問號。

「基本上來說，我一直主動選擇武術作為我的生活，而把演員當做一個職業。但最重要的是，我希望能夠實現自我，成為一位生活的藝術家」，這是李小龍當年對自己人生的精確定位，以及在他心中孜孜以求的人生理想。因此，關於演員，關於明星，李小龍生前對此早有清醒且深刻的認識。作為截拳道的一代宗師，電影只是他向世界傳播中國武術的一個媒介，演員只是他選擇的一個職業。他從來不追求成為明星，而只想成為一個「有品質的演員」。他知道很多人，特別是那些盲目的「龍迷」，都只是通過「明星」這個光環去看他。「如今有太多的明星，太少的演員」，二十世紀七〇年代初，面對記者，李小龍曾非常直白地指出這一點：「『明星』不過是個幻象。它能使你扭曲變形。」後來的事實證明，李小龍的國際影響力主要因影視而成就，其個人形象卻也因影視而被歪曲。

幾十年來，李小龍，這位二十世紀紅遍全球的傳奇人物，因其傳奇經歷，以及演員和功夫電影明星這兩個極端表面化的刻板符號，被大眾、商業傳媒，以及無任何辨識力的所謂「龍迷」們，有意無意，以獵奇的方式曲解、誤讀。一些商業傳媒，甚至無中生有，以地攤文本、奇談怪論迎合某些大眾的低級趣味，不是將他妖魔化，就是將他神化。歷年所見，無論報紙、書籍、雜誌，還是電視臺製作、播放的紀錄片，到處充斥著大量難以置信的謬誤。近年來，雖然在市面上偶見一兩本高品質的國內外作者撰寫的李小龍傳記，但大部分正式出版的所謂李小龍傳記多為不加考證，拾人牙慧，夾雜傳抄各種七〇年代港臺街巷地攤資料，毫無歷史真實可言的「傳記」，三人成虎，以訛傳訛至今，成為一切妖魔化或神化李小龍的主要源頭。

幾十年過去了，放眼世界，中外各類功夫、動作電影明星何其多，但是眾星如流星般閃耀過後，唯有李小龍仍然是偶像中的偶像，明星中的明星。當今世界最佳 MMA 選手、前 UFC 中量級冠軍安德森．席爾瓦就是一位最具典型性的專業級龍迷和李小龍學習者，他說：「李小龍一直是我生命中的標準。我研究李小龍的技巧，也一直在研究李小龍的書，同時我也將自己的技巧變得像李小龍一樣。」事實上，對於李小龍而言，當年他所取得的，無論是武術事業上，還是電影事業上的前無古人的成功，都不過是早在他預料之中，並經過長期艱苦卓絕的自我訓練和修行，做好了充分準備，且在機會來臨之際，簡單直接地主動選擇的結果。在此，我們不妨重溫一下李小龍當年關於成功的定義：「成功就是當準備遇到機會。機會也許會走向你，也許不會。幸運也許走向你，也許不會。但如果它們走向你——你稱之為幸運——你最好已經做好了準備。」

通過這本傳記，讀者將會瞭解到，李小龍為了得到成功的機會，曾經如何「像隱士一樣日復一日地進行體能和技巧的訓練以達到最佳狀態」，做過哪些超越常人的艱苦準備。香港剛柔流空手道橋治會資深館長李錦坤先生，至今仍然記得李小龍在指導他的腿技時對他的告誡：「能受人不能受之苦，定能成人不能得之成。」並引以為人生座右銘。

本書作者是一位資深的「龍迷」，亦是一位研究有成的年輕的李小龍研究者。他曾經在我為《中華武術》雜誌編輯李小龍紀念會刊和專輯的過程中，提供過無私的工作支援和高品質的翻譯文章，由此我對他有了較為深入的瞭解。為了置身於那個時代，走近人物的內心，以便能盡量接近當時的歷史真相，還原一個有血有肉的李小龍，本書作者為此準備了二十二年，期間花費了大量時間、精力和財力，如癡如醉，樂在其中。目前他所收集、珍藏的李小龍文獻資料有三千七百八十份，僅電子版資料（不包括影像資料），容量就達到十二．四G，其中包含六．六G的李小龍照片，達三萬一千八百九十五張，另有李小龍有關影像七百一十七個。他以一位李小龍研究學者應有的嚴謹務實的態度，對大量資料條分縷析，嚴格考據，並於二〇一三年正式動筆，撰寫這本傳記。我能夠看到這本傳記的背後，作者的至誠，以及他到目前為止所做的努力，反覆修訂，以期達到盡量的完善。

誠如作者自己所言：這是一本也許不怎麼強調文學性和思想性，但盡量貼近真實的嚴謹的李小龍傳記。「有多少資料，說多少話，得出什麼樣的結論。」或許其中仍有不察之謬誤，但本書對讀者貼近真實的李小龍，並借此相對深入地瞭解李小龍偉大而傳奇的一生，會有極大的幫助。拋開各種先入為主的關於李小龍的成見，以及盲目追星的浮躁，希望讀者能夠通過這本傳記，更進一步地瞭解李小龍，走近李小龍。最終，我們會瞭解到，李小龍對於一個人，人生成功的終極定義，是中國道家式的——尋找寧靜的心境。假如您能從中糾正一些過去關於李小龍的錯誤認識，得到一些啟迪和激勵，或許這正是本書作者所期望的。假如您能夠因此敞開自己，坦率真實地開啟自我發現、自我解放的旅程，那可能正是李小龍所期望的。

「生活是不斷前行的過程，你應在此過程中保持流動，不斷去發現自己、實現自己、昇華自己」，「一切知識最終都意味著認識自己」。

謹以李小龍的人生雋語與諸君共勉。

WALK ON！

目錄

序言 8

第一章 龍之初

從美國到香港 18
影壇新星 24
童星李小龍 27
拜師葉問 29
拳擊與恰恰舞 34
《人海孤鴻》 39
被迫離港 43
重返舊金山 49

第二章 西雅圖

周露比餐館 55
功夫小組 60
振藩國術館 66
華盛頓大學 75
首次返港 83
琳達 88
長堤武術大賽 94
喜結連理 99
比武黃澤民 107

第三章　好萊塢

悲喜交加　116
舉家返港　122
闖蕩好萊塢　128
《青蜂俠》　134
明星私教弟子　139

第四章　截拳道

洛杉磯武館　144
冠軍之師　148
創立截拳道　152
「功夫夢」受挫　159
《無音簫》擱淺　165
香港之王　171
山窮水盡　176

第五章　結緣嘉禾

嘉禾公司　184
絕處逢生　190
《唐山大兄》　195
一夜成名　202
樹大招風　211
精武陳真　218

第六章　成名以後

協和公司　226
李羅交惡　231
《猛龍過江》　234
義助好友　242
《死亡遊戲》　245
簽約華納　252

道德陷阱 257
丁珮風波 263
痛失摯友 265
年羹堯 271

第七章　最後的歲月

《龍爭虎鬥》 276
健康透支 285
死亡預演 293
交鋒華納 298
羅維報警事件 302
撒手人寰 308
死後亂象 315
兩次葬禮 324
死因揭祕 331

第八章　影響深遠

倍受尊崇 348
搖錢樹 356
MMA之父 366
李小龍熱 370

附錄

大事記 374
血統大揭祕 390
家譜關係圖 396
生平部分足跡 398
影視作品年表 405
參考資料 409

第一章　龍之初

從美國到香港

一九四〇年十一月二十七日早上七點十二分，何愛榆的第二個兒子出生在唐人街的傑克遜街東華醫院[1]，起名為李鎮藩[2]。產科醫生瑪麗·格洛弗給這個男嬰起了一個英文名字「Bruce Lee」。得知消息的李海泉連夜帶妝從紐約趕到醫院，見到母子平安，滿心歡喜，才依依不捨地回到戲班演戲。

何愛榆子女共五人，分別為李秋源、李秋鳳、李忠琛、李振藩、李振輝。五個子女中，以李忠琛與李振輝長得最像外國人，而李小龍怎麼看都是一副華人模樣。李振輝

1 李小龍出生時的產房，後被改作醫生與全院醫務人員的培訓室，室號四〇五。現醫院已被拆除重建。

2 有一說是「李震藩」，因與爺爺李震彪同字輩，故李海泉好友，著名華僑劉義南建議換成諧音字「振」。但在出生證明及學籍卡上，儼然寫著「李鎮藩」，但不知何時何故改為了「李振藩」。

年紀漸長後，外貌卻越來越像華人了[3]。

何愛榆出院後，抱著李振藩住在特倫頓街十八號，李海泉則繼續巡迴演出。三個月大的時候，李振藩曾在由伍錦霞導演，關文清編劇的電影《金門女》（Golden Gate Girl，一九四一年上映，片長一小時又五十分鐘）中飾演嬰兒時期的王萊露，他的鏡頭在傑克遜街六三六號的大明星戲院拍攝。一九四一年五月二十七日，《金門女》於美國上映。

一九四一年一月，美國總統羅斯福簽署的《一九四〇年移民法案》正式生效。該法案規定，出生在美國、入籍美國，或是出生在美國所轄之海外殖民地、孩子出生時母親居住在美國的，無論孩子出生在該法案生效之前或之後，都是美國公民。這就意味著，李振藩一出生便是美籍華裔。因此，結束了巡演的李海泉夫婦在三月二十九日早上八點半便來到美國司法部舊金山移民局，在華裔口譯員的幫助下，面對檢察官，為剛出生不久的李振藩申請了美國國籍，並承諾將讓他日後回到美國接受教育。

一九四〇年的香港，一下子湧來了許多逃避戰爭的難民，香港人口急劇膨脹。當

3　根據舊金山移民局檔案記載，李海泉夫婦都說，比李秋鳳大四十多天的李秋源是養女，李秋鳳才是其親生女。將李小龍堂姐、李滿甜之女李秋鑽的照片與李秋源的照片進行對比後，筆者認為李秋源是李海泉兄長李滿甜的女兒，為李海泉過繼女。

時香港的衛生條件很差，港英政府一下子無法管理如此多的人，致使那年秋天霍亂橫行。李海泉一家三口一直等到演出合約結束，拿到了李振藩的出生證及美國移民歸化局於一九四一年三月三十一日所頒發的「美國公民出埠回國證書申請書」，才在四月六日乘坐「皮爾斯總統號」遠洋渡輪，於五月中旬回到闊別年餘的香港。

在遷居彌敦道二一八號之前，李海泉與兄長一家近二十人住在茂林街五號二樓。根據舊金山移民局檔案記載，李海泉夫婦都說，比李秋鳳大四十多天的李秋源是養女，李秋鳳才是其親生女。將李小龍堂姐、李滿甜之女李秋鑽的照片與李秋源的照片進行對比後，筆者認為李秋源是李海泉兄長李滿甜的女兒，為李海泉過繼女。

在李忠琛和李振藩之前，何愛榆曾生過一個男嬰，但不久就夭折了。李海泉那七十多歲的母親駱耕妹極為迷信，於是，剛出生的李忠琛便打了耳洞，戴了耳環。在美國時，李海泉夫婦也對年幼的李振藩這麼做。就連一九四八年出生的老么李振輝也不例外。駱耕妹為了騙過所謂的專門吸食男孩魂魄的「金甲神」，還特意給李振藩起了一個女性化的小名「細鳳」。

李振藩回到香港後由於水土不服而生了一場大病，整個人很是虛弱，中醫也束手無策。李家人回憶，那時的李振藩，毫不誇張地說，的確是接近死亡邊緣了。於是，何愛榆抱著李振藩去余潮光醫生處看西醫。

經過余醫生的精心治療與何愛榆不分晝夜地悉心看護，年幼的李振藩總算熬了過來，而駱耕妹卻在不久後因病過世。鑒於李滿甜也已在一九四〇年逝世，撫養全家近二十人的生活重擔便落在了李海泉身上。

一九四一年十二月二十五日，日軍攻陷香港。香港進入了歷時三年八個月的日據時期。

日本人在佔據香港期間所採取的政策是一貫的「男殺女姦」，甚至因為糧食短缺而出現了人吃人的現象，這讓本就對侵略行徑憤慨的港人對日本人更為深惡痛絕，除了拒買日貨外，還成立了「香港義勇軍」、「廣東人民抗日遊擊總隊港九大隊」、「廣東人民抗日遊擊隊東江縱隊」等抗日武裝組織[4]。

一九九八年重陽節，香港特別行政區舉行了隆重的「陣亡戰士名冊安放儀式」。

日本人深深懂得，控制了文化和思想，就能徹底控制香港。於是，日本人開始將觸手伸向文化界，李海泉是梨園行大佬倌，自然成了日本人的主要拉攏目標。日據時期的中國人是不能吃米飯的，但日本人不惜以多供給白米為誘餌，逼迫梨園行就範。剛搬進彌敦道二一八號的李海泉為了養活一家老小，不得已為日本人唱戲。李家人回憶，當

4　港九大隊成立於一九四二年二月。東江縱隊為中共領導的東江抗日遊擊隊，成立於一九四三年十二月。港九大隊後改稱為東江縱隊港九獨立大隊，抗戰勝利後，編入華東野戰軍。一九五一、一九八八年，經港英政府批准，建立了兩座抗日紀念碑。

時在道口盤查時，只需說出自己是唱大戲（粵劇）的，便不會遭到非難。

在日據時期，香港連好萊塢電影也被禁止放映，改為專門上映日本電影。除了李香蘭（一九二〇——二〇一四年，原名山口淑子）在日本人製作的影片中扮演過一些角色，沒有一個香港電影人願意為日本人工作，一九四四年香港電影業更是連一部電影都沒有拍攝過。在那段時間裡，香港電影業處於完全停頓狀態。

抗戰結束後，電影業開始逐漸復甦，許多粵劇名伶在粵劇尚未完全復興之時，開始紛紛轉向電影界發展，作為副業。李海泉也曾帶上家人與劇團一起坐船回家鄉順德，在三華村為當地華光廟落成進行演出。這也是李振藩平生唯一一次踏足祖國[5]。

由於李海泉在家中教導一班徒弟，加上家中經常有粵劇界人士出沒，被稱為「冇時停」（粵語，停不下來的意思）的李振藩耳濡目染，沒多久就能模仿個七八成，並在父親演戲的電影片場像模像樣地演起粵劇。那些叔伯們見他活潑可愛，偶爾教他一招半

5　李振輝回憶，除順德老宅外，李海泉在廣州荔灣區恩甯路永慶一巷十三號另有一處房產，是典型的西關大屋，多為度假之用，李海泉年輕時也曾在距離此宅僅幾十米的八和會館演出過。李振輝小時候經常在這間老房子裡追逐嬉戲，但李小龍沒在這裡生活過。該房屋已被廢棄，現為培正小學操場一部分。李海泉赴港後，該處房產出租。一九七八年，李振輝將產權收回，房契保留在美國家中。

式的「功夫」。這些招式多為花拳繡腿，但是在李振藩眼裡，這些「絕招」已足以用於震懾對手。

兒童頑皮活潑，本是平常之事，但是年幼的李振藩卻活潑得讓人捉摸不定。李海泉子女五人，雖然李秋鳳曾是「自力女子籃球隊」的首發前鋒，但也並不像李振藩這樣如陀螺般活躍，這讓李海泉夫婦大傷腦筋，對他那旺盛精力也疑惑不解。為了管住李振藩，他們已經使出了渾身解數，但根本沒有任何效果，於是索性讓李振藩去看連環畫，卻不料歪打正著，沉迷於連環畫的李振藩就像被如來佛降服了的孫悟空一樣安靜了下來。這也讓家人找到了他的「命門」——只要給他一本連環畫看，便可獲得一段時間的安寧。李振藩看連環畫上了癮，經常挑燈夜讀，這樣的「用功」程度使得他六歲起就戴上了厚厚的近視眼鏡[6]。

由於何愛榆與修女們的良好關係，除了尚未出世的李振輝外，李家子女都被安排在家附近的嘉諾撒聖瑪利書院讀一年級。不久後，李忠琛與李振藩轉入德信學校就讀。

6　李振輝在做客《魯豫有約》節目時說，他們全家都有鼻敏感的症狀，家裡的男孩在一至六歲期間常常生重病。由此可見，這是一種有著嚴重遺傳傾向的疾病，而且對於男性遺傳傾向更為嚴重。著名香港電影人文雋也說，許多醫學專家經過研究得出的結論是，李小龍這是得了一種名為「注意力不足過動障礙」（ADHD，俗稱過動症）的病，是一種輕微腦功能障礙症候群，也是一種常見的兒童精神障礙。

德信學校建成於一九三〇年，是一所天主教男子小學，由加拿大修女所創辦，教師們都是女性。香港淪陷後，加拿大修女被驅逐出境，德信學校被迫停辦。二戰結束後，德信學校重新選址建造，一九四七年九月復課，李振藩與哥哥李忠琛、堂哥李發枝一同入學，成為第一批入讀該學校的學生之一，李振藩就讀二年級。德信學校當時為九龍地區少數英文私立學校，課程設「漢文科」，兼授四書五經，古文辭章，聲譽日隆。來這裡讀書的學生都有私家司機和傭人接送，李振藩也不例外。

影壇新星

一九四八年，俞明（李小龍堂姐李秋鑽的丈夫，越南華僑，原名阮耀麟，著名導演俞亮的哥哥）說服李海泉，讓李振藩在《富貴浮雲》中出演了一個小角色。沒多久，炸劇院廁所、熱衷於打架滋事的「猩猩王」李振藩轉入了壽山學校。

一九四九——一九五〇年，李小龍以「李鑫」、「小李海泉」、「新李海泉」、

「李敏」等藝名參與拍攝了《夢裡西施》、《樊梨花》、《花開蝶滿枝》等三部「七日鮮」（在七天內便可拍攝、製作完畢並上映的影片）影片。遺憾的是，連同《富貴浮雲》在內的以上四部影片拷貝皆不知下落，目前也只見到一張《富貴浮雲》的劇照流出。

李海泉讓像野馬般難以馴服的李振藩在影片裡扮演角色其實是圖暫時清淨的無奈之舉，他一直將自己沒有接受過教育，只能以唱戲為生視為人生一大憾事，因此他更看重子女的學業，並不願意子女們涉足電影界和梨園行。但命運就是如此奇妙，李振藩的一生註定與電影結緣。

馮峰（香港著名影視明星馮寶寶之父）覺得眼前這個活蹦亂跳的李振藩就是他心目中《細路祥》的男主角，便向李海泉「借人」。但李海泉是梨園界大佬館和電影界前輩，綽號「財主」，財力雄厚，說出來的話自然有一定分量，單純用金錢很難讓他動心。有備而來的馮峰使出「殺手鐧」，承諾將李氏兄弟送入名校就讀，方才獲得李海泉「首肯」。

改編自著名漫畫家袁步雲同名漫畫的《細路祥》，在那個「七日鮮」影片氾濫的年代裡，算得上是一部製作精良的影片。為了能讓李振藩打響名氣，袁步雲應馮峰要求，為李振藩暫時起了個「李龍」的藝名，據說是在聽到賣藝人吆喝時獲得的靈感[7]。

而馮峰的確是慧眼識珠，這部戲簡直就是為李振藩量身定做的，李振藩還在影片中表演了從叔伯們那裡學來的連續側手翻。該片上映後，獲得熱烈好評，既叫好又賣座，一舉奠定了他的童星地位。不久後，《人之初》公映，李振藩的藝名正式改為「李小龍」，這個藝名也伴隨了他一生，以至於很少有人知道他的本名。據統計，李小龍在赴美前，包括《金門女》在內，一共出演了二十三部電影。

7　袁步雲說「李小龍」這個藝名是自己起的，但在《細路祥》特刊、宣傳畫及報刊廣告中用的都是「李龍」。「李小龍」這個藝名直到一年後《人之初》上映時才正式採用。

童星李小龍

李小龍自踏入影壇一始就流露出極高的表演天賦，他酷愛表演，到了著魔的程度。李小龍拍攝電影的時間通常在後半夜或者淩晨，他母親回憶道：「他非常熱愛拍電影，淩晨兩點的時候，我只要說『小龍，車來了！』他就會從床上一躍而起，穿好鞋，高高興興地離開。沒什麼可以阻止他去拍戲，但如果是早晨叫他去上學，那真是一件非常困難的事情。」

一九五一年，李振藩入讀喇沙書院

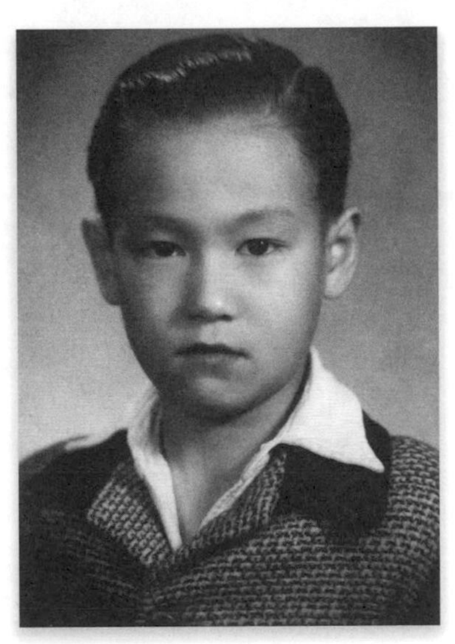

童星李小龍

小學部[8]，由於他喜歡拍戲，厭惡上學，還經常翹課，導致學習成績一塌糊塗，光小學五年級就讀了三年。這讓李海泉很是氣惱，於是限制其活動範圍。因此，一九五四年，他只參演了《愛》上下集的拍攝，這兩部電影分別於一九五五年元旦期間公映。一九五五年，李小龍終於升到了初一，獲得父親「大赦」的他立刻放開手腳，參演了四部影片。若包括元旦期間上映的《愛》上下集，這一年有六部他參演的電影上映。

李小龍雖然是童星，但是拍攝電影所得片酬也要上交給父母，由父母代為管理。在這樣的環境下長大的李小龍，當然也深知勤儉節約的道理。李秋源回憶，李小龍每次拍片回來，總要給姐姐五十圓錢，或是親自買首飾和禮物送給姐姐和家人。而李小龍每個月只有五圓零用錢，他約朋友出來玩時，第一件事就是湊錢，以錢財額度來決定娛樂場所及消費檔次。

8 喇沙書院前身是聖若瑟書院分校，初建於一九一七年。一九三二年一月六日，新校區正式投入使用。二戰爆發後，校舍先是被港英政府征為軍事監獄，後又改作醫院。日據期間作為日軍倉庫。一九四九年，港英政府再次將學校作為醫院使用，學生們只能前往巴富街臨時校舍上學。李小龍入讀喇沙書院時，正是巴富街時期。而「冷面笑匠」許冠文與李小龍是該校同級生。原名為黃湛森的黃沾也是其校友。
喇沙小學前身是喇沙書院的附屬校舍。一九五七年，正式脫離喇沙書院，成立喇沙小學，由彭亨利修士擔任校長，為期二十七年。因此，李小龍當時所讀的「喇沙小學」嚴格意義上說應是「喇沙書院小學部」。

拜師葉問

比李小龍大四十七天的張卓慶飽受家中那位同父異母的大哥的欺淩，於是想到請李小龍來幫忙。為此，一九四九年，他在同為梨園行的阿姨的帶領下參加了李小龍的十歲生日宴會（其實當時只有九歲）。但見眼前的李小龍一身女孩打扮，遂打消了念頭，可由於二人年齡相仿，所以很快就成了無話不談的好友。那天之後，兩人有很長一段時間沒有見過面。

一九五一年，張卓慶親眼見證了學習拳擊的黃淳樑踢館葉問，卻被葉問多次打翻在地。當年年底他得知，黃淳樑已改練了幾個月的詠春拳，遂請其兄黃敏良代為引薦，成了葉問的弟子。一九五四——一九五八年，張卓慶借住在葉問家中，得到葉問傾囊相授，還鑽研醫術和點脈絕技，成了葉問真正意義上的入室弟子，也為日後在澳洲發展詠春打下了堅實的基礎。

一九五二年，在一次上學途中，張卓慶與李小龍互相認出彼此，於是重新做回朋友，張卓慶更是天天接送李小龍上學、放學，兩人友情日益深厚。

李小龍曾在幼年隨李海泉學過一段時間的吳氏太極拳，每天一大早，父子二人起床燒香後便一同前往京士柏公園練武。但是練了沒多久，李小龍就因為太極拳的慢節奏而開始心生厭倦。雖然練習太極拳半途而廢，卻也因為每天對著剛出的太陽鍛煉，雙目顯得炯炯有神。一九五三年底的一天，李小龍被一群人追趕，幸虧張卓慶及時出手相助才化險為夷。此時的李小龍已粗略學過太極拳、洪拳、蔡李佛拳等拳法，但是發現在實戰中都不是很實用。於是，李小龍向張卓慶提出想學詠春拳來防身。張卓慶一開始便極力反對，理由是：李小龍是小有名氣的電影童星，學了詠春拳打架，會致使名譽受損，更何況他壓根不相信李小龍會嚴肅地對待練武這件事。但是李小龍決意要學，張卓慶拗不過他，只得答應，並多次上門勸說何愛榆讓李小龍學武。愛子心切的何愛榆最終還是替李小龍交了學費。李小龍將學費包了一個紅包，親自遞呈葉問。

葉問與李海泉是好友，也很喜歡看李小龍演的電影。在他看來，李小龍全身透著一股機靈勁，是塊練武的好材料，當即便收他為徒並為其開拳。拜師時，除了李小龍、張卓慶兄弟及葉問本人外，再無他人在場。李海泉得知此事後，也並無阻攔。

一九五七年，李小龍與葉問合照。

葉系詠春拳[9]簡單至極，只有三個套路：小念頭、尋橋、標指；兩種器械：八斬刀、六點半棍，外加一套木人樁法。招式簡便，步伐幅度極小，甚少腿法，以拳為主，實戰性極強。街頭巷戰，要的就是簡單、實用、有效，能用最小、最簡單的動作和力量達到最大的效果。而詠春拳的特點正合李小龍心意。

一開始，張卓慶手把手教李小龍入門套路「小念頭」，一開始只教了十來招，在沒有教授新的招式的情況下，李小龍足足學了三個月。可見其恆心與毅力。

為了練好詠春拳，不再被人欺負，李小龍幾乎是全身心投入功夫上：每天在放學後風雨無阻地去武館；時常在吃飯時以拳頭擊打桌椅，來鍛煉拳頭的硬度；為了試驗拳頭的威力，李小龍經常將街上的老鼠箱打壞；在散步時手持小型啞鈴，旁若無人地做連環直拳狀一路「打」過去；偷偷地在家中安置了一架木人樁，每日勤加練習；還時常在

9　詠春拳，南派拳種，創拳者繁多（如五枚師太、至善禪師、攤手五、鄭三娘子等），源流延演的傳說也有多種版本，現已很難考證清楚。據葉問宗師次子葉正師傅所述，葉問所傳的詠春以梁贊為祖師。梁贊傳藝陳華順，陳華順收了葉問為封門弟子，陳華順去世後由弟子吳仲素代為傳藝。後葉問於香港聖士提反書院就讀期間遇見師公梁贊之子梁壁（本名梁碧和），隨其深造，回佛山後不斷鑽研、實踐，大體形成了自己的風格。一九四九年到港後，又將拳術改良，後世稱「葉問系詠春」或「葉系詠春」，而葉問本人則一直稱自己所學為「佛山詠春」。

幾個師兄弟家「開小灶」；連睡覺都拿著啞鈴。葉正曾聽葉問說過：「小龍一天練習詠春拳的時間至少超過五、六小時。一般人一星期、一個月的練習時間加起來，也比不上小龍一天的練習時間。」何愛榆曾感慨，如果李小龍能像練武般花點心思在學習上，成績也不至於那麼糟糕。

進入青春期的李小龍比童年時更喜歡打扮了，尤其是髮型，每天必定花上十五分鐘以上，打理得一絲不亂方可出門。至於那些時髦的花襯衫更是不在話下。但詠春門裡有師兄看不慣他，就在與他練習「黐手」時惡作劇，屢屢攻擊他的面部及胸部，這讓體格瘦弱，極為注重儀表的他很不開心，卻又不便反擊。葉問對此情形洞若觀火，便改由黃淳樑、張卓慶指點李小龍。

梁紹鴻在見識了李小龍那日漸犀利的詠春身手後，決定拜入葉問門下。於是，年長他兩歲的李小龍帶他來到葉問拳館拜師，成了他的師兄。之後，家世頗為顯赫的梁紹鴻更派出私家車接葉問親自上門傳藝，成為「第一私家門徒」，直到一九五九年負笈澳洲。

業精於勤，不久後，李小龍便功力大進，那些曾捉弄過他的師兄們在與之對練時發現已不是他的對手。這些傢伙為了找回面子，開始調查起李小龍的身世，結果發現了他的混血兒背景，便以血統不正為由，聯合起來向葉問施壓，並揚言，如果葉問不把李小龍趕出去就不付學費。葉問迫於無奈，便讓李小龍離開武館，同時暗自授意黃淳樑與其單獨練武。李小龍也很「狡猾」，他曾守在黃淳樑家門口，對前來練武的師兄弟謊稱黃淳樑不在家中，以此來達到單獨訓練的目的。

本就是街頭小霸王的李小龍，學了詠春拳之後更是「如虎添翼」。據楚原[10]回憶，有一次他和女友接弟弟回家，一幫人過來調戲楚原女友，當他們不知該怎麼辦時，李小龍從學校內一路走來，那幫人就嚇得趕忙逃走了。李小龍曾與一幫同學、好友，組成了一個自稱為「龍城八虎」的「團夥」（另有一說為七虎，但並非真正的幫派組織），到處打架滋事。李小龍打架也並非完全是惹是生非，更多是打抱不平。童年的李振輝曾在一次足球比賽中被對方球員打了一頓，李小龍聽聞此事立刻衝出家門，找到那個肇事者，把他狂揍了一頓。從此，李小龍的高大形象便在李振輝心中樹立了起來。

練武本身就是為了實戰，但在公共場合打架是違法行為。因此，以李小龍的性格而言，即便他不去招惹別人，也要知道自己的武技到了什麼樣的階段。陪同李小龍練功的黃淳樑怕李小龍私下與人動手會闖出什麼禍來，便在某棟樓的天臺安排了一場實戰演練並擔任裁判。

李小龍第一次與人對戰，不比在街頭鬥毆，有裁判，又有規則，有點不習慣，又

---

10 楚原，本名張寶堅，一九三四年生，曾為邵氏著名武俠片導演，著名香港影視演員，其成名作為《愛奴》，開了風月片之先河。楚原之妻為著名粵語片明星南紅。弟弟張鵬程，也是李小龍好友。

怕把臉打壞了沒法演戲，有些畏首畏尾，結果在第一回合就被對手抓住機會，打倒在地，還掛了彩。李小龍有些沮喪，但黃淳樑示意李小龍繼續打，並給他鼓氣。經過再三勸說，李小龍終於鼓足勇氣，重新開打，發揮出了水準，對手很快被擊倒。這一仗，給了李小龍極大的信心，為日後的武打對戰打下了堅實的基礎。

在拍戲期間，李小龍不打架。如果李小龍被人挑釁而不得不出手時，張卓慶、張學健等「實戰派」師兄弟就會代替李小龍出戰，以保護他不受到傷害，從而使他得以順利連戲。

拳擊與恰恰舞

根據李小龍的回憶，除了自住的那套房子外，他家還有幾套房子出租，據說是李海泉在日本侵佔臺灣時期低價購入，租金可觀。家裡有幾個傭人服侍，加上李海泉唱戲、參演電影，一家人也算是衣食無憂。以現在的眼光來看，李小龍算得上是個「富二代」，否則，又如何能上得起喇沙書院這樣的貴族學校？

在喇沙書院就讀的學生大多是華裔天主教徒，他們與在山上的英皇喬治五世學校的學生們關係很惡劣，而英皇喬治五世學校離喇沙書院不過幾分鐘路程。香港的華人不喜歡英國人，時常會引發爭吵甚至是小規模打鬥。一九五六年，一天放學後，李小龍和他的「團夥」聚集在山上罵英國學生，最終引發了激烈的爭鬥，結果他被學校除名，轉入聖芳濟書院念初二。

當時，香港的社會風氣很惡劣，許多年輕人都有黑社會背景，李小龍又喜歡與他人對戰，打贏了又會諷刺別人，自然會在無形間樹敵多多，即便是得罪黑社會也並不奇怪。據說，當時三百萬港人中，有六十萬人是黑幫組織成員。

有一段時間，李小龍總是被一些不明身分的人跟著，一部分是被李小龍打輸了不服氣而來「復仇」的，除此之外並沒有什麼惡意；另一部分是三合會的手下，想要拉李小龍入夥。李小龍雖然能打，對這些人也有些懼怕。有一段時間，葉問拳館搬到了聖芳濟書院旁邊的利達街。所以，只要張卓慶或黃淳樑在，就可以確保李小龍在放學時安然無恙，他倆儼然成了李小龍的保鏢。

李小龍熱衷於打架，聲名在外，連聖芳濟書院的體育老師愛德華修士都知道了。這位曾經的前拳擊冠軍鼓勵李小龍參加校際拳擊比賽，並將他安排在拳擊隊裡，每天放學後進行訓練。

為了儘快提升自己的拳擊技能，李小龍與曾經練過拳擊的師兄黃淳樑「開小灶」，讓他充當自己的假想敵。除了進一步磨煉拳擊技術，更多的是熟悉拳擊規則。在李小龍看來，簡單直接的詠春拳在實戰時與拳擊並無二致，但自己的拳擊技術、擂臺經驗都無法與對手相比，於是，他和黃淳樑在進行深入討論後決定：遵守拳擊規則，使用詠春拳技術，準備來個出奇制勝。

一九五八年三月二十九日，在英皇喬治五世學校，李小龍代表聖芳濟書院，與代表英皇喬治五世學校出戰的三屆拳擊冠軍加里·埃爾姆斯爭奪冠軍。此前，他們都在前幾輪分別戰勝了自己的對手。

雙方身材差不多，但是對手拳臺經驗豐富。李小龍雖然街戰與武打練習經驗豐富，但是真正的拳臺比賽還是第一次。這註定了是一場硬戰。雖然只打了三個回合，但是李小龍應對得很吃力，數次被逼到繩角，還被吹過犯規哨。幸虧他在最後時刻抓住了對手的失誤，以詠春拳中的連環日字沖拳打擊對手，終於迫使對手認輸。他獲得冠軍後，同學們都視其為偶像。

幾乎是在練習詠春的同時，李小龍開始學跳恰恰舞。那時，恰恰舞在香港很流行，李小龍喜歡與朋友們一起去家附近的一家涼茶鋪聽音樂，看跳舞，隨著音樂手舞足蹈。為了克服見到女孩子害羞的毛病，他向一名舞技精湛的菲律賓人學跳恰恰舞。他精心練習恰恰舞，用功程度幾乎與練詠春不相上下。琳達曾說李小龍有一張卡片，上面記載了一百〇八個恰恰舞步。（在沙田文化博物館展出的李小龍展品中，有一本李小龍記載了八十二個舞步的筆記本。）李小龍也在《早知當初我唔嫁》、《甜姐兒》、《人海孤鴻》等幾部影片中特意地表演了恰恰。

李小龍最愛和朋友們去香檳大廈跳舞，每次跳舞幾乎都會帶上文蘭。文蘭（原名梁葆英，後改為梁葆文，文蘭是其藝名，現定居上海）為香港著名粵劇表演藝術家、粵語片影星梁醒波之女，兩家為世交，兩人關係自然也極為密切。不過，李小龍只是把文蘭這個「假小子」當成好朋友和哥們，兩人關係因此而未能更進一步。雖然離得不遠，也還是要開車去舞廳，兩人互為司機。文蘭還回憶，雖然外出時有李小龍做「保鏢」，但以李小龍好勇鬥狠的性格，她其實也是很欠缺安全感的。有時，李小龍會讓她開車，停在某個地方，獨自一人進去打架。不一會，他急匆匆跑出來鑽進汽車，兩人揚長而去。

由於同為電影界中人，李海泉與曹達華也是世交，兩家人自然希望曹敏儀能和李小龍走在一起，李海泉夫婦更是希望曹敏儀能好好管管李小龍這隻「猴子精」。李小龍也確實喜歡氣質高雅的曹敏儀，經常去曹家與她一起練習恰恰舞。但是令人遺憾的是，由於種種原因，兩人最終還是未能結合。

為了瞭解自己的恰恰舞到了什麼樣的水準，李小龍決定報名參加一九五八年的全港恰恰舞比賽。

李小龍的女性朋友很多，找任何一個做舞伴，其他人都會吃醋。為了能找到合適

一九五七年，李小龍與文蘭的恰恰舞照。

的舞伴參賽，李小龍真是傷透了腦筋。突然，他靈機一動，決定讓十歲的弟弟李振輝與自己搭檔。當時的李振輝接受能力強，柔韌度又好，學起恰恰舞來進步很快。兄弟倆一起練習了幾個月後，便參加了一九五八年的全港恰恰舞比賽。最終一舉奪得了青年組冠軍。而與他同年級的許冠文獲得了第八名。

《人海孤鴻》

一九五七年三月十四日，李小龍參演的文藝片《雷雨》上映，他原本希望借這部影片來拓寬戲路，擺脫之前的孤兒或小流氓形象。但是，劇中周沖的性格與其本人性格截然不同，致使他表演痕跡過重而顯得做作。結果上映後惡評如潮，這讓他開始懷疑自己的演技，也影響到了他在演藝界發展下去的信心。這直接導致他在武館習武時心浮氣躁，肌肉僵硬，動作變形，看上去很不自然。於是，葉問勸他暫停練武一週。鬱悶的他獨自一人划船出海，卻在不經意間領悟到了「天下莫柔弱於水」的真諦。幾年後，他在一篇論文《悟》中如此描述當時的情形：

……那一個星期我留在家裡，沉靜下來用心了好幾個鐘點。練了好幾回之後，我決定放棄了，改乘了條小船出海。在海上我回想起我所接受的訓練，跟自己生起氣來，就用拳頭去打海水。就在那一剎那我突然悟到了——「水」，這種最基本的東西，不正是功夫的要義嗎？這種普通的水正為我說明了功夫的原理……水，是世界上最柔軟的物質，可以適應於任何容器。這就是了，我一定得像水的本性一樣。

一九五七年底開拍的《人海孤鴻》，被視為香港電影歷史的一座里程碑，也是李小龍離港前作為童星拍攝的最後一部電影，更被李小龍本人視為代表作。

該片為全彩色伊士曼（伊士曼柯達公司，簡稱柯達公司，這裡指的是柯達膠片）攝製的寬螢幕電影，是香港第一部以青少年犯罪問題為題材的粵語片。由吳楚帆根據刊登在《星島晚報》上的著名作家歐陽天同名原著連載、「麗的呼聲」廣播劇所改編。李小龍在片中扮演小混混「阿三」，嗓音低沉的他在鏡頭前，一副頹廢樣：抽煙、吸毒、扒竊、在舞廳跳恰恰舞、拿著刀子在上課時恐嚇女老師、和同學打架……李小龍在片中所展示的演技渾然天成，毫無矯揉造作之感，完全是本色出演。筆者認為，雖然李小龍的演技有待磨煉，但風頭早已壓過了吳楚帆。

身為編劇、主演、監製的吳楚帆自然對這部戲要求甚嚴，即便該影集中了一批如馮峰、白燕、高魯泉這樣的實力派明星，有深得戲劇大師歐陽予倩真傳的李晨風導演，有李小龍這樣的天才演員加盟，也要經過兩年多的磨練。這樣嚴謹的態度，如此多的明星加盟，堪稱豪華的製作班底，以今天的標準來看，也可稱之為經典巨製。

該片於一九六〇年三月三日在香港上映，場場爆滿，觀者掌聲雷動，對此片讚譽有加。張徹曾說過：「不管找到劇院有多困難，也必然要去看一看。」並評價李小龍在片中表現：「才華並不遜於詹姆斯·迪恩。」對於李小龍的演技，那些電影評論家們無不交口讚嘆，由於「阿三」這個角色充滿著詹姆斯·迪恩式的叛逆精神，因此，李小龍被當時的某些香港媒體稱為東方的詹姆斯·迪恩，筆者認為確實恰如其分。而後者也正是李小龍少年時的偶像之一。李小龍好友、編劇譚嫜曾回憶道：

李小龍極喜歡《人海孤鴻》，視為自己的代表作。幾乎所有同一代的香港人，也是一提起李小龍必提這個戲。《人海孤鴻》的故事是說一個孤兒在戰亂中的悲慘遭遇，想做好人又挫折重重，最終步入正途。某些片斷很有英國狄更斯小說的味道。加上當時美國詹姆斯．迪恩式的反叛青少年題材流行，《人海孤鴻》上映引起轟動，李小龍真正讓人認識到他的精湛演技。

戲內有個孤兒院主景，老闆兼男主角吳楚帆借用了離島的航海學校實景拍攝。那時代交通很不方便，所以攝製隊索性就在赤柱的一家小酒店內住下，日出而作。現在赤柱是旅遊購物地，但那

一九五八年，《人海孤鴻》劇照。

時卻是個落後小漁村。晚上不拍戲，就沒事可做。而我跟李小龍和李兆熊三個年輕人，就到酒店外面的沙灘去跳跳跑跑，有時候楚帆叔的助理阿十姐，也像個監護人一樣跟了去。要是不出去，李小龍就在酒店裡教我跳恰恰。（在戲裡導演也特地為他加了一場跳恰恰的戲。）

他是個停不下來的大孩子。我印象最深的是在整個戲裡他只有兩套連戲服裝，一套是孤兒院制服，一套是演小流氓的唐裝衫褲，上衣有四個大口袋，他每天總把所有零錢換成角子放在其中一個大口袋，以便隨時「餵」酒店裡那台點唱機，另外一個大口袋就放滿零食，什麼話梅、口香糖，等，音樂一起，他就吃著跳著，跳起來那口袋裡的角子就鏘鏘作響。他也不在乎旁人看他，他就是自得其樂。他告訴我說他家裡每天給他五圓錢零用，但是從不到片場裡看他。他很愛笑，笑得很純真，帶點稚氣。他跟上上下下的工作人員都相處得好，燈光師們在打光的時候最喜歡逗他，要他學他爸爸的古怪唱腔，他也照唱。但不管他怎麼頑皮，只要楚帆叔一叫「小龍，試戲！」他立刻就入了戲，非常專業。

赤柱的外景拍了一個多星期，我就是這樣跟他熟起來的。但這個戲殺青了以後，他就到美國念書去了……。

吳楚帆在此片放映結束後，應米蘭國際電影節組委會之邀，將拷貝寄往米蘭，參加電影節的角逐，該片成為首部進軍國際影壇的粵語片。

儘管李小龍在影片中一副「資深煙民」模樣，但是私下卻說，這東西對身體不見得會有什麼好處。李小龍不吸煙的原因在於李海泉。李海泉早年因為要頻繁演出，需要抽大煙來提神。英國人著手全面禁煙時，李海泉才不得不戒掉。痛定思痛的李海泉在之後的日子裡每天去京士柏公園練習太極拳，強身健體，身體狀況大有改觀。李小龍一早便見識到大煙對人體的危害，暗下決心，不沾煙酒。

被迫離港

一九五八年五月二日，李小龍在聯合道的某天臺與蔡李佛派的人發生口角，並與一個練過四年蔡李佛拳的年輕人比武。李小龍原打算適可而止，卻不料對手來勢洶洶，一度將其逼至白線。當時規定，一方越過白線，就是輸了。李小龍在這樣的情況下疲於應付，結果很快一隻眼睛就被打瘀青了，這催生了他內心暴力的種子。結果那年輕人不但被打暈在地，還被狂怒中的李小龍踢掉了一顆牙。

李小龍回到家，機靈的李振輝發現了這一情況，便嘲笑他成了「獨眼龍」。何愛榆趕緊給他拿了個熱雞蛋敷眼睛來化解瘀血。慶幸的是，剛從粵劇舞臺退下來不久的李海泉自始至終都沒發現李小龍那隻受了傷的眼睛。

李小龍沒有意識到自己已經闖下大禍，那個被打傷的年輕人的父母報了警，警方直接找到校長談話，校長意識到了問題的嚴重性，急忙通知何愛榆來學校。警方讓何愛榆簽了一份資料，要她看管好李小龍，如果以後再犯，不排除拘捕他的可能。回到家後，何愛榆與李海泉為了李小龍的前途而徹夜長談。最終，他們痛苦地做出了一個決定：讓李小龍去美國讀書、生活，換個環境或許能改變他的人生。

如前文所述，香港的黑社會勢力猖獗，已經到了令人毛骨悚然的地步。習武之人，也有不少參加了幫派或被幫派控制。如果捲入與有著黑社會背景的拳手比武，便會在無意間得罪他們。張卓慶就是在這種情況下，在著名華人探長父親的幫助下，於一九五八年聖誕夜坐船去了澳洲避難。他離開的那天，李小龍哭得很傷心。曾為李小龍大嫂的香江才女林燕妮也在紀念李小龍的文章裡提到了李小龍離港與黑社會有關：

他在美國出生，後回港，因為太頑劣，得罪了黑幫人物，他的媽媽唯有火速把他送回美國避難。

李海泉夫婦早在一九四一年為李小龍申請美國國籍時，便對檢察官做了如下保證：

李海泉：我到這來是為了給在美國出生的兒子李振藩確立美國公民身分……我認為

他生在美國是一件好事，那樣他可以回來學習英語……我打算住到香港後，每隔數年就向美國大使館提供一張他的照片……

何愛榆：我打算在他到了上學的年紀就讓他回來上學……我打算在抵港後便向美國駐華使館登記他的資訊，我也打算每隔數年提供他的照片給大使館……

幸虧當時李海泉夫婦給他留了一條後路，否則如果李小龍繼續待在香港，後果不堪設想。根據《一九四〇年移民法案》規定，住在美國以外的國家超過六個月的美國公民，如果想重新加入美國國籍，必須提交自己沒有加入其他國籍的證據。現在，李小龍已經十八歲了，應該行使公民權利並鍛煉自己。

李小龍自知闖下大禍，也就對父母的這一決定沒有任何異議。在剩下的那段日子裡，他變成了另外一個人，老實地上下學，回到家認真地做功課。十八歲生日那天，一向愛寫日記的李小龍在日記本上寫了一個「？」。他在接下來的日記中寫道：

一九五八年十一月三十日：正在尋找自己的人生目標，是當一名醫生還是幹別的？如果是醫生，那我必須努力學習。

一九五八年十二月一日：學好數學，學習更多的英語（口說）。

在離開香港之前，李小龍需要好好想清楚，自己去了美國能幹什麼？他靠什麼來謀生？他的成績一般，英語也不好，如何融入當地社會……？這一系列的現實問題，始終困擾著李小龍和他的家人。為此，李小龍還在生日後不久便專門寫信求助於他人，以幫助自己決定是否往牙醫或藥劑師方向發展。同時，他開始去位於窩打老道的青年會（現為香港城景國際酒店，位於窩打老道二十三號）補習基礎英語及口說。

美國當時地廣人稀，如果沒有汽車，出行就極為不便。李小龍雖然於一九五六年十二月便獲得臨時駕照，但仍然認真地跟隨高超先生學習駕駛。高超先生回憶說，通常一般人學會開車需要三十個小時，而李小龍只花了七小時就學會了，他還偷偷地考了正式駕照。

一九五七年十一月二十二日，黃淳樑曾代表香港參加「港澳臺國術大賽」，在佔據了壓倒性優勢的情況下輕敵，結果被對手當場翻盤，這對李小龍觸動很大。在反復看了多遍影片後，李小龍得出的結論是：詠春拳下盤不夠靈活。於是在赴美前不久，李小龍找到了有「武術活字典」之稱的邵漢生師傅，來惡補北派武術。

在邵漢生的悉心指導下，李小龍在兩個月又三天內，學習了「節拳」、「功力拳」、「北拳基本功」（偏腿、連環撞、旋身跳躍）和北螳螂派的「蹦步拳」、「八卦刀」、「五虎槍」等北派拳法及器械，這些都是精武體育會的基本武術套路。

李小龍當時以教邵漢生恰恰舞為交換條件學得這些功夫。據邵漢生回憶，普通人需要幾週才能掌握一套拳，而李小龍只用了三天就爛熟於心。但是，直到李小龍赴美，邵漢生連恰恰舞的基本舞步也沒掌握。

除此之外，李小龍也不會放過任何向葉問討教的機會。葉問通情達理，也盡量對李小龍進行單獨指導[11]。

未念完高一的李小龍從父母手中得到的只是一張十八天行程的船票，外加一百美元的盤纏。李海泉是個傳統的中國人，平時板著臉，喜怒不形於色，但是在李小龍即將動身赴美時，他卻顯得非常難分難捨。他曾擔憂地說：「他身上只有一百美元，希望能撐下去。」

李小龍對於彼岸的陌生世界也倍感惶恐，開始為自己的前途擔憂了。李振輝回憶道：

11 李小龍與葉問單獨練習許久，且在多封寫給友人、弟子的信件中均已明確表示自己已學完且熟練掌握葉系詠春拳的小念頭、尋橋、標指三個套路。其多次回港，拍下大量照片、影像資料，相信全套木人樁法、六點半棍法及八斬刀他都應接觸過，至於熟練程度，筆者不敢妄下結論。在《截拳道之道》（TAO of JEET KUNE DO）中，存有李小龍親筆手書「詠春派先師祕傳總訣」、「少林詠春派點脈圖表」等傳統武術祕法資料。筆者認為，若不是葉問視為衣缽傳人或極其疼愛、欣賞、器重的弟子，是絕對不會得到這些門派之祕密的。除李小龍外，據說只有葉准、葉正、張卓慶、梁紹鴻、郭富等寥寥數人才持有此類珍貴無比的第一手門內文獻。

在他接近離開香港之前的那個時段，變得非常的憂鬱。記得他將去美國前夕，我們在一起玩遊戲，正開心的時候，他突然停下來看著我說：「好了，Robert。你知道過幾天我就會離開了。」他再次難過地看了看我就起身走開了。現在想起來，我感覺到我們兄弟間手足情深。

一九五九年四月二十九日晚十點，李小龍於九龍倉碼頭，登上了「威爾遜總統號」巨型遠洋客輪，開始了他的美國之旅。

那晚，他的家人、親朋好友都到場送他。依依不捨的家人們隨李小龍登上船，一直把他送到了座艙裡。文蘭因闌尾手術而沒能去送他，但是調皮的李小龍依然對她惡作劇了一把。他將一張紙條托人送到了剛動完手術的文蘭手裡，上面寫著：希望醫生把你剖開！

汽笛聲響起，輪船緩緩開動，十八歲五個月大的李小龍，站在甲板上，手中揮舞著彩帶，向碼頭上的家人、朋友們告別，就此踏上了新的旅途……。

重返舊金山

離港當晚，李小龍就在船上將他那精湛的舞技教給了一個印度人，這是他在船上認識的第一個人。旅途風急浪大，船身搖晃得很厲害，暈船的他根本睡不著。睡不著的另一個原因則是心中牽掛著曹敏儀。幾天後，他用威爾遜總統號航線專用信紙給她寫了一封充滿愛意的情書。

我最親愛的敏兒：

自從四月二十九日離開後我就非常想你……那天晚上我根本無法入眠，一遍遍地看著你給我的那些照片……我愛你。

由於李家人數眾多，經常會造成洗漱不便，於是李小龍經常前往位於寶勒巷的上海浴室享受一條龍服務，有時更會帶朋友一同前往。而習慣了泡澡的李小龍，對船上的淋浴系統如何使用一竅不通，他先開了熱水，結果水越來越熱，差點被燙死；關了熱水開冷水，又幾乎被凍成冰棒。經過這樣一番「冰火兩重天」的折騰，才總算勉強洗完了澡。當他回到艙裡，與其他人說起此事的時候，大家哄笑起來，他這才知道，自己鬧了一個大笑話。好動的李小龍將恰恰舞教給駐船樂隊以及船上的一些旅客。作為回報，原本住在經濟艙的李小龍得以出入頭等艙和舞廳。

在李海泉的悉心安排下，李小龍每到一地都有人接船。當船停在大阪時，讓李小龍驚喜的是，接船的是他的哥哥李忠琛，李忠琛帶著他從大阪遊覽到東京。這次遊覽讓李小龍大開眼界。李小龍兌換了一些日元，以較便宜的價格買了一些紀念品和衣物。途中，李忠琛的朋友做東，請他們品嘗了美味的日本料理，還聽了一場音樂會；到達檀香山後，當地的中國社區藝術團體前來迎接，這讓李小龍在倍感溫暖的同時，也領略了極具特色的故鄉風情。他更以自身的武技，吸引到一位富有的當地華人，得以享用一頓豐盛晚宴，一碗魚翅就要二十五美元[12]。這位富豪還想讓李小龍留在當地教拳，甚至準備開始為他尋找合適的場地，但被李小龍婉言謝絕。

12 若參考二十世紀五〇年代的貨幣兌換匯率，一美元大約相當於港幣五圓左右。而五百圓港幣能在香港買一套房子。可見招待他的那位仁兄出手是何等闊綽。

第二章　西雅圖

經過了十八天多姿多彩的漫長旅途，一九五九年五月十七日，李小龍終於抵達了他的誕生地，同時也是眾多華人祖先的血淚之地——舊金山，這座城市還擁有海外最有中國傳統風格的唐人街。

李小龍站在舊金山市政碼頭上，看著這座海灣城市，心底湧起一陣莫名的激動，熱血沸騰。他強烈地意識到，自己將在這裡打開一片新天地。

前來接船的是李海泉的粵劇同行、好友關景雄，他帶著李小龍來到了唐人街傑克遜街六五四號公寓，安排他居住在二號房。

對初到美國的李小龍來說，如何生存下去是個大問題。雖然身上有一百美元，在那時也算是一筆不小的數字，但也很難

一九五九年，李小龍在舊金山留影。

支撐很久。於是他在傑克遜街六五五號的 Gum Hon 飯店（現為「禦食園川菜館」，Z&Y Restaurant，二〇〇八年開張，被稱為舊金山及灣區最棒的川菜館）找到了他的第一份工作——做服務生。被伺候慣了的李小龍自然無法適應這種被人呼來喚去的工作，只做了一週就辭職了。

李小龍喜歡與人比武，一到美國便多方打聽周圍是否有武館。在關景雄的介紹下，李小龍認識了西德尼·黃，他將舊金山的武館向李小龍全盤托出。黃先生回憶道，李小龍經常去這些武館「參觀」。他會指出他人的缺點，但這種舉動往往在不經意間就變成了踢館。他也會在俱樂部內用詠春拳與其他不同門派的武者切磋，戰績相當不俗。

關景雄發現李小龍非常喜歡炫耀恰恰舞技，便在斯托克頓街八三六號（前身是由孫中山創辦的少年中國晨報社舊址）為他開設了一間社區恰恰舞學校。李小龍以他那精湛的舞技、嫻熟的武技吸引了大量社區居民來此學習、觀摩。嚴鏡海（已故著名美籍華裔武術家）的哥哥就曾見識過李小龍的身手，驚嘆不已。回到奧克蘭後，他曾將自己所見一五一十地向嚴鏡海講述，半信半疑的嚴鏡海當時就想親自拜訪李小龍，但因為種種原因而未能成行。誰都想不到，他能對李小龍日後在美國武壇站穩腳跟，甚至躋身全美頂尖武術名家之列起到巨大的作用。

根據美國法律，年滿十八周歲的美國男性青年必須到徵兵局及本國各地的兵役委員會進行登記。一九五九年六月十六日，在美國剛住了一個月的李小龍便到美國徵兵局進行了兵役登記。

美國原本採用募兵制度，但是從二戰期間開始，徵兵制度取代了募兵制度。美國國會多次延長了義務兵徵召的期限。但由於徵召人數過於龐大而無法管理，於是徵兵局延緩徵召，並解釋說「如果他們確有一個原因來延緩入伍，我們表示熱烈歡迎。如果他們沒有什麼原因來推遲入伍時間，我們會讓他們尋找一個適當的理由來支持他們這麼做」。

六月十九日，李小龍意外接到正在紐約曼哈頓演出的父親打來的電話，於是他拿著關景雄給他買的機票飛赴紐約。見到父親，李小龍的頭等大事依然是打聽此處的武館。李海泉和老朋友們在和合中餐館享用了一頓豐盛的午宴後，他的一位老朋友帶領李小龍到不遠處的東百老匯大街「參觀」了當地知名武術家麥寬師傅[1]開設的螳螂拳武館。

在與麥師傅派出的一名練習了一年的學員做友誼交流，並以和局收場後，識貨的李小龍在此處虛心地學了一個月左右的螳螂拳，也接觸了一些非常實用的訓練方法及設備。這對他日後改良、創造出諸多新款訓練設備有著較深遠影響。

1　麥寬，又名麥振寬，一九二七年生於廣東臺山，學過螳螂拳、少林拳、白鶴拳等多門武藝，為江西竹林寺螳螂拳第五代傳人，並於一九四七年在美國紐約、費城、明尼阿波利斯設館授徒，因實在太年輕而受到當地武術團體多番挑戰，全勝而無一敗績。二〇一二年病逝於美國。

隨著李海泉此次在紐約的演出宣告結束，李小龍也飛回了舊金山。但他覺得舊金山唐人街的規模實在太小，又很嘈雜，實在住不慣，覺得自己應該去更廣闊的天地闖蕩。李海泉也認為，這隻「猴子」需要吃點苦頭才會真正地自立自強起來，他更需要知識的積累與薰陶才能有出人頭地的機會。於是，李海泉打電話給遠在西雅圖的好友、粵劇界同行周少平與周露比，希望李小龍能得到他們的照料和適當管教。周氏夫婦一口答應，隨即向李小龍發出邀請。於是，李小龍離開舊金山，前往西雅圖。

周露比餐館

周露比，原名馬雙金，出生於西雅圖。她十二歲時喪父，十九歲時喪母。曾與一男子有過短暫的婚姻。一九四三年，她與周少平結婚，兩人一起遷回西雅圖。一九四八年，兩人合開了廣為人知的「周露比餐館」（現已被改建為停車場）。憑藉著獨特的社交手腕、管理手段和熱忱助人的本性，一直熱衷於推廣中華文化並積極幫助僑胞的周露比，很快就獲得了廣大群眾的支持。所以，雖然餐館位置較為偏僻，依然吸引了不少達官顯貴前來用餐，因而聲名大噪，生意興隆，當地媒體也多有報導，令她的地位日益水漲船高。

頭髮梳理得一絲不亂，戴著一副墨鏡，西服革履的李小龍受到了周露比一家的熱烈歡迎。見到周少平，李小龍恭恭敬敬地叫了一聲叔叔，但是稱呼周露比，只是「露比、露比」的叫。周露比在驚訝之餘，覺得無論是出於輩分還是禮貌，李小龍都應該要叫她一聲阿姨，誰料李小龍不屑地說：「你本來就不是我阿姨，我為什麼要叫你阿姨？」這讓周露比在大家面前很是尷尬，好在丈夫周少平在一旁趕緊圓場，氣氛才得以緩解。

周露比安排李小龍蝸居在閣樓的一個四平方米左右的小房間裡，負責他的日常膳食。她先安排李小龍做打雜的，後來做服務生，每天在餐館內工作四小時[2]。那時前來用餐的多數是中年白人以及他們的家人。李小龍遺傳了李海泉的幽默基因，談吐舉止很能吸引顧客，顧客們也很樂意與之交談。不久後成為李小龍學生的斯基普是唯一一名被

2 李小龍在周露比餐廳工作是事實，但是周露比一家對此卻看法不一。周露比到去世都對李小龍沒有一點好印象，甚至對此事斷然否認。她的女兒謝麗爾·周認為李小龍以這樣的方式來獲取食宿，是一種「交換」。她的兒子謝爾敦·周則在訪談中明確用了「work」一詞，並說李小龍起初是打雜，後來做服務生。

允許進入餐館參觀閣樓的人，他也被允許幫李小龍做洗盤子、清潔餐館、拖地板等工作。對於李小龍的「小房間」，斯基普曾在採訪中做出如下表述：

李小龍的房間其實就是一個「可進入式衣帽間」，大約不到四平方米。一半是他的「壁櫥式臥室」，位於上到三樓的樓梯部分。換句話說，因為天花板是樓梯的「陰暗面」，所以他的房間大部分是向地板傾斜的。這就意味著他不可能在低矮的天花板處站起來……他的衣服總是疊得整整齊齊，堆放在地板和床墊上。其他部分是「正常」的淨空高度，但這個部分只有大約一點五平方米。在這裡，李小龍用一個木質水果箱靠著牆放著，充當臨時桌子，坐在地板上的一個枕頭上。挨著牆整齊地堆著一排書籍（絕大部分是中文的）、一個背包、一些他的香港家人的照片，以及其他一些個人物品。從天花板垂下來的一個無罩的電燈泡給這間房間提供光亮，離臨時書桌只有一米的高度。有一串長繩連在開關上，這樣李小龍可以在夜晚關燈後從書桌翻滾到床墊上，在黑暗中進入夢鄉。

入住餐館不久後，李小龍就讓家人將木人樁托運至餐館，裝配完畢後安放在餐館後面的天井處，每日操練詠春拳，有時還會教店裡的朋友們幾招。由於練習木人樁法會發出巨大的噪音，所以他只在特定的時間練習，每天花上二到四小時不等。和李小龍同住在餐館的楊九福是當地男青年會的主教練，李小龍曾與他切磋武技，學到了太極、螳螂拳等傳統武術。周氏夫婦早知李小龍習武，加上李小龍與她的子女自來熟，親密得像一家人，與朋友們也相處得不錯，便沒有對他的言行特別在意。此時的李小龍僅僅將練習詠春拳作為強身健體的一種手段，從未想過以後會借此謀生。

周露比希望所有人都把餐館當成自己家一樣來對待，準時回來，認真做作業，用心工作，彼此尊重，舉止得體。同時認為，以自己的行政管理手段和經驗，眼前這個衣著隨便，態度「輕佻」，幹活不認真，一副少爺派頭、吊兒啷噹的李小龍即便不是對她服服帖帖，也會比在香港時聽話得多。誰料李小龍居然像一匹脫韁野馬般難以駕馭。作為一名女強人，這樣的結果讓她很不快。更要命的是，丈夫周少平對餐館裡所有的年輕人都很寵愛，這經常讓周露比在大家面前下不了臺。周少平平日裡對李小龍也頗多關照，也會主動向他問起武術表演的反響如何，這讓李小龍對他頗有好感，但周露比的管理手段讓桀驁不馴的李小龍產生了抵觸情緒[3]。

暴躁脾氣的李小龍還和餐館大廚發生過一次激烈的爭執，大廚一氣之下拿出一把菜刀來威嚇李小龍，李小龍毫不相讓，立刻聲稱要給他一點顏色看看，這名大廚反而退縮了，此後再不敢放肆。

3　從相關照片及資料來看，起碼在入住餐館初期，李小龍和周露比相處得還不至於像後來那麼糟糕。至於雙方日後絕口不提彼此，又有林燕妮旁證李小龍「不願回到周露比餐館」，期間發生了什麼事，確實令人疑惑。

一九五九年九月三日，李小龍正式入讀愛迪生技校[4]，開始繼續他的高中學業。不久，李忠琛、李秋鳳、曹敏儀三人一同飛赴美國留學，李秋源則留在家中操持家務。

據周露比的女兒，謝麗爾．周回憶，李小龍曾在西雅圖的中央社區開設了恰恰舞課程，邀請了她和她的女性朋友們去那裡參觀並教她們跳舞。而在謝麗爾就讀富蘭克林高中時，李小龍曾在該校的演講課上向班上的同學們介紹功夫並做了示範表演，還曾在此補習過英語。

李小龍對於自己的武技很自信，喜歡炫技，即便是在與人練武時也是如此。他喜歡閉著眼睛（或蒙著眼睛）與人過招，以顯示自己異乎常人的反應和敏感度。但是，李小龍有一次就為自己的傲氣買了單。謝麗爾回憶道：

我記得有一次有一群和他差不多年紀的傢伙在後院吵鬧，我想知道原因，於是我過去看。李小龍說他閉著眼都能打敗他們中的任何人。於是其中一個傢伙和他打了起來，並且閃到他的身後，打了他的後腦。李小龍發怒了，睜大雙眼，飛快地出拳，直到把這個傢伙打得貼在了車庫的牆上，像個影子一樣滑落在地。這幾乎就是在看一部活生生的

4　愛迪生技校前身是一九〇二年設立於美國國會山的百老匯高校，為未讀完中學而已經成年的二戰退伍軍人補修中學學業。一九六六年九月改為西雅圖社區學院。

卡通片，李小龍在他身後大叫著「騙子」。這個傢伙爬了起來，從大門跳進他的車裡逃走了。這是我所知道的關於他的唯一一次打鬥。

功夫小組

傑西．格洛弗十三歲時因為自己的黑人身分被三名白人員警暴打一頓，他的牙齒被打掉了一顆，不得不裝了假牙。為了保護自己，他先後學習了拳擊和柔道，還曾是內陸帝國（指美國華盛頓州斯波坎附近的發達地區，廣及愛達荷州和蒙大拿州）第一位有著黑帶實力的柔道棕帶冠軍。

在聽說李小龍之前，傑西曾看過一篇關於中國功夫的文章，上面介紹了幾個非常厲害的中國師傅，於是他和幾個朋友一起去了舊金山，想在唐人街尋找願意教功夫的師傅，但未能如願。他們又在奧克蘭輾轉找到了嚴鏡海，想在短時間內掌握武術，但嚴鏡海婉拒了他們的請求，因為武術絕非朝夕之功。他們一無所獲，失望地回到了西雅圖。

不久，查理·胡（李小龍西雅圖時期的弟子，因騎馬時摔傷而英年早逝）就把李小龍將與男青年會的功夫小組於八月中旬在西雅圖海洋節[5]上做武術表演的消息及時地告訴了傑西。

在和同樣是柔道愛好者的好友艾德·哈特一起觀看了李小龍的武術表演後，傑西立刻像著了魔一樣被吸引了。不久後，傑西打聽到李小龍和他一同就讀於愛迪生技校，而且他所居住的餐館離自己的公寓只相隔四個街區，便趕在李小龍之前，在上學的路上踢電線杆，想引起李小龍的注意。豈料戴著黑框眼鏡，穿著高幫鞋的李小龍對他視而不見。於是，他徑直走到李小龍面前，攔住他的去路並說明來意。李小龍猶豫了一會，向傑西提出要求：必須要有一個無人打擾的清淨場所，且訓練時不能有其他人在場，傑西給出了一個令李小龍極為滿意的地點——他的公寓。

當天中午，兩人一起在學校食堂用餐，傑西談到了嚴鏡海和他的英文武術著作，這讓李小龍感到很驚訝。放學後，兩人一起來到離周露比餐館不遠處的一個拐角處，李小龍簡要地向他談了武術的歷史以及自己練習的拳種。然後要來傑西的地址，並告訴他，自己在結束餐館的工作後會直接去傑西的公寓教授武藝。兩人道別後，傑西立刻與

5　西雅圖海洋節始辦於一九五〇年。每年六月末或七月初開始，八月初或八月中旬結束，活動期間長達一個月。

沖沖地跑回寓所，將李小龍要教他功夫的消息告訴了他的兩個室友，兩人明白這件事對傑西的重要性，便識相地離開了公寓。

當晚六點，李小龍來到傑西的家，大略翻閱了一下嚴鏡海寫的鐵砂掌專著《唐手功夫》（Modern Kung Fu Karate），這也是傑西對於武術僅有的一點認識。接著，李小龍開始教給了他小念頭，從這一刻起，他成了李小龍的第一位美國弟子，也是李小龍生平第一位弟子。傑西曾感慨地說：「成為李小龍的首徒是我畢生的榮耀和成就！」

一個月後，傑西將艾德和斯基普介紹給了李小龍。身高一百九十公分，曾是職業拳擊手，練習過柔道，有「芝加哥街鬥王」之稱，雙臂能隨意提起兩百磅（約九十公斤）重物的艾德回憶道，當他被引薦給李小龍認識時，也曾被建議就地切磋，他乍一出拳便被李小龍壓制，同時，李小龍一記「鳳眼拳」已結結實實地抵在了他的咽喉上，這令他大驚失色。

李小龍最初對於柔道並不瞭解，在成為李小龍首徒的當晚，傑西向李小龍示範了他最拿手的柔道技術，並用自己最擅長的一招將李小龍扔了出去，結果李小龍的頭差點撞在距離床邊僅幾公分的茶几上。多少年後，當傑西回憶起這件事的時候依然心有餘悸。不過，這反倒激發了李小龍對柔道的興趣。於是傑西帶他去了一家柔道俱樂部，向他示範了許多柔道技術，並將柔道黑帶弗雷德·佐藤介紹給他認識，兩人很快就成了非常好的朋友。佐藤還經常去周露比餐館與李小龍進行訓練，李小龍非常重視這門課程，在上課時特意穿上全套柔道服。在準備就讀華盛頓大學時，還去參加了美國八十公斤級柔道冠軍加藤修造開的班。進入大學後，李小龍得知，根據體育課的要求，他要去學習柔道，巧的是，教柔道的老師正是加藤修造。李小龍所收的弟子大多是帶藝投師的，多少學過一些拳擊或柔道，李小龍經常與他們一起訓練，學到了許多柔道技術，也買了許多的柔道書籍加以研究。

通過口口相傳，學員數量開始逐漸增加，李小龍萌生了開武館的想法。大家認為，開武館最重要的就是擴大影響力，於是他們向校方提出在校內舉辦一場武術表演。校方對這一提議很重視，在經過開會研究後，決定邀請李小龍和他的功夫小組在「亞洲文化日」那天進行表演。

詹姆斯．德邁爾是一名退役的前空軍重量級拳擊冠軍，因為退學服兵役的原因，他必須補足學分才能從高中畢業，於是他入讀愛迪生技校，與李小龍成了校友。巧合的是，他們出生在同一天、同一家醫院。

「亞洲文化日」那天，無事可做的德邁爾走進禮堂，坐在後排觀看了李小龍的表演，舞臺上的李小龍表演了日後在《龍爭虎鬥》中廣為人知的華拳中經典套路——「擊步三不落地旋風腳」，動作像蝴蝶飛舞般美麗而流暢。

李小龍的表演結束後，德邁爾來到後臺，面對李小龍毫不諱言地對武術的實戰性提出質疑。李小龍很客氣地要求德邁爾攻擊他，這個請求實在太大膽、太自負了，讓德邁爾也嚇了一跳：兩人雖然身高差不多，但是德邁爾是前空軍重量級拳擊冠軍，體重一百〇二公斤，而李小龍只有七十公斤左右。黃淳樑在李小龍離港前最後叮囑他的一句話便是「提防拳擊手」。

德邁爾擺出了拳擊架勢，打出了一記前手刺拳，而接下來的事令德邁爾終生難忘，他回憶道：

……就一眨眼的工夫，他迅速出擊，不僅僅是封堵我的出拳，還把我猛地拉倒在了地上，纏住了我的右手，還封住了我的左手，我覺得自己像一塊法國脆餅乾，那種感覺很奇怪。我無法動彈，連邁步都無法做到，別說踢腿了。他笑了，輕輕地拍了一下我的前額，就好像在問「有人在家嗎」，他放開了我，然後後退了幾步。這就是我對李小龍的印象，於是我立即加入了他的功夫小組，開始和大家一起進行訓練。

對李小龍心悅誠服的詹姆斯．德邁爾當天便和勒羅伊．賈西亞一起加入了李小龍的功夫小組。

賈西亞在李小龍生日那天送了他一支手槍，李小龍對此愛不釋手。賈西亞和傑西還經常帶著他去郊外進行射擊訓練。有時候李小龍也會把自己打扮成西部牛仔，挎著槍，大搖大擺地來到斯基普家。他還經常從周露比餐館的閣樓上打窗外的鳥，直到傑西告訴他，在美國打獵是非法的，李小龍才作罷。斯基普也借給過李小龍一把柯爾特半自動手槍。有那麼兩三年，李小龍非常迷戀射擊。他還讓斯基普拿玩具槍來讓自己練習躲避「子彈」的攻擊，斯基普每次幾乎眼看著就要打到李小龍了，但匪夷所思的是，李小龍每次都能逃脫。

雖然李小龍將練武視為生活的重要組成部分，但是跳恰恰舞也依然是他的興趣所在。他經常和勒羅伊的妻子雪麗一起跳舞。一天，李小龍開車送雪麗回家，就在李小龍找到一個停車位準備倒車時，另一輛載有四個流氓的車突然搶佔了這個車位，他們出言不遜，還帶有種族歧視言論，這讓李小龍很是惱火，他想衝上前去教訓這些混蛋，幸虧雪麗眼疾手快拉住了他，那些傢伙才逃過一劫。

李小龍脾氣大，愛開玩笑，但是其實非常有禮貌。他經常和朋友們去斯基普家吃午餐或晚餐。每當斯基普的母親進來送食物時，他都會非常禮貌且嚴肅地起立，其他人立刻都不敢開玩笑了，這讓她感到非常緊張。但很快，兩人就成了好朋友。她對李小龍始終念念不忘，稱他為「我們的朋友」，哪怕在她九十八歲高齡，已經幾乎完全失去記憶時，還經常問斯基普關於李小龍的「近況」，而那時李小龍早已過世多年。斯基普只得強顏歡笑，說李小龍的事業一切順利，並讓他代為問好。每當此時，她都會非常開心，而斯基普已是熱淚盈眶。

那時，李小龍的英語並不好，還有口吃的毛病，在課堂上不敢發言，怕被大家嘲笑，又不知道應該如何面對這種情況，自尊心極強的他對此很是焦慮。傑西告訴他，讓視線在教室裡轉來轉去，不要盯在一個地方，就好像在攝影棚裡表演一樣。李小龍照方抓藥，還真的收到了奇效，心理障礙很快就被化解，這時的李小龍顯示出了他那頑皮、幽默的本性，大家都很喜歡他。所以日後斯基普評論道，如果沒有傑西，就沒有後來的李小龍，這話並非空穴來風。

振藩國術館

木村武之出生在奧林匹亞市（華盛頓州首府）。他的父親一共生有三子四女，木村武之排行第六。二戰中，日本偷襲珍珠港，美國隨即向日本宣戰，太平洋戰爭就此爆發。美國國內對日本人恨之入骨，凡是有日本血統的人，或與日本有任何關係的人都會被關進集中營。

從一九四二年到一九四六年，木村一家在集中營裡被關押了五年才被釋放，這段經歷對年少的木村造成了極深的心理創傷，並患有嚴重的抑鬱症。這也是木村在遇見李小龍前具有強烈自卑心理的根源所在。

為了擺脫自卑感，木村開始學習柔道，但被摔傷了幾次，最嚴重的一次連手臂都摔斷了。之後，心灰意冷的他再也沒有接觸柔道或其他武術運動，直到遇見了李小龍。

李小龍的一些學生在木村自家的超市購物時曾向他提及李小龍那驚人的身手，木村覺得自己也是見過一些大場面的人，一個不到二十歲的華人能有多大能耐，值得這些人對他讚不絕口？出於強烈的好奇心，木村提出想要見見李小龍。於是，某個周日，在傑西和德邁爾的帶領下，木村來到了華盛頓大學的足球場，李小龍正在那裡等著他。見識了李小龍的身手後，木村毅然加入小組，拜李小龍為師，與其他人一起練習。有時他也會在健身俱樂部裡和李小龍一起練習柔道。

李小龍的功夫小組沒有固定的訓練場所，有時候在大街上，有時在傑弗遜公園、校園操場、學生會大樓、基督教青年會、周露比餐館後院，以及幾個早期弟子的家中進行訓練。他曾和弟子們合租了南威樂街六五一號，這是一間臨街店鋪，有一百多平方米，非常寬敞。在二樓，大家可以聚在一起談天說地、放鬆身心。嚴格來說，這不是一間武館，更像是一家私人會所。

李小龍除了在周露比餐館打工賺取生活費外，還兼職送《西雅圖時報》（華盛頓州發行量最大的報紙。在二〇〇〇年三月六日前都是晚報）。為了能早點練武，傑西和德邁爾每天都會來幫助李小龍一起送報。勒羅伊還會開著自己的卡車來替那時尚未獲得美國駕照，又不會騎自行車的李小龍分發報紙。

在弟子們的幫助下，李小龍選中了南威樂街六〇九號作為武館，命名為「振藩國術館」（Jun Fan Gung–Fu Institute）。這是李小龍未向公眾公開的第一家武館。這家武館由兩個房間組成，其中一間有積水，於是他們在另外一間練武。剛開始的時候，只有十名學員，李小龍向他們每人收取十美元用來繳房租。此後的學員每人都要繳二十美元，如此一來，李小龍終於可以專心習武和授武了。李小龍擇徒很嚴格，雖然弟子們可以帶自己認為信得過的人進武館，但是否收下這名學員最終還是由李小龍說了算。李小龍還再三強調，不能把學來的武術用在華人身上。

李小龍不將武館公開，主要是受到低調的葉問影響。葉問雖然自一九四九年便開始在香港傳授詠春拳，但是從未像其他師傅那樣將武館牌匾掛在門外招攬生意。所以，李小龍除了將窗戶漆紅，不定期在唐人街範圍內散發親手繪製的宣傳廣告外，便是應邀與弟子們在各高校做示範表演，並在加拿大、西雅圖電視臺錄製「東方防身術」之類的節目。但開武館教外國人武術，還是引起了某些人的非議，傑西曾在一次採訪中透露道：

當他來到美國的時候就開始著手對詠春拳進行改良。他惹了麻煩，因為一個老年人不喜歡他教外國人功夫。毫無疑問，他在西雅圖打破了這個傳統。周露比——她開了一家餐館，李小龍在那工作並生活——不喜歡李小龍教外國人功夫。她說：「你教黑人這樣那樣的功夫，他們會打敗中國人的。」李小龍說：「好吧，反正他們會打敗中國人，那我就去教會他們應該如何尊重中國人。」

李小龍雖然遠在大洋彼岸，但仍然心系祖國。只要有同學來自中國，他就會去詢問包括功夫在內的所有事物的最新動態。當他知道中國發生了巨大的改變，並取得了不俗的發展成果時，他從心底裡為自己是中國人而感到自豪。在香港時，他曾多次乘坐渡輪往返澳門，還花了整整一天的時間坐在中英街觀察那些來來往往的人。他對傑西說，如果自己有機會去中國，將會追尋、遍訪那些偉大的功夫大師們的足跡。如果有人能打敗他，他就拜那人為師。他也希望教傑西粵語，以便日後有機會能和他一起去香港，更希望傑西能去中國多看看，但傑西對學習粵語毫無興趣。

李小龍和他的弟子們在不同場合做了多次的武術表演，包括在唐人街頗具影響力的中華會館，開始有了點名氣。雖然他不希望被稱作「師傅」，更樂意他們叫自己的名字，但是為了表演的效果，不但把傑西稱為「助教」，還讓他們在公開表演時稱他為「師傅」。

李小龍很看重示範表演，他讓弟子們都穿上傳統武術服以便於表演。雖然他武技超群，但在一開始做示範表演時也很難控制好力度與距離，傑西就曾被李小龍一拳打得鼻子出血，差點被打翻在地。木村也差點因此失去一隻眼睛，他回憶道：

……那時李小龍為我們演示前手直拳，要求大家發揮出能穿透目標的力量。他一邊看著大家，一邊發力。他的拳頭直搗我的右眼，打碎了我的眼鏡，劃傷了我的眼球。我們趕緊去了醫院，醫生取出了所有碎片，還責怪我竟然在如此劇烈的體力活動中戴著眼鏡。李小龍怪罪我動了！我絕對沒動，但我不能說我沒動！

李小龍的這班弟子人種各異，膚色也各不相同，但李小龍毫不在意，在頗具「天下一家，有教無類」思想的李小龍眼裡，只要你是真心想學，他就教你。但這些學員即便不是虎背熊腰，也是帶藝投師，為了彌補體格及體能上的差距，李小龍將形意、八卦、太極、螳螂拳、白鶴拳、蔡李佛等傳統武術中自認為有效的武技及訓練方法，在遵循詠春拳理的原則下，逐步融入自己正在改良的詠春拳中。他稱這種經過改良的詠春拳為「振藩功夫」（Jun Fan Gung—Fu）。教拳時，他只用粵語說出招式名稱。多年後，葉問宗師次子葉正師傅在《功夫傳奇：詠春無華》一集中透露：

我們現在在美國和歐洲教詠春，攤手，除非那些外國人不曾學過詠春，否則，他已經知道要做些什麼。攤手、膀手、枕手、攦手……全都聽得明白。這歸功於李小龍第一個在外國推行，不翻譯（招式），用中文（粵語）教授。你要學中國功夫，便要懂得中國功夫的用語。

對於李小龍不分國界地收徒並傾囊相授，已經年逾七旬的伊諾山度在採訪中感慨地表示：

師父的第一個徒弟（注：聯繫前後文，此處伊諾山度想說的是「助教」一詞）是木村武之，他是一個日本人，在傳統武術尤其是中國傳統思維裡，日本人是中國的敵人，為什麼要對一個日本人傾囊相授，而且還讓他在振藩功夫的領域遙遙領先？師父是不是已經超越武術本身，看的是人的本質？第二個徒弟是嚴鏡海，他是中國人，我是菲律賓人，我當時對師父說你不需要想那麼多，他告訴我說他從不按種族選擇學生，他認為武術不是只有中國人才能傳承，這也是我最敬重師父的地方。因為直至今時今日，（這樣的師父）都不多見，更何況是在過去，大家都認為武術就應該保留，傳承在中國人的社群內。

在一次表演中，人群中一名叫作上地的空手道三段黑帶（也是柔道黑帶）武者對李小龍所闡述的「武術起源自中國」及「空手道的風格僵硬，不連貫，不如中國功夫來得靈活、流暢」的言論非常不滿。在表演結束後，他來到更衣間，向李小龍發起了挑戰，並說李小龍是「光說不練的假把式」，但李小龍當時並未應戰。這名武者依舊不死心，不停地向李小龍挑戰，李小龍也曾多次問及弟子們是否應該應戰，大家自始至終都竭力反對，認為這是浪費時間。但這名日本武者定下了日期，更放出狂言「李小龍可以去任何他想去的醫院」。被惹毛了的李小龍告訴傑西他接受挑戰。傑西提醒李小龍，千萬不能在學校裡比武，否則將會被開除。在傑西的建議下，李小龍和武者約定在男青年會比武。

一九六〇年十一月一日，李小龍、傑西、艾德和霍華德·霍爾等人在放學後直接前往男青年會，許多人聞訊後也跟著一起去湊熱鬧。

男青年會三樓是個壁球館，一同前來的那名日本武者換上了空手道服，跪在一個角落裡，神情凝重，過了一會他站了起來，走向李小龍。這次比武，傑西擔任裁判，艾德擔任計時員。比賽規則為三個回合，每個回合兩分鐘。傑西和艾德都認識這名日本武者，他們曾在一起練習柔道，傑西每次都能贏他。他們一致認為，以李小龍的格鬥能力，這場比武用不了三個回合就能結束。

李小龍脫下襯衫，武者擺出了一個空手道姿勢，然後迅速向李小龍襠部踢出一腳，李小龍躲過這一腳後順勢切入中線，一頓連環重拳把他打得貼在了牆上，並且還持續不斷地施以重拳。那武士貼著牆滑落在地上，李小龍又對著他的臉飛起一腳，將他踢翻在地。此時的地板上已然有了點點血跡，那武者已經失去了知覺，血流滿面。傑西見狀不妙，趕緊大叫道「住手！他就快被你打死了！」。這場比武只進行了十一秒。當武者甦醒過來後，第一件事就是向周圍的人詢問李小龍打敗自己用了多長時間。為了安慰他，艾德把時間延長了一倍，結果他精神徹底崩潰，躺在地上不願起來。

事後，人們發現這名武者的眼眶附近裂開了，顴骨的皮肉也被撕裂，被揍得鼻青臉腫的他回學校上課時只說自己出了車禍，而李小龍神色自若，似乎什麼事都沒發生過。最後，這名武者請求拜李小龍為師，想要得到李小龍的私下傳授。李小龍雖然很大度地接納了他，但只是讓他和功夫小組練習一樣的技術。結果這名武者學了沒多久就離開了，並將學到的東西教給了自己的空手道學生。

李小龍喜歡去西雅圖或跨境到加拿大的書店買大量的書回來閱讀並加以研究。那時的李小龍並沒有系統的教學計畫，教授的都是自己感興趣的內容，而這些內容隨時在變化，弟子們甚至不知道他究竟想教什麼，對此都很不適應。同時，二十世紀六〇年代初美國經濟非常不景氣，大家都要去找工作，所以很多學員都離開了。在這種情況下，李小龍不得不關閉武館。

很快，「振藩國術館」就搬到另外一家唐人街的地下室中，這家武館離第一家只隔著兩條街，是第二家沒有公開的武館。但受到經濟大環境的影響，武館也無可避免地受到了衝擊，無法穩定地開辦下去。也有許多人無法堅持日復一日的枯燥訓練，選擇了離開。

雖然覺得教拳總比整天洗盤子好不少，但是李小龍也不是很願意教拳。他與傑西單練的時間多於在武館的時間，傑西學到的也遠比武館內所教的多，所以許多想練好武術的人中途會和傑西學。一九六一年，傑西和德邁爾想自己出去開武館。出於禮貌，他們事先徵求了李小龍的意見，李小龍的回答是：「非常好的主意，不過有個前提，就是不能稱呼它為詠春拳或振藩功夫。」於是，傑西把自己的武館稱為「非傳統功夫學校」（Non——classic GungFu School），並於一九六二年正式開館收徒。只要他回到李小龍的武館，李小龍依然像對待老朋友一樣，將最新的武術進展介紹給他，並在私下將新招式悉數傳授。

失去了武館的李小龍只得和弟子們重新「流浪」，在周露比餐館附近的停車場內一角公開授課。直到木村將自己開的超市後面的空地加蓋了頂棚，李小龍和他的功夫小組才終於有了一處較為固定的訓練場所。但是李小龍擔心萬一哪天三十五歲的木村或許會因為自卑心理而變卦，那他們就又要到處「流浪」了。在瞭解木村的特殊背景與身世後，他用從心理學書籍上學來的知識，「劍走偏鋒」，對這個班上年紀最大的弟子極盡刁難苛責之事。這確是一著險棋，極難掌握火候。由於李小龍在日常生活上對這位弟子極為照顧，讓木村感受到了久別的溫情，因此，沒過多久，木村便消除了心魔，變得自信起來，練功也比先前勤奮得多。李小龍也很喜歡木村，在日後更是對其傾囊相授。

李小龍這種極為嚴苛的訓練方式其實是延續了傳統武術界的做法，但並不是人人都能接受得了的，很多學員因為無法理解他的這種行為，紛紛拂袖而去。李小龍要的學員不在於多而在於精，最終也只有極少數人能留下，而在日常訓練中，李小龍要求弟子們必須做到「團結、友愛、手足情深」。一次，一位學員取笑另一位學員手腳笨拙，李小龍鐵青著臉來到他面前，將這個不懂得尊重的傢伙狠狠地斥責了一頓，並警告他，如果還有下一次就會把他趕出武館。

華盛頓大學

一九六〇年十二月二日，李小龍從愛迪生技術學校畢業。他想去找份工作。在進入大學就讀前，李小龍就曾研讀心理學書籍，深入研究心理與行為之間的關係。這為他將來創立截拳道打下了基礎。

李小龍於一九六一年三月二十七日入讀華盛頓大學（筆者注：非「華盛頓州立大學」，而是西雅圖華盛頓大學），主修戲劇[6]，選修範圍極為廣泛，如哲學、演講、心理學、歷史、體操等。李小龍很喜歡哲學，尤其是中國哲學和亞洲哲學，也很喜歡和同學們討論哲學問題。但他有時候會誤導別人，這時，他的一個好朋友，也是他的早期學生之一，約翰·傑克遜，亞洲哲學學得比李小龍還要棒，他會毫不留情地指出並糾正李小龍的錯誤。在這樣的良性競爭下，李小龍的哲學成績自然是進步神速。

6　對於大學的主修課，李小龍不止一次地在訪談及書信中表明為哲學。當年華盛頓大學學科修讀記錄表上顯示，李小龍於一九六一年主修戲劇，一九六三年開始專修哲學與心理學。

對於為什麼攻讀哲學，李小龍曾對香港媒體發表過如下感言：

我之所以要選擇攻讀哲學系，與我童年時代的「好勇鬥狠」有關。我常常問自己：勝利了又怎樣？為什麼人們把榮譽看得這麼重要？什麼才是榮譽？什麼樣的「勝利」才是光榮呢？於是，當我的導師幫助我選系的時候，他認為以我的求知慾，最好是學習哲學，他說：「哲學會告訴你人是為了什麼而活著！」

當我告訴親戚和朋友們我選讀了哲學的時候，大家都很驚訝。大家認為我最好是選讀體育，因為，我從童年到中學畢業，唯一感興趣的課外活動是中國武術。事實上，武術和哲學看來是兩個極端，但我以為中國武術的理論部分晦澀難懂，而武術的每一個動作，都應該有著它的道理。我想，國術應該有一套完整的理論體系，我希望能把哲學融入武術中去，所以，我堅持讀哲學。

我從來沒有間斷過對武術的研究與鍛煉。當我對武術追根溯源時，我產生了一個疑問：每一派的武功，都有他們自己的套路和風格，這種既定的形式，是否就是創派者的本意呢？

我不這麼認為，包括哲學在內，形式是進步的羈絆。任何創始人的武功必定比一般人高，也比一般人聰明，如果他的弟子們沒有與其相同的創造力去繼續發展他的成就，那麼，就不免流於形式化了，任何發展和突破都將是不可能的。

讓無心向學的李小龍入讀大學是李海泉夫婦做夢都想，卻也不敢去想的事情。所以，當李小龍第一時間將要入讀大學的消息告知父母時，可想而知全家人的喜悅之情，李海泉更是用「好過中馬票」來形容內心的激動。

華盛頓大學風景優美，李小龍曾在操場、華盛頓湖邊等地拍下多幅照片，頗具文采的他還寫下兩首有關華盛頓湖的小詩，也曾在湖邊的木頭碼頭上拍下如老僧入定般坐禪的照片。

一九六一年九月十九日，剛進入華盛頓大學不久的李小龍自願報名參加了「後備軍官訓練團」，進行了一段時間的短期訓練。他還得意揚揚地穿著免費領來的新軍服和軍事書籍，模仿貓王，拍下了數張照片。但是對李小龍的這一舉動，弟子們都很反對，木村武之甚至認為，以李小龍的個性，加上在軍訓期間「頂撞上級」的表現，根本就不適合當兵，甚至還很有可能被開除並被送上軍事法庭。

美國聯邦政府依託地方院校培養後備軍官由來已久，早在一九一六年，美軍就把這一制度用法律的形式確定下來。一九五四年，美國正式

李小龍在華盛頓大學就讀期間留影。

從法國手中「接管」越南事務。在越戰（一九五五——一九七五年）初始階段，除了少數知識份子與和平主義者零星的抗議以外，美國國內輿論幾乎一致支援美國介入越南事務，並把美國的介入當作向全世界傳播美國式民主價值的一場試驗，以證明美國的「偉大」而非「自私」。當時的搖滾樂巨星「貓王」艾爾維斯．普萊斯利於一九五八年正式加入美國陸軍，一九六〇年三月以中士身分退伍，因為沒有以巨星的身分而躲避兵役，被當時的媒體譽為「美國年輕人的楷模」。

為了考察一下李小龍的身手究竟有多厲害，嚴鏡海拜託他的武友、同為健身愛好者的幼年好友周裕明，借世博會之際，代為拜訪李小龍。

穿著一身灰色法蘭絨西服的李小龍從外面散步回來，遇到了已經在餐館門口等候了一段時間的周裕明。周裕明在做了自我介紹後便說明來意，兩人隨後在周裕明下榻的酒店內談論起了武術。李小龍對嚴鏡海早有耳聞，說起武術就更興奮，他迫不及待地向周裕明展示了自己的武技，當時周裕明的反應可想而知。當他回到奧克蘭，向嚴鏡海繪聲繪色地描述了李小龍的精湛武技後，嚴鏡海這才相信哥哥在三年前所言並無誇大，便毫不猶豫地給李小龍打了個長途電話，兩人開始了一場「隔空論武」。嚴鏡海的真誠打動了李小龍，李小龍隨即驅車前往奧克蘭，專程拜訪嚴鏡海。

嚴鏡海看到了李小龍的身手後，不由讚嘆道：「這小夥子實在是太優秀了，優秀到讓人感覺太不真實了！」兩人一見如故，很快就成了莫逆之交。不久後，嚴鏡海這名

「武癡」便正式拜入李小龍門下，這應該是當時李小龍的第一位武術家弟子。只要一有空，嚴鏡海就會開車來到西雅圖，與李小龍切磋交流，李小龍有時也會抽空去奧克蘭與嚴鏡海相聚。嚴鏡海還將少林拳法名家拉爾夫・卡斯楚和美國琉球唐手創始者艾德・派克（被譽為「美國空手道之父」，曾多次入選權威武術雜誌《黑帶》名人堂）介紹給李小龍認識，這兩位美國武術界舉足輕重的人物對李小龍日後能順利進入武術大師殿堂起了極其重要的作用。

大量事實證明，嚴鏡海無論在生活還是武術事業上，對李小龍的幫助與扶持都是重要的。可以說，如果沒有嚴鏡海，就沒有我們所認識的李小龍。同樣給予李小龍巨大幫助的還有謝華亮（柔道、柔術家，國際級柔道金牌教練，小迴圈柔術創始人）。他透過一名弟子的引見而結識了李小龍，兩人遂成為忘年之交，經常交流武學心得。謝華亮也是李小龍登上武術宗師級殿堂的重要推手之一。而馮天倫也是在此時經嚴鏡海介紹而認識了李小龍，並與李小龍在車庫一起訓練。

一九六二年四月，李小龍開辦了第三家「振藩國術館」並向公眾開放，學費為成人每月二十二美元，少年兒童每月十七美元。武館逐漸走上正軌後，李小龍就把那輛二手雪福蘭換成了一九五七款的德索托冒險家雙門敞篷車，並將自己穿著風衣，戴著禮帽與車的兩張合照寄往香港家中，以示自己已能在美國站穩腳跟。

李小龍在大學裡也一直進行武術表演，也始終希望能在學校裡開設武術班，但由於收費的問題而一直未能如願。但他並沒有因此而放棄，因為他的心中已經有了一個宏偉的規劃藍圖。一九六二年九月，他在給曹敏儀的一封信中寫道：

……功夫是我生命的一部分，它極大地影響著我的個性和觀點的形成。我習武為增強體魄，同時也是一種思維訓練，是一種自衛方法和生活方式……多年來，我一直不斷完善自己的個性和功夫。我的目標是創建一所功夫學院，使中國功夫遍佈美國（我計畫用十至十五年的時間實現這一目標）。我這樣做的目的不僅是為了賺錢，而是要讓世人認識到中國功夫的精湛，我也樂於教授中國功夫，我也想為我的家人營造一個幸福的家。我喜歡創新，但最重要的是功夫已成為我生活的一部分……我既有清醒的認識，也愛夢想（別忘了現實，夢想者從不會放棄夢想）。我現在也許除了一塊棲身之地外一無所有，但一旦我的夢想像潮水般湧起時，我彷彿已看到一張美好的藍圖：擁有一座五、六層的功夫學院，其分部遍佈全美。但我並非信心十足，於是我開始審視自己，以戰勝困難，擺脫逆境，取得「難以置信的成功」。

美國大學的開放風氣正合李小龍的不羈性格，如魚得水的他一進到大學就結交了一名比他大六個月的日裔女友艾美三由。李小龍第一次見到艾美就直接抓住了她的手臂並打了個招呼，這個舉動差點讓艾美摔倒在地。為了彌補那次的魯莽舉動並再次表達誠意，李小龍在一次長途飛行後專程趕去看她，這讓艾美非常感動。學過芭蕾的艾美教李小龍跳芭蕾舞，用腳趾頭來保持平衡很難，但是習慣於前腳掌著地的李小龍第一次做就成功了，這讓艾美很是驚訝。但是芭蕾舞的節奏畢竟有異於恰恰，李小龍學起來還是很彆扭。

除了跳舞，李小龍還喜歡帶艾美到他最喜歡去的唐人街餐館吃中餐，大部分時候則是讓他的一位朋友做他們的司機與他們一起出遊。他們還一起去參觀了一九六二年在西雅圖舉辦的世博會。二人之間漸生情愫。

隨著時間的推移，李小龍與艾美走得越來越近。但李小龍對於自己的家世極少提及，艾美對李小龍也不是很瞭解。雙方稚氣未脫，尤其是很愛玩的李小龍。年輕人都有屬於自己的夢想，艾美想讓李小龍支持自己在未來成為一名舞蹈家的夢想，但李小龍對艾美的夢想大肆嘲笑，卻又想讓艾美支持自己開連鎖武館，不久，他們的關係便出現了裂痕。德邁爾說過，雖然李小龍身邊有很多女孩，但是只有艾美讓他有了結婚的念頭。而性格獨立又好強的艾美覺得李小龍和她結婚的目的就是為了將她時刻留在身邊，控制她的一切，幫助他實現他的那些宏偉目標。這讓她無法接受。不過艾美也承認，李小龍是她遇到過最棒的、無法用言語來形容的男朋友。在與艾美交往的三年多時間裡，李小龍曾多次向艾美求婚，但都遭到拒絕。

當李小龍知道艾美已經在紐約找到工作後，便鼓起勇氣，進行最後一次求婚。他的想法是，如果求婚成功就立即結婚，然後再將此事告訴在香港的家人，並準備在夏季假期的時候帶她一起回香港。為此，他甚至將他外祖母留下的鑲有白色十字架的藍寶石戒指給艾美戴上。但艾美還是把戒指還給了李小龍，從此在李小龍的生活裡消失了。李小龍得知後曾多番嘗試卻遍尋不著她，很是傷心，在接下來的幾週內頗為沮喪，癡癡地畫著她的畫像，做什麼事情都打不起精神。

李小龍在一篇隨筆中，隱晦地說出了自己對於那些曾苦苦追求，卻有緣無分的女朋友們的思念與遺憾。

回憶是唯一不會驅逐我們的天堂。歡樂是枯萎的花朵，回憶是持久的芳香。回憶比現在的真實更加持久；我曾保存了許多年的花朵，卻從未結果。

對於李小龍交女友一事，林燕妮曾在紀念李小龍的回憶性文章中寫道：

……女朋友肯定是有的，並非固定那類，泡妞而已……對逢場作戲的女人，他可說是口無遮攔……對他真正心儀的淑女，他卻像個小男生。曾有位比他大的淑女，也是他當年傾心的女子，吻了他一下，他便歡天喜地的告訴了他的哥哥。沒有動手動腳，沒有任何事情發生，他永遠不會對他真正仰慕的女子強求的。

這是很典型的李小龍，追不到，他寧可寫詩，苦戀，遙遙地思念。

當艾美知道李小龍去了好萊塢發展的時候，憑直覺就覺得他會在那裡出名，但是永遠不會有所謂的快樂。當聽到李小龍的死訊時，她頗為震驚，非常傷心，鬱悶了好久，她始終無法忘記和李小龍一起學習舞蹈的那段日子。他們之間有著太多的共同之處，李小龍身上有很多她喜歡的特質。

首次返港

美軍為鼓勵學生參加後備軍官培訓團，允許為學生報銷一次探家的往返路費。離開香港四年了，李小龍也想借著暑假回去看看家人。原本他想帶艾美回家的願望如今成了泡影。他的弟子中，剛加入不久的道格．帕爾默曾在學校裡學過普通話，對東方文化很感興趣，於是李小龍決定帶他一起回港，領略一下東方風情。

李小龍當時手頭並不寬裕，而嚴鏡海向他保證寫書一定能賺錢。於是，李小龍在嚴鏡海的幫助下撰寫《基本中國拳法》（Chinese Gung Fu：The Philosophical Art of Self—Defense）[7]。同時，在餐館後院、嚴鏡海的車庫裡，與木村、傑西、德邁爾、查理．胡、嚴鏡海合作拍攝了大量技術示範照片，還親手繪製了書中所有的插圖。所有的

7　印刷冊數從三百本到一千五百本的說法都有。此書初次印刷時封面上印有「一九六三年四月或之前有效」並標有五美元的定價，但是後來的版本這行字被刪去，可見該書至少經過一次以上加印或重印。據傑西回憶，李小龍親自對他說，成本費花了六百美元，而這本書賣了五千美元。如果此言屬實，說明這本書的總印量在一千本以上。在奧克蘭武館開張後，該書的訂單呈緩步增長之勢，需要琳達來處理這些訂單便是明證。

參與者，包括李小龍本人都為能出版一本武學專著而感到興奮。不過，這本書以詠春為主，部分框架及章節照搬自蔡龍雲所著《武術運動基本訓練》。這也是李小龍生前出版的唯一一本著作，艾德·派克、嚴鏡海、謝華亮等三位武學大家還為此書做了序。這本共九七頁的書，由嚴鏡海帶到自己的印刷廠做限量印刷，在《黑帶》雜誌（一九六一年創辦，第一期為四月號）上刊登廣告，在嚴鏡海的書裡也刊登了郵購資訊；而木村、周裕明在他們的超市或雜貨鋪裡也對該書進行銷售。書的扉頁上赫然印著「謹以此書獻給我的父母李海泉夫婦及摯友曹朱綺華夫人」。同時，為了感謝木村的大力協助，李小龍在贈書上寫道「獻給我親愛的朋友木村武之，感謝你從一九六〇年起為我所做的一切」。

冷靜下來的李小龍認為這本書是不合格著作，於是，他有了著手寫第二本著作《功夫之道》（The Tao of Gung Fu）[8]的計畫，他想在這本書裡對中國傳統武術的源流、發展做一次更為系統、全面、深刻的詮釋。

就在李小龍準備回港前不久，美國徵兵局發來信函，不讓李小龍回香港，覺得李小龍很可能會借此機會一走了之。因為後備軍官訓練團的培訓與高等院校的學制相吻合，一般為兩年或四年，制定有嚴格的教學大綱。主要是實施初級軍官職責、分隊戰術、射擊、野外生存等必要的軍事訓練，每週訓練三至四小時，每學期訓練六週。暑期

8 該書於李小龍死後經後人編輯出版，名稱為Tao of Chinese Gong Fu：A Study In The Way of Chinese Martial Art，中文名為《功夫之道：李小龍中國武術之道研究》。

自然也會有培訓。李小龍此時回香港，徵兵局自然會認為李小龍有逃避培訓的嫌疑。

同時，在「麥卡錫主義」的後續影響力和冷戰思維的影響下，美國當局對華裔、亞裔人群很是緊張，他們不能寄錢給在中國的親人，禁止公開談論自己的家鄉，或被認為是「間諜」，或被認為「親共」、「親中」而受到調查和非法傳訊，甚至嚴重到了囚禁、驅逐出境和暗殺的地步，這頗有些白色恐怖的味道。李小龍雖然是美籍華裔，但以自己是中國人為豪，自然也屬於移民局和徵兵局的監視對象。為能順利探親，李小龍請他的英文老師瑪格麗特．沃特斯寫下了「離境擔保信」來向徵兵局證明自己是個守信用的人，同時也是個受人尊敬的紳士，這才得以重返香港。

一九六三年三月二十六日，當經過悉心打扮，西裝革履的李小龍帶著帕爾默走出啟德機場時，已等候多時的李海泉和親戚們皆欣喜不已，家人團聚的喜悅之情溢於言表。在美四年，小龍容顏未變，鄉音未改，但較以前成熟得多，除了將當初的一百美元歸還給李海泉外，還給他買了一件新的大衣。而李小龍在港期間舉止談吐，待人接物均大方得體，也是大家以前根本無法想像的。

在香港的這個夏天，李小龍除了每天陪著老爸晨練，打麻將，拜訪各位影視界、武術界前輩外，最重要的事情就是帶著帕爾默去見葉問。見葉問前，李小龍一再囑咐這個美國徒弟不可顯示出自己學過功夫，以避免不必要的麻煩。

當葉問親自與李小龍試手後，發覺李小龍並未因在美國念書而荒廢了武功，反而功力大進，而且對詠春拳做了一定程度的更動，心中暗喜卻不形於色。李小龍於是趁熱打鐵，向葉問提出要求，希望他能將木人樁法、六點半棍及八斬刀等技法拍攝成照片，以便帶回美國自修。葉問生前不喜歡拍照，也不輕易示範這些高級技法，但李小龍一開口，他便立刻破例答應，這些珍貴的片段被帕爾默拍攝下來。

日漸成熟的李小龍已極力避免衝突，但是有一次為了保護林燕妮，他還是忍不住動手了。時隔多年，林燕妮對這次打鬥依然記憶猶新。

> 談到打，小龍出手之快，實在是沒見過才不相信。有一回父母帶我和小龍到那時希爾頓酒店的「鷹巢」用晚膳和跳舞，事後小龍帶我逛街。那夜他打扮得很帥，整套黑色西裝。不過天氣熱，他把外衣脫下搭在手裡，露出了裡面的紫色襯裡，當時是很「串」（粵語中囂張跋扈之意，此處引申為炫目之意）的打扮。走到天星碼頭時，四個流裡流氣的不良少年出言不遜取笑他，大有挑釁之意。我看著四個人凶巴巴地圍著我們，心慌起來便往站在我右邊的小龍一望，看他如何是好。只見他氣定神閑地站著，似乎沒怎麼動，待我回過頭來之時，已見那幾個傢伙全趴在地上，其中一個還沒命似的爬著走。小龍說：「掃了他們一腿而已。」原來在那電光石火的一瞬間，他已出了腿。

遠道而來的帕爾默被香港的悶熱天氣、缺水以及因自身特殊的膚色與體格被李振輝等人捉弄而不堪其擾，不過在美麗的海濱游泳、看電影，在很不錯的餐館吃飯，在喧鬧的街上散步，還是讓他領略到了香港的魅力。他還在遊樂園裡玩到了許多在美國玩不到的遊戲，比如用球打酒瓶、用矛刺氣球等。他還參加了李小龍親戚的一次婚禮。

每逢週六、日下午四點至六點，李小龍還不忘帶著舊時老友們以及一群仰慕他的女孩子們一起去夜總會跳「茶舞」。李小龍還給這些女孩子們變魔術、講笑話。一個英俊瀟灑的男孩子如此有魅力，難怪周圍會有那麼多女孩子。她們沉迷於李小龍那獨特的個人魅力而「倒追」李小龍。

假期一晃而過，李小龍和帕爾默一起回到了美國。還沒等他喘上一口大氣，一件讓他後背發涼的事便隨之襲來——美國軍方寄來了體檢通知書，他必須去進行體檢，若是體檢通過，就非常有可能被派往越南前線。

在進入後備軍官訓練團時，李小龍就按照規定簽訂了服役合約，該合約規定，他必須在大學二年級時服兵役。儘管李小龍完全可以找出種種理由，但他是個守信用的人，既然服兵役是自己的選擇，那這次體檢硬著頭皮也要去。

當然，李小龍可以不用去參軍了，因為在體檢報告上，軍方拒絕李小龍的理由是因為他「患有輕度扁平足」。雖然長舒一口氣，但是生理上的缺陷也著實讓以身手敏捷、體魄剛健著稱的李小龍尷尬不已。

琳達

李小龍經常會在各個大學表演他的功夫，每次都要帶著艾美。一九六三年春季的一天，在華盛頓大學刊物上看到了李小龍那篇甲級哲學論文《中國哲學——陰陽論》後，加菲爾德高中的高級主任諾曼．威爾森毅然邀請李小龍在該校擔任課餘活動的客座講者，並做哲學演講。當穿著米黃色風衣、戴著禮帽的李小龍挽著從這所學校畢業的艾美出現在長廊盡頭時，正在與幾個閨蜜聊天的高三女生，尚未滿十八歲的琳達．艾米利（李小龍遺孀，有著英國、愛爾蘭與瑞典血統，退休前為小學教師，與其女李香凝共同創辦李小龍教育基金會）一眼就看到了這個英俊、瀟灑、脫俗的中國青年，那時的她壓根不會料到，她不久後就會與李小龍約會，日後更成了他的妻子。

在聽了李小龍的哲學演講後，琳達突然對亞洲文化感興趣起來。她想多瞭解一些什麼是中國功夫。於是，一個週日的早晨，琳達在好友祈小安（李小龍早期少數幾名女弟子之一）的帶領下，來到唐人街那間陰暗潮濕的地下室——「振藩國術館」，開始隨班裡的十幾個人一起定時上課，學員證編號為0008，振藩國術水準經李小龍親自評定為二級。

李小龍上課時不失幽默，下課後又和本來就是好朋友的弟子們去自己最喜歡的「大同飯店」吃中式午餐，品嘗中式茶點。他除了表演那著名的「硬幣遊戲」[9]，還會在吃飯時不停地講笑話，有些已經很老套的笑話經過他的演繹，又變得妙趣橫生，這令原本沉悶的午餐氣氛變得歡快起來。吃完飯，這個功夫小組有時還會在唐人街的劇院裡看電影，通常看的是《座頭市》系列電影或《大劍客》之類的日本刀劍片。在觀看電影閒暇之餘，李小龍也會抓緊這一點時間，借助影院椅子，用雙臂將整個人支撐起來進行鍛煉，或者會和弟子們稍微練習一會，而在電影放映時他就會全神貫注地看電影。

一次，劇院播放了李小龍在香港時期拍攝的最後一部電影《人海孤鴻》，這時他的大部分弟子們，包括琳達才知道李小龍原來還有著深厚的演藝背景，而他卻對此隻字未提，這讓琳達覺得李小龍比她想像的更有深度，開始對他另眼相看。

一九六三年九月，琳達進入華盛頓大學就讀大學一年級，成了李小龍的學妹。李小龍的許多弟子也在這所大學裡讀書，這樣他們就能繼續跟著李小龍練功，次數比之前更為頻繁。幾乎每天中午，李小龍都會在學生會大樓開課。剛成為醫學院一年級新生的琳達盡量從繁重的課程中抽空去上李小龍的課，後來更發展到蹺課，成績更是一落千

9　「硬幣遊戲」是展示李小龍那不可思議的速度的一個小把戲。他讓參與者手心朝上，放上一個較大面額的硬幣，並在對方手掌合攏前，將原來的硬幣換成另一枚小額硬幣，而對方對此毫無察覺。

丈，但她也並不在意。她為自己能成為功夫小組的一分子而感到由衷的快樂。她意識到，自己已經愛上了這個東方男人。但她對自己能否成為李小龍的女朋友很沒有自信，因為李小龍身邊的漂亮女孩要臉蛋有臉蛋，要身材有身材，既活潑開朗又懂得浪漫，而這些都是自己所無法比擬的。別說是金髮碧眼、天生身材姣好的女孩，就是艾美的體型、外表也遠比琳達來得豐滿、甜美。

隨著影響力的擴大，李小龍收了不少新的弟子。此外，他向大學遞交的在體育館表演功夫的申請被正式批准。一九六三年十月五日，李小龍的功夫表演首次被列為大學開放日的表演項目。當天晚些時候，「振藩國術館」搬遷至大學道四七五〇號地下室新址，這裡的面積將近兩百七十平方米，將所有練功器械都安置妥當後，仍然是空空蕩蕩，即便後面用來作為臥室的房間放入了李小龍特意從香港訂購的柚木傢俱，也是一樣的感覺。李小龍曾在此拍下大量自己練習詠春以及與弟子們一起訓練的照片及錄影片段。李小龍最喜歡在那間有著二十多平方米的淋浴室裡，將所有的蓮蓬頭打開，看著熱氣騰騰升起，模擬蒸氣浴的感覺。李小龍對這間武館非常滿意，開始以此為家。

這一時期，武館最多人數曾達到三四十人，頗具規模。李小龍手頭開始變得非常寬裕，於是換購了一輛二手的五七款福特汽車。

從這所武館裡所拍攝的照片上，我們能清楚地看到，牆上除了掛有巨幅陰陽太極圖外，還有一副寫著「詠到梅花椿法妙，春生桃李藝林香」的對聯。每當看到這副對聯，李小龍就會想起師父和與自己交好的部分詠春同門。

李小龍其實對於琳達頗有好感，開館半個月後，他就給琳達寫了一封直白的求愛信。一九六三年十月二十五日，在訓練課結束後，李小龍在眾弟子散去的情況下，單獨邀請琳達去太空針餐廳共進晚餐，琳達在猶豫片刻後愉快地答應了。

琳達的生父在她六歲時就因突發心臟病而去世了，她母親獨自帶大她和她的姐姐實屬不易，而且她又非常反感琳達與小個子黃皮膚的東方人談戀愛。她要她的女兒按照她的意願成為一名品學兼優的好學生，畢業後找一份體面的工作，嫁一個如意郎君，當然必須是白人。琳達曾經和一個有著一半日本血統的男孩短暫約會過，但這段戀情因為母親的堅決反對而結束。因此，為了能和李小龍約會，琳達只能在閨蜜家，穿著借來的裙子和外套，由李小龍開車來接她去用餐。據琳達回憶：

> 小龍那天完全可以用「帥」這個詞來形容。他穿著一套黑色義大利真絲西裝，紫色襯衫，打著一條黑色領帶，頭髮整齊地向兩側梳著，前額的一些頭髮自然捲曲著。他的造型看上去像極了我的偶像喬治·查克里斯在《西城故事》（West Side Story）裡的造型，我當時就陶醉了。

他們很快就陷入了熱戀，經常在武館內的臥室裡一起看電視劇《杏林春暖》（General Hospital，六〇年代美國熱播電視劇，一九六三年起開播，至今已逾萬集），一起做作業。對於當時的學習情況，琳達回憶道：

我的學習成績持續下滑已是不爭的事實，可我對此並不關心。而小龍卻一點問題都沒有——他在自己的事業之餘還能時不時地寫上幾篇哲學小論文。從語法上看，熟知所有語法規則的他對於英語的掌握近乎完美，這點肯定比我還好，因為他完全把英語當成他的第二語言來學習。當我在功課上遇到問題的時候，小龍會趕來幫我做關於英語課的題目，他對於微積分和化學無能為力，但是他很能寫。我告訴他我的學業不好是他的過錯，他只是用微笑來表示同意。

李小龍與琳達的合照。

李小龍的腦筋動得飛快，初入大學時就選修過演講、個人領袖才能等科目，大三時又專修哲學與心理學，口才極佳自不待言，談起哲學問題更是口若懸河、滔滔不絕，極富個人魅力。難怪有人說李小龍如果成不了武術家也能成為一名非常優秀的推銷員；而性格含蓄、內斂的琳達恰好是一名極好的聆聽者，受過嚴格的盎格魯·撒克遜教育的琳達的性格，與李小龍那天生的美式性格形成了完美的互補，正合乎了《易經．繫辭》中的那句話「一陰一陽之謂道」。李小龍要的就是具有東方氣質，性格順從、溫柔、善解人意的淑女，而外表恰恰不是他所重點考慮的，琳達恰好符合這些特質，這才是他們能走到一起的最重要的原因。

一九六三年十一月二十二日，甘迺迪在達拉斯遇刺身亡，在「空軍一號」上火速繼任的林登．貝恩斯．詹森總統（美國第三十六任總統）上任後的第一件事就是將越南戰爭擴大化。一九六四年，「東京灣決議」通過後，越來越多的部隊和資金投入越南，這讓美國深深陷入越戰泥潭而無法自拔。此時的美國國內民眾開始質疑、反思介入越南事務是否是明智之舉，是否符合道德準則。與此同時，反戰聲浪呼之欲出。一九六五年，學生運動的爆發正式拉開了長達十年的反戰序幕。

長堤武術大賽

一九六三年底，李小龍偕琳達前往嚴鏡海處，三人會合後由嚴鏡海驅車前往艾德・派克在帕薩迪納（大洛杉磯地區的一個衛星城市）的家小住幾日。期間，派克計畫在翌年舉辦一次空手道國際錦標賽，並口頭邀請了李小龍參加。

在結束了短暫的奧克蘭武術之旅及謝華亮的柔道年度宴會後，在嚴鏡海的鼓勵下，李小龍心中那「連鎖武館」的雄心壯志又被喚醒。當時他在大學的學分僅夠升級，同時又分心於武館與琳達的戀情，如此下去恐怕很難畢業。反覆權衡利弊後，李小龍做出了一串令人出乎意料的決定：先從華盛頓大學退學[10]，然後將西雅圖武館全權委託於木村，並任命他為助教。他相信以木村的能力和責任心，完全能把武館打理得井井有條。他還將自己的拳術要點寫成教學大綱《振藩拳道》（Training Program：The Jun

10 李小龍從華盛頓大學退學後，在一九六四年十一月寫給張卓慶的信中說自己在加州大學就讀，並將獲得一個哲學學位。這裡所說的應該是加州大學伯克利分校，毗鄰奧克蘭。而李小龍的精力主要放在武館上，那所謂的哲學學位當然也就不了了之了。

Fan Method）交予木村，這樣木村就可以嚴格按照他的要求繼續教授拳術。與此同時，他委託嚴鏡海在舊金山和奧克蘭尋覓合適的武館場地，並將自己的全部傢俱和財產運往奧克蘭，連那輛心愛的二手福特汽車也變賣了。

雖然此時已經懷孕的琳達對李小龍的這一切行動完全支持，但是心中總有些忐忑不安，她不知道這個心愛的男人是否會回到自己的身邊。她回憶道：

小龍將飛去奧克蘭，我送他到了機場，此時的我依然不知道這個問題的答案，甚至連小龍自己也一樣。這次的行動把他逼到了懸崖邊上……在登機之前，小龍從我的臉上感覺到了我的憂慮，他簡單地說了一句「我會回來的」就離開了。那一刻我感覺到有什麼東西離開了我的生活。我是不是再也見不到他了？在他變得越來越強壯、越來越優秀的時候，我是否會被他所遺忘呢？我的腦子裡全是這些念頭……。

離開西雅圖後，李小龍與嚴鏡海先在舊金山地區的海沃德地區（在加州阿拉米達縣，費利蒙附近）開設了一家「中國功夫中心」，不久後，位於百老匯四一五七號的「振藩國術館奧克蘭分館」才正式開館。在周裕明的幫助下，李小龍在附近的 Wah Sung 俱樂部內做武術示範，吸引了許多人前來武館報名。

與此同時，李小龍開始與嚴鏡海、李鴻新、周裕明等人在奧克蘭武館內合作拍攝了大量技術示範照片，準備用在新書《功夫之道》裡。在這段時期內，李小龍的武學系統仍然包含了大量的詠春及傳統武術技法，他在新設計的證書上，用了「Bruce Lee's

「Tao of Chinese Gung Fu——振藩拳道」的字樣，以表明自身的武學已發展到了一個新的高度，但仍然對習練「振藩國術」的學員們進行資格認定並簽發證書。就筆者所掌握的資料來看，在一九六七年十一月一日，李小龍給木村簽發了振藩國術五級證書後，再沒親自簽發任何振藩拳道或振藩國術證書[11]。鮑勃．布萊默雖然於一九六八年得到振藩國術二級證書，卻是由伊諾山度代為簽發的。

八月二日，李小龍如約參加了由艾德．派克主持的首屆長堤（Long Beach，也被稱為「長灘」，盛產石油，是加州南部最富有的地區之一）「國際空手道錦標賽」（一九六四 International Karate Championships）。值得一提的是，李小龍向派克提出，他需要木村前來與他進行合作示範，派克看在李小龍的面子上特意以書面方式正式邀請了在西雅圖的木村，還寄了機票。就在前一晚，李小龍在附近的酒店大廳裡為那些黑帶大師們示範了自己的武技，震驚全場。

派克還專門為李小龍、木村武之和羅伯特．特里亞斯（在美國最早推廣空手道的先驅，「首里流」空手道創始人）開了記者招待會，並與其他參賽嘉賓合照。那時還沒

11 李小龍對於木村完全信任，在華盛頓大學就讀時，就將木村列為「緊急聯絡人」。在離開西雅圖後，還繼續與木村通信，除問候外，還將最新的武術心得毫無保留地告訴他，或在回西雅圖看望岳母時抽空對其進行一對一指導。至一九六七年，木村獲得了振藩國術五級、振藩拳道四級證書，可見李小龍對木村的信任與偏愛。

有多少人聽說過功夫，派克希望李小龍能在大量的西海岸黑帶選手和教練面前示範他的武技並做相應介紹。他認為，李小龍已經可以與這些武術大家們並列進入武術的最高殿堂。他還將李小龍的示範表演拍成了電影，這成了李小龍一生中的重要轉捩點。表演之前，丹．伊諾山度應艾德．派克的要求，陪著李小龍遊覽長堤，所以他早就見識了李小龍的功夫。日後，在木村武之無法隨他出席武術表演的時候，就是由伊諾山度與之搭檔。

那次比賽，李小龍作為七名表演嘉賓之一，排在第五位出場，與木村武之搭檔，在幾千名觀眾和不同級別空手道選手面前表演了寸勁拳、閉目黐手、三指俯臥撐、無影腿等具有高速度、高技巧性的武技，震驚四座。其間，他對各種風格的武術做出了嚴厲的批判。結束時，與木村一起以從洪拳中發展而來的「振藩禮」向在場所有人致意。

表演結束後，眾多武術大家對李小龍的身手溢美之詞不絕，其中松濤館空手道大師大島努（松濤館空手道創始人船越義珍的弟子，武打明星尚克勞德范達美的師公）對其的示範進行了高度的評價：「看過他的示範後，我認為他的武技極為熟練，如此年輕就如此優秀，真了不起。」而艾德．派克乾脆說：「我敢說，他能把天空擊碎！」

借此次絕佳良機，李小龍得以認識有「跆拳道之父」之稱的李俊九、李愷[12]等武

12 李愷，曾獲一九四八年上海第七屆全運會六十．五公斤級拳擊冠軍，但他從未對李小龍說起過此事。在拜入李小龍門下之前，他還向太極拳大家董虎嶺學習過一年的楊氏太極拳。李小龍對這個工程師弟子很是看重，將他列為「後院訓練對手」並親自教授截拳道。

一九六四年，李小龍在長堤武術大賽期間與各位武術名家合照。

術界同人，還結識了包括傑伊・塞伯靈等在內的多名好萊塢高層及著名人士。

那一晚，李小龍真正跨入了頂尖武術家的行列，同時他也讓大家知道了，在美國，除了柔道、空手道之外，還有博大精深的中國功夫存在。雖然許多觀眾在這次表演後成了李小龍的追隨者，但是排著隊要挑戰李小龍，揚言要給李小龍點顏色看看的也大有人在。

中國武術流傳到琉球群島後，與當地的「琉球手」結合後，發展成「唐手」，也稱「琉球唐手」（KENPO，也即唐手功夫，意即來自中國的武術，曾有人音譯為「肯波空手道」）。十七世紀初，日本武力吞併琉球後，將琉球唐手與日本本地格鬥技術結合起來，創立了「唐手道」，也即「空手道」（Karate）前身。船越義珍等人將唐手道帶回日本，一九三五年正式改名為「空手道」。艾德．派克將琉球唐手傳入美國，是最早在美國推廣空手道的武壇領袖人物之一，被尊為「美國空手道之父」。那時的空手道比賽中，許多都是唐手道選手，因為技術招式與戰略戰術完全相同，便與美式空手道合稱為「空手道」。跆拳道有一段時期被稱為「韓式空手道」（Korean Karate）。武術剛開始被美國人知曉時，也被稱為 Karate，並被報界長期沿用，以至於李小龍不得不在採訪時糾正此謬誤。

喜結連理

李小龍在剛到奧克蘭的那兩個月裡一直與琳達保持著熱絡的書信聯繫。為了不讓這些信寄到家裡而引起麻煩，琳達在郵局裡租了一個郵箱，確保自己每天都能收到這些充滿著愛意、關切和期望的信件。即便如此，在這段日子裡，琳達依然對李小龍能回到西雅圖與其共度一生並不抱太大希望。

李小龍意識到結婚不僅是兩個人的事情，還是兩個家庭的融合，他完全無法預料在此期間將會產生的各種矛盾，以及日後的生活，也不知道應該怎麼去面對這些問題，於是他寫了信向父母詢問。李海泉在回信中說，李小龍需要承擔起一個男人應該付的責任，他的生活必須自己做主。而何愛榆在信中的一句話促使李小龍下定了決心：「如果你選擇了她，那她就是我們的家人。我們歡迎她加入我們這個大家庭。」琳達回憶道：

他希望在組成家庭之前先擁有穩定的事業和充裕的經濟基礎，我們討論過結婚的事情，但是很快就因為時機不夠成熟而擱淺……我們之間雖然沒有任何責任和義務，但是小龍說在沒有「確定」自我之前不做任何不負責任的事情。他覺得在娶妻生子之前必須要有堅實的經濟基礎。現在回想起來，我很高興他沒有堅決地等下去，否則就不會有國豪和香凝了。

一九六四年八月十二日，一無所有的李小龍飛回西雅圖，與心上人結婚。由於事先預料到了琳達母親會對琳達嫁給一個亞裔男子持強烈反對態度，李小龍和琳達不得不採取鴕鳥策略——先登記結婚，等飛去香港或奧克蘭後再打電話向岳父、岳母大人解釋。而為了能嫁給李小龍，琳達也輟學了。兩人在金郡法院辦理了結婚手續。這對沉浸在愛情中的年輕人以為這樣就能較為幸運地獲得眾人的祝福，不料百密一疏：他們結婚的通知居然被琳達的一位不會放過任何消息的姨媽看到了，她將這件事通知了琳達的母親，緊接著，親戚們全從琳達的出生地埃弗萊特趕來了，一場暴風雨即將來臨。

結婚是人生大事，古今中外一貫如此，琳達的母親及其親屬們也不例外。這下，兩個年輕人的如意計畫泡湯，李小龍不得不硬著頭皮前往岳母家接受「批判」。

琳達的父母反對他們結婚的理由有許多。

首先，對於精心培育的女兒，父母自然想她大學順利畢業，找個白人夫婿，平安過一生。但現在他們心愛的女兒輟學了，跟著李小龍這麼一個一無所長，沒有經濟來源，只會練武的小個子中國人，他們認為這種婚姻毫無幸福可言。

其次，李小龍是中國人，宗教信仰與西方不同。而且，混血子女也容易受到歧視。這種觀點自然很荒謬，在李家，只有李海泉是佛教徒，何愛榆與幾個混血子女都是天主教徒（至少在童年時是），他們的婚姻在當時已維持三十餘年，從沒有因宗教問題而發生任何的不愉快或不幸福的事情。就拿何愛榆將李小龍送入天主教學校入讀來說，李海泉也一點都不排斥。所以，宗教信仰根本不是問題。

再次，兩人之間的感情是否經得起考驗，她的家人無法確定。其實，無論是在加菲爾德高中還是華盛頓大學，琳達都有很多東方朋友，她很理解他們的想法，她的性格更像東方傳統女子，恰恰是李小龍喜歡的那種類型。但顯然琳達一家（除了琳達）不理解李小龍是個有著強烈責任感、重感情、有擔當的男人。這是長期根深蒂固的偏見造成的。

最後，也是最可笑的一點，就是他們認為李小龍會把琳達拐跑到中國或其周邊的社會主義國家，他們很難想像兩人能有幸福的婚姻。

但無論如何，父母希望子女能有幸福的婚姻，這點是毋庸置疑的。所以琳達日後認為，家人們的到來其實是起到了「婚前指導」的監督作用。真是可憐天下父母心。

儘管把李小龍罵了個狗血淋頭，但鑒於當時的琳達已經懷孕三個多月，琳達母親及她的繼父只能面對現實，於八月十七日下午三時三十分許，在華盛頓大學內的西雅圖公理會教堂參加了他們的婚禮。由於婚禮安排得過於匆忙，李小龍只能穿著租來的禮服，並向嚴鏡海妻子凱薩琳借了一個戒指；而琳達穿的不是結婚禮服，而是一套棕色無袖連衣裙。四十歲的木村武之和大衛・麥卡洛克夫人作為兩人的伴郎、伴娘，為這一神聖的時刻做了見證。當時的李小龍二十三歲，而琳達年僅十九歲[13]。

這對甜蜜的年輕夫婦在婚禮後的當晚便前往奧克蘭，寄居於嚴鏡海家。在那裡，李小龍夫婦受到了嚴鏡海夫婦的熱烈歡迎及悉心照顧，他們與嚴鏡海的一對兒女也相處得極為和睦。他們像一家人一樣相處，其樂融融。

好景不長，在李小龍夫婦搬進來不久後，凱薩琳就因急性癌症去世。嚴鏡海強忍喪妻之痛，繼續做他的全職電焊工。這樣一來，幾乎所有的家務都落在了年輕的琳達肩上，可憐的琳達要照顧包括尚在腹中的李國豪在內的六個人的起居生活，日子確實艱苦

13 此處的年齡以一九六四年八月十九日頒發的結婚證書為准。

得很。李小龍有時也會幫著做一些體力活，偶爾也會客串大廚的角色。那時，李小龍每天一早便起來做熱身運動，然後與一條稱為「鮑勃」的德國大丹狗跑上六至八公里（有時還做變向衝刺跑），回到家後再進行肢體和武技訓練。到了晚上，嚴鏡海會和李小龍單獨進行訓練。在不訓練的時候，李小龍就會和他的學生們一起前往附近的一家書店，買下大量關於體育運動、武術、拳擊等的二手書籍，帶回家去仔細研究。

嚴鏡海比李小龍要大二十歲，算得上是李小龍的叔叔輩了。他的一生大部分時間都是在美國度過的，深知亞裔美國人在美國的奮鬥極為艱難。嚴鏡海告訴李小龍，不論發生什麼情況，只要能幫得到他的就一定會幫。因此，嚴鏡海總是不遺餘力地支持李小龍的事業，且任勞任怨，毫不計較個人得失。

年輕時的嚴鏡海曾練過雜技和健美，他將自己多年的健美經驗發展成健身訓練，毫無保留地教給李小龍，令李小龍的體魄更為強健。而他的好友周裕明曾榮獲過北加州健美先生稱號，健美有專業水準。他對李小龍的影響也很大，李小龍經常去參觀他的健身房。

除了嚴鏡海、周裕明外，李小龍在健美方面還受到了馮天倫的影響。一九六二年，李小龍首次見到馮天倫時，就被他那健壯的前臂和寬闊的肩膀所震撼。據馮天倫回憶，當時，他送給李小龍一本鮑勃·霍夫曼的《力量與健康》（Strength and Health）雜誌。不久後再見到李小龍時，他驚訝地發現，李小龍的家裡堆滿了所有能買到的健美雜誌。

李小龍從中仔細閱讀、研究，制定出了一套適合自己力量的訓練及飲食計畫。而在此之前，李小龍極少做重量訓練，認為肌肉塊會使自己的速度受到影響。

李香凝在採訪時提到了李小龍的飲食習慣：

……在我眼中，他在營養搭配方面非常有創意，同時他對於自己想攝入些什麼以及日常的飲食十分講究……比如說有一種他整天都喝的茶，然後他會自己加一些營養品進去，比如說人參、蜂王漿以及蜂蜜，他相信這樣的搭配會讓他保持良好的狀態，一整天做任何事情都精力充沛。我父母當時甚至買了首批上市的商用榨汁機。他們把果汁、蔬菜和水果混在一起，他們總是走在營養搭配和潮流的最前端。他們會一起去營養品專賣店……他們會嘗試各種新鮮事物。我父親還會嘗試去吃一些富含礦物質和蛋白質的食物，比如動物的肝臟和腎臟，任何他認為對自己身體有好處的東西。但在所有食物之中，他最愛的還是中餐，比如「蠔油牛肉」……我父親對中國菜情有獨鍾，是因為中國菜中的平衡，菜肴中始終保持著肉和蔬菜的平衡，而非盤中只有單純的一大塊食物。

嚴鏡海還憑藉自己的焊接技術，為李小龍打造了不少訓練器材，如眾所周知的「萬法樁」[14]等。這些製作略顯粗糙的器材在振藩功夫發展初期發揮了很大的作用。李小

14「萬法樁」，顧名思義就是練習者對這個樁可以有著無數種的練習方法。而嚴鏡海之子的中文名就叫「嚴萬法」。

龍還在舊金山開恰恰舞班時，李鴻新（李小龍摯友，奧克蘭時期弟子，李小龍個人專用訓練器材製造者）便早與他熟識。在奧克蘭武館開張初期，他為李小龍招募了不少學生。

在見識了李鴻新為其所製作的帶鎖的不銹鋼金屬盒後，李小龍便請他為自己定制一些私人訓練器材，李鴻新便成了李小龍的私人訓練器材製造者，他根據李小龍那些充滿靈感的設計草圖製造了大量做工如藝術品般精美，品質上乘的手靶、腳靶、雙節棍、握力器等，李小龍從中獲益之餘也對其充滿了感激，稱其為「工藝大師」、「巨匠」。車庫內放滿了眾多的練武設備，因而被李小龍戲稱為「少林寺」。

面對如此多的現代化訓練設備和新型訓練方式，李小龍有了對傳統武術進行改造甚至創建一套新型武術的想法。在搬去奧克蘭之前，一九六四年九月十八日，他就在寫給木村武之的一封信中闡述了他構想中的新式訓練方法：

我開始構成一種以詠春原理為基礎的新的結構的武學體系。已經有了一個大概的框架——這是一種「在局限中得到自由並超越局限」的方法……換言之，就是一種在保持流暢的自由訓練下，以無限為有限，以無法為有法來超越局限的方法。詠春拳很棒，但是它需要改造——從它的外在形態開始進行改造……連同黐手在內，這種方法將把兩個不完整的一半合成一個完整的一體。我只能說——這種武學體系將是最顛覆性的。

儘管如此，李小龍當時尚未來得及將此驚人抱負付諸實施，直到一九六四年十二月的那場極具爭議的比武後。

由於李小龍在長堤大賽上的驚人身手，吸引了許多人來學武，奧克蘭武館一開始還是非常成功的，每個月能賺得幾百美元，足以應付日常家庭開銷。同時，木村堅持定期從西雅圖寄來一定額度的補貼，這也大大緩解了嚴鏡海的壓力。

八月三十一日，邵氏性感女星，被稱為「最美麗的動物」、「噴火女郎」的張仲文抵達舊金山，開始為自己的《潘金蓮》、《花田錯》等幾部作品做宣傳。剛結婚不久，還在蜜月期的李小龍擔任她的保鏢，在新聲戲院做了武術表演，還與張仲文一起合跳了恰恰舞。

十一月二十一日，李小龍致函遠在澳洲的張卓慶，連同《基本中國拳法》也一同寄給了他。在信中，他提及自己正在寫《功夫之道》，並打算於一九六五年與琳達一同回港。

比武黃澤民

大約在此時，舊金山精武分會迎來了一位從香港來的名叫黃澤民的青年武師，雖然此人默默無聞，卻是清末少林派武術大師顧汝章的徒孫，練過少林拳、太極拳、形意拳、羅漢拳等。

黃澤民被當地武術界人士認為是響噹噹的人物。他們把這個與李小龍同年的武師的武技吹捧得非常之高。而這位剛來不久，住在唐人街的「大師」不過是在傑克遜街六四〇號的咖啡館裡（現為「上海飯店」）做服務生端盤子。而這間咖啡館與李小龍剛來舊金山時所居住的公寓近在咫尺。

這時，李小龍帶著幾個弟子應邀來到舊金山格蘭特大街一〇二一號的新聲戲院（現為購物中心）做了一次表演，免不了對傳統武術會有一些批評和嘲諷。觀眾中有黃澤民的弟子，他們把所見所聞都添油加醋地告訴了黃澤民以及當地武術界的武師們。這些武師們聽說李小龍不但是個武術名人，還在未經他們同意的情況下私自開設了武館，出版英文武術書籍，等於將武術的祕密洩露給外國人，還敢肆意批評傳統武術，簡直是一點江湖規矩都不懂。於是，他們一致授意黃澤民去挑戰李小龍。一旦李小龍輸了，就要立即關閉武館，不得再教授外國人功夫。這樣，武術的祕密將得以保留，當地武術界與黃澤民的名頭也會因為打贏了這麼一位功夫名人而更為響亮。尤其是黃澤民，將會成為當地武術界的一張名片、一塊金字招牌。

無論當時黃澤民是否願意，他都必須與李小龍比武。於是，黃澤民先讓自己的一個朋友，功夫教頭大衛．陳在他與李小龍之間來回傳話，想讓李小龍接受挑戰。李小龍一開始百般拒絕，並告訴他：「如果一個白人真的想打敗中國人，未必要用武術，他們還有其他的辦法來做到這點，因為他們的個子生來就比我們大，體格也比我們強健。」但是舊金山武術界執意要比武，大衛．陳也趁機火上澆油，挑撥是非。最後李小龍實在忍無可忍，接受了挑戰，並讓大衛．陳轉告黃澤民，讓他來奧克蘭，把這件事做個了斷，但是當時並未定下確切比武日期。

臨近年底，李小龍接受了好友艾德．派克的安排，帶著伊諾山度一連四天進行了二十場表演，等回到奧克蘭時已是疲憊不堪，還患上了傷風感冒。比武當天，回到奧克蘭的李小龍與琳達、嚴鏡海一起為武館做了大掃除。就在準備一起外出用餐時，黃澤民帶著六名弟子闖入了武館。不是冤家不聚頭，兩條出生於同年的「龍」竟然不期而遇，那以下事情的發展也就順理成章了。

在武館裡，穿著功夫衫的黃澤民在重申了比武緣由後，遞給李小龍一幅華麗的中國式卷軸，上面簽滿了中國武師的名字。他想以這種形式讓李小龍退縮。誰料李小龍根本就沒上他的當，當即要求比武，這反倒把黃澤民嚇到了，於是他推辭說自己不過是代表舊金山武術界而來，並提出，在比武時不得攻擊某些部位，設立了種種規則，這樣無論勝負，誰都不會受太大的傷。李小龍火氣一下子就上來了：「是你們向我挑戰的，那就應該由我來制定規則，那就是——沒有規則，放開了打！來吧！」騎虎難下的黃澤民只能擺出架勢，準備開打。

考慮到李小龍身體狀況欠佳，競技狀態也大打折扣，嚴鏡海便提出欲代師出戰，但被李小龍斷然拒絕。於是，嚴鏡海便自覺地擔任起了琳達的貼身保鏢，關注著館裡那些不懷好意的傢伙的一舉一動。

李小龍向對手發出一通連環快拳，黃澤民反應不及，被打得暈頭轉向，他的那些弟子見狀不妙，立刻要求比賽中止，但被嚴鏡海嚴詞拒絕，並示意比武繼續。突然間，絲毫沒有接招的黃澤民轉身便跑，從一間房間跑進去，又從另一間房間跑出來，李小龍不得不滿屋子追著打他，這讓比武變成了一場鬧劇，李小龍的大部分的拳只打在了對手的背上，有一拳打在了黃澤民的後腦上，李小龍的手立刻就腫了起來。而黃澤民在跑的時候揮舞著的雙臂劃破了李小龍的脖子，這也是李小龍在此次比武中唯一受的傷。黃澤民曾有幾次轉過身來，似乎想擺出架勢，但旋即又跑。

長達三分鐘的「馬拉松賽跑」過後，雙方都已筋疲力盡，李小龍使出最後的一點力氣，終於追上了這個一米八的瘦高個，用鎖技將其摔倒壓在地上，舉著拳頭用粵語怒吼道：「認不認輸？」「我認輸！」黃澤民用粵語回答。李小龍又讓他在大家面前重複了一遍，這才揪著他的衣領，強行攆出了武館。黃澤民的那些所謂的弟子們也一言不發，沮喪地離開了奧克蘭。

多少年後，琳達在她的回憶錄裡不無鄙夷地描述黃澤民當時的狼狽樣：

……小龍依然很憤怒，他拖著黃澤民，把他攆出了武館。我認為在這之前還沒有一個武者被嚇成那樣。從那以後，舊金山的武術社團再也不敢威脅小龍。

這場對李小龍具有歷史意義，甚至是他一生轉捩點的「比武」，發生在一九六四年十二月。

李小龍雙手抱頭，坐在武館後門的樓梯上陷入了沉思。這次比武，雖然自己表面上看起來的確是贏了，但其實並不那麼令人信服和滿意。他意識到，他沒能在數秒內就一鼓作氣打敗對手，這說明他的身體狀態遠遠不夠理想，耐力也不夠。他開始認真分析這次比武，尋找各種能提高效率的方法。最後得出的結論是詠春拳的單一風格和技術上的局限性限制了他的發揮。更重要的是，他那容易暴躁的脾氣直接導致了心態失衡，在比武時分析局面的能力下降。一九六五年八月七日，李小龍在香港寫信給嚴鏡海：

……至於「奔跑者」的武館，那只是另外一種形式的浪費時間——那是健美體操！我越是想到我沒有把他打死，就越是氣憤！如果我不著急，沒有被憤怒衝昏頭腦——那個傢伙就什麼也不是！

琳達同意這種說法：

實際上，挑戰者和他的武術前輩們是鼓起勇氣來挑戰小龍的，他們要求小龍停止向外國人授武，小龍氣得快發狂了。他比武時滿懷怒氣，心煩意亂，非常憤怒，他並沒有平復怒氣並去把對手打敗，只是一味猛攻。這也是他從戰鬥中學到的一節哲學課，如果你的心中充滿怒氣，就會被它打敗。所以你必須讓自己冷靜下來，並對「是什麼」做出反應，不要被接下來的動作是什麼，戰鬥將如何繼續，以及一切的情緒所困擾。

當他明白了這個道理後，他開始探索各種新的步法，對傳統武術進行反思，開始逐漸摒棄詠春。

被吹捧得過高的武師與李小龍比武居然輸了，這讓舊金山武術界很沒有面子。為了挽回聲譽，黃澤民去了一家中文報社，刊登李小龍比武失敗的聲明，同時將比武經過黑白顛倒，混淆視聽。甚至有報紙登出了李小龍被殺的消息。很快，李小龍與黃澤民比武的消息就流傳開來，一開始，李小龍否認有過此事，黃澤民也否認自己失敗。但紙包不住火，坊間某報紙則報導說，黃澤民不希望此事再出現在報紙上，如果一定要重賽，那必須是「舉辦」一場公開比武，讓大家自己親眼看看結果。

手下敗將居然還敢口出狂言，看到報紙的李小龍氣得怒髮衝冠，跑去報社要求撤下這篇報導，還直接驅車前往黃澤民工作的咖啡店。當李小龍推門進去的時候，正在給客人倒咖啡的黃澤民見到李小龍，嚇得把咖啡全灑了出來，轉頭便跑到廚房裡躲了起來。

許多唐人街武師們得知消息後，紛紛質疑這場比賽：一個剛來美國的中國移民，之前連李小龍一面都沒見過，就去挑戰他？憑什麼？

馮天倫開車來到奧克蘭需要兩小時，所以他當天錯過了比武。事後，嚴鏡海就此事專程致電馮天倫，訴說了比武經過。李小龍接過電話，對馮天倫說：「朋友，我需要更多的角度，直線攻擊的效果對於移動的目標實在有限。」馮天倫則對李小龍提出建議：「小龍，去練練勾拳，上勾拳和交叉拳，這對你有幫助。」

一直對拳擊懷有濃厚興趣的李小龍被馮天倫的話點醒了，三個月前的宏偉構想此刻被極速推進。幾天後，當馮天倫到奧克蘭進行每週的日常訓練時，他發現李小龍在嚴鏡海的地下室裡戴上拳擊手套，對著一根懸掛著的鐵鍊進行步法訓練，他就像穆罕默德·阿里那樣進行著移動。在此之前，李小龍用的一直是詠春拳的警戒式，而這一刻開始，李小龍的警戒式開始逐漸由詠春改成了拳擊，一個嶄新的李小龍以及他那獨特的武術體系開始孕育，不久便會破繭而出，震驚武壇。據傑西回憶，李小龍在西雅圖岳母家的一次生日聚會上，曾花了三四個小時與他討論這次比武以及最新的訓練方法。

馮天倫很快便明白這件事是大衛·陳在從中作梗，因為這傢伙和一個叫威廉·陳的人是好朋友。大衛·陳還曾來到沙加緬度，想挑戰馮天倫，但馮天倫只是淡淡的一句「你想幹什麼？」就把他嚇得臨陣退縮。馮天倫將兩件事情聯繫起來，向李小龍分析了一遍，兩人隨即準備一起去舊金山找他算帳，但這傢伙聽到風聲就躲起來了。多少年後，大衛．陳開始贊同李小龍當時對於傳統武術的觀點，也對比武做出了另外的回憶，認為當時「整件事」不過持續了七分鐘。同時，他也不得不承認當時黃澤民是認輸的。

第三章　好萊塢

悲喜交加

一九六五年二月一日，李小龍長子李國豪在奧克蘭醫院降生，李小龍第一時間發電報將喜訊傳往香港家中。同時，李小龍也透過信件，將這一喜訊告訴了木村。因為外孫降生，琳達的母親也逐漸接受了李小龍。琳達在回憶錄裡寫道：

隨著歲月的流逝，她開始喜歡上了小龍並最終接納他成為家庭的一員。當我們居住在洛杉磯和香港時，她經常會來看我們，並為國豪和香凝的出生而歡呼雀躍。現在我可以肯定她早已忘記了當時她是如何阻止我們的幸福的了。

傑伊．塞伯靈是好萊塢知名的髮型設計師，許多好萊塢要員和明星都是他的常客。一天，二十世紀福斯公司的製片人威廉．杜西亞（《蝙蝠俠》、《青蜂俠》等影集的製片人）來到他這裡理髮，說自己正籌備開拍一部名為《陳查理長子》（Charlie Chan's Number One Son）的影集，需要一名有著東方血統的演員來扮演，但是還未找到滿意人選。

塞伯靈聽完他的這番話，立即向杜西亞推薦了李小龍，好似抓到救命稻草的杜西亞趕緊讓他聯繫艾德．派克，並在工作室內觀看了長堤武術表演電影後，立即興奮地打電話通知李小龍來公司面試。

杜西亞打來電話時，李小龍正好有事出去了，是琳達接的電話。當李小龍回到家時，琳達對他說「有個傢伙說他是製片人，想和你談談」。李小龍立刻給杜西亞回電，兩人在電話中進行了短暫的交談。李小龍一開始對此非常謹慎，他對杜西亞說：「如果你簽下我只是讓我去演一些拖著辮子，長著尖細、歪斜眼睛，對洋人唯唯諾諾的中國人形象的話，那還是算了吧。」事實證明，結果比他想像的要好得多。一旁的琳達敏銳地感覺到，這件事很有希望。掛了電話，李小龍夫婦都很興奮，尤其是李小龍，他怎麼也想不到，在闊別螢光幕六年後居然又有機會在美國當上演員。

在李小龍之前，美國銀幕上的華人不是像傅滿洲這樣拖著長辮子，陰險狡詐、狠毒冷血、性格行為怪異的「黃禍」形象，就是唯唯諾諾的僕人、貧窮落後的華人苦力等低賤角色。二十世紀三〇年代，改編自著名作家賽珍珠的《大地》

李國豪出生不久後，李小龍一家三口合照。

一片雖然依舊是由白人來主演主要角色，但是傳達出了相對真實的華人形象，可謂是一大突破。之後，《陳查理》[1]系列電影也開始展現雖然不乏偏見，但更多的則是積極正面的華人形象。一九四〇年，華裔演員陸錫麒[2]主演《唐人街魅影》（Phantom of Chinatown）。但美國觀眾們對一名華人演員在一部好萊塢電影中擔綱主角有著很強烈的抵觸情緒，結果票房一敗塗地。從此，好萊塢便開始對華裔演員的演技及影響力缺乏認同感和信心，這也是在很長一段時間內，好萊塢寧願用白人來扮演中國人（亞洲人）的原因。

再怎麼說，機會來了就要抓住，李小龍當即飛往洛杉磯，早早來到二十世紀福斯公司參加試鏡[3]。

李小龍為了照看李國豪已經三晚沒有好好休息了，穿著並不是很合身的西裝，一

1 陳查理是美國作家厄爾．德爾．比格斯（一八八四——一九三三年）以傳奇華裔警探鄭平（一八七一——一九三三年，曾譯張阿平）為原型而虛構的人物。陳查理的探案故事就是根據鄭平破案的新聞報導與民眾傳說改編加工而來。

2 陸錫麒出生於廣東，在西雅圖長大，曾在所有四十七部陳查理電影中扮演過十次的陳查理長子陳利（音譯 Lee Chan），所以李小龍當時面試的這個角色，也確有接棒陸錫麒的意味。

3 一九七五年六月，《青蜂俠》電影版在香港公映，同場加映李小龍於一九六五年在二十世紀福斯公司的試鏡片段，彌足珍貴。面試全片由嘉禾公司於一九八八年以七十萬美元得。

開始面對鏡頭略顯疲憊，甚至還有少許緊張、拘謹。不過好在他很快就調整了過來，以一口流利的英語回答了各種問題。當問及武術時，李小龍立刻來了精神，神采飛揚、滔滔不絕地談論起了他眼裡的中國功夫、東西方武術的特點及獨特的東方哲學，並應要求講解、表演了粵劇人物的姿態、步法。當與面試人員合作講解示範武術的時候，他表現出了一名老練的職業演員對於鏡頭、站位的良好感覺。而他的動作太快，攝影機無法完全捕捉到，即便攝影師隨後在面試人員的提醒下改變了拍攝速度，李小龍的動作依然無法完全看清。

經過長時間的反復思索與實踐，他對自己的武術改革之路有了個大致的方向，在一九六五年二月寫給木村的另一封信中，他寫道：

> 我的想法是建立一個屬於我自己的武術體系——我是指一個完整的體系，包含一切指導思想簡單明瞭。專注於事物的根源——節奏、時機、距離——包括攻擊五法……詠春是起點，黐手是核心，它們是五法的補充。整個系統集中在不規則的節奏以及最有效率的方法上……

此時，李小龍被告知，由於高層更看好《蝙蝠俠》影集，所以《陳查理長子》被擱置。

告別舞臺多年的李海泉生活安樂悠閒，每天依然堅持晨練，經常步行到京士柏山上練太極，以保持身體強健。一九六四年除夕夜，李海泉突感不適，知覺昏迷，情況嚴重，先請名醫診治，再送醫院後，病情也不見好轉。一九六五年二月八日上午八時，在九龍聖德勒撒醫院終告不治，享年六十三歲。鑒於習俗，訃告上寫明「積閏享壽六十有七」[4]。

在李海泉彌留之際，何愛榆發出急電，通知在海外的子女們速速回港協助辦理後事，為了等待幾名子女歸港，李海泉的遺體停留九龍殯儀館數日。初為人父的李小龍聞此噩耗大驚，安排好家中事務後於十一日抵港，李忠琛與李秋鳳也在第二天到達。

李秋源至今還清楚記得當時李小龍悲痛欲絕的情形：

> 一九六五年，父親在香港去世，李小龍從美國趕回來，一到九龍殯儀館門口就跪了下來，一路跪磕到爸爸的棺材前，幾個兄弟姐妹，只有他這樣做。
>
> 他傷心地號啕大哭著，對著爸爸的棺材哭喊道：「爸爸，我今日成功了！你為什麼不再看看我？」其情真意切，感動和感染了所有在場的親人、朋友。

二月十四日下午二時，李海泉於九龍殯儀館大殮，粵劇界、電影界同人逾百人到場祭奠。隨後被安葬在長沙灣天主教墳場，墓碑上書「李海泉聖名若瑟之墓」，墓碑頂

4 「積閏享壽」是民間習俗，因為人的一生將度過三十六個閏月，也即三年。因此，訃告上，逝者的年紀要加上這三歲。如果遇上過年或過完了生日，還要加上相應的虛歲，李海泉去世前剛度過六十三歲生日，還要加上一年的虛歲。所以，李海泉訃告上的「積閏享壽六十有七」是完全可以理解的。

部刻著祖籍「順德」二字，並有李家兄弟姐妹落款，琳達及李國豪的英文名字也赫然在列。當晚，葉問來到李家，為故去老友守靈。

李小龍在香港的二十五天內，除了為父服喪，照看傷心欲絕的母親之外，還需去律師處獲取遺囑。時刻想念妻兒的李小龍，不停地寫信給琳達噓寒問暖。父親的去世讓李小龍更深刻地明白了親情的可貴。他想到，自從結婚以來，琳達跟著他不僅未曾享過福，相反還吃了很多苦，連結婚鑽戒都是借的，這兩件事始終是李小龍的心結。為此，他在曹達華夫人曹朱綺華的陪同下鄭重地在珠寶商處購買了一枚鑽戒與一對玉耳環，並勸說琳達攜小國豪來港住上一段時間，作為對蜜月的補償。他還特意給琳達買了幾本粵語快速入門之類的小冊子，定做了一款頭套。

在二十世紀福斯公司的面試讓李小龍有了恢復演藝事業的想法，雖然他感覺到短時間內未必能在美國成功，但在香港或許依然有發展空間和潛力。於是回港期間，李小龍拜見了幾位電影界前輩，想讓他們為自己在香港鋪路，重新進軍電影界。

舉家返港

一九六五年三月六日晚，李小龍乘坐美國西方航空公司 624Y 次航班回到西雅圖，將妻兒從丈母娘家接回奧克蘭。

此時，李小龍從杜西亞處得知了一個好消息和一個壞消息。壞消息是：《陳查理長子》一片已被取消；好消息是：他被安排進《青蜂俠》[5]影集，飾演加藤一角。不過杜西亞也表示，高層對《蝙蝠俠》的反響出奇的好，因此，將先行開拍《蝙蝠俠》，《青蜂俠》影集將延後至明年，而李小龍無需再做進一步的試鏡。除此之外，杜西亞還付給了李小龍一千兩百美元，以示對《青蜂俠》一片延遲開拍的歉意。眼見如此，李小

5 《青蜂俠》影集是以二十世紀三〇年代頗受歡迎的同名廣播劇為藍本改編而成，主角青蜂俠——布萊特．瑞德，白天是一家報社的編輯，夜晚便是戴著綠色青峰面具的俠客。一九四〇年，該劇首次被拍攝成每集二十分鐘左右的電影系列短劇，其中青蜂俠的助手、司機兼奴僕加藤由美籍華人演員陸錫麒扮演，前後兩季共二十八集。剪輯自電視版《青蜂俠》的電影版於一九七四年在美國公映。

龍提出想帶著妻兒回港探親一年，增進彼此之間的瞭解。同時寫信給經紀人申請了一筆一千八百美元的預支款項來購買機票。

從一九六四年開始，美國暴力問題叢生，幾乎每個人都想學習一點防身自衛術。如果李小龍借此發上一筆財來改善生活狀況本也無可厚非，但他認為這麼做是在賤賣武術與他的思想。況且他只願意教給那些真正願意學且有天分的學員，加上他一如既往的嚴苛，奧克蘭武館學員陸續減少。那時電視劇尚未開拍，收入很快就捉襟見肘。這樣一來，李小龍只得關閉武館，讓剩下的學員前往嚴鏡海家中那五十多平方米的「少林寺」車庫內繼續練習。其中最年輕學員是年僅十五歲的霍華德．威廉姆斯。日後出演《精武門》中俄羅斯拳師的羅伯特．貝克與李小龍情同兄弟。

雖然離開了奧克蘭，但是李小龍一年要回來過四次生日——除了他，還有嚴鏡海、李鴻新、周裕明三人。李小龍一般會提前開車回到奧克蘭，他的一幫弟子會以電話相互告知的方式迅速聚集起來，在飯店舉行熱鬧的生日派對。他也會抽空去嚴鏡海的「中國功夫中心」去授武或監督進度，那裡的學員絕大多數是中國人。

一九六五年五月初，李小龍一家三口乘坐美國總統輪船公司的輪船，從美國返回香港。在居住的三個多月時間裡，香港那悶熱潮濕的天氣讓琳達很不適應，小國豪還頻繁生病，經常哭鬧不止，為了避免干擾到家人的休息，琳達只能抱著小國豪在房中哄他入睡。李小龍和她也因此經常睡眠不足甚至患上感冒。不過，由於國豪這個被李小龍稱之為「世界上唯一一個長著金色頭髮的中國人」的到來，李家那壓抑的氣氛也為之緩解、活躍不少。曾有傳記描寫琳達與李小龍家人的關係多麼融洽，但據林燕妮的回憶：

琳達是美國人，美國人長大了多半不與父母同住，相見亦少的，跟中國的倫常關係完全相反。見了整屋子人，她不習慣。她愛的只是她的丈夫李小龍，而不是中國人。

李太何愛瑜（筆者注：應為何愛榆）是何金堂（筆者注：應為何甘棠）的女兒，混血兒模樣，英語流利，但琳達不跟她聊天的，連「媽媽」也沒叫過一次，李太很不開心。後來李小龍大紅了，對媽媽很好，不過琳達仍然沒改變態度，李小龍死後，聽他的弟弟李振輝說，琳達並不供養李太，每年給她的只不過六百美元。

雖然妻兒並沒有受到家人的任何歧視和偏見，但李小龍還是讓只會幾句粵語的琳達盡量多與大家聊天，並讓她一展廚藝，儘快融入家庭。而琳達只能在缺乏醬料、不會使用煤氣爐的情況下勉為其難地為全家人做了義大利麵，結果手忙腳亂的她把麵條燒糊了。在此期間，她也學會了做一些簡單的中餐。

經過與黃澤民一戰，痛定思痛的李小龍開始在克強健力學院根據在奧克蘭時嚴鏡海等人教授的健身方法進行了四十三天嚴格的健美訓練。回到美國前，李小龍的體格與肌肉質量比之前有了大幅度的提升，那令所有健美愛好者豔羨的「V」字形背闊肌也是在那時初步練就的。

同時，葉問透過李小龍，贈予木村和嚴鏡海各一幅他本人「身著唐裝，端坐椅上，愜意閒適」的全身肖像。李小龍請師父在照片上簽名題字，葉問欣然應允，立即提筆在兩張照片上分別寫下簡約樸素而又蘊含勁力的字體：

嚴鏡海（木村）徒孫惠存，師公葉問贈[6]

鑒於對黃澤民的那場比武的深刻教訓，李小龍從訓練方法、訓練設備到武學思想，企圖針對詠春的弊病進行徹底改良，大幅度地摒棄、削減不實用的詠春或其他傳統武術技術。在見到馮振與他的偏身詠春後，他便不失時機地不時向馮振請教。偏身詠春沒有套路，只有十二式散手，架勢、打法與自由搏擊或拳擊大同小異。在一九六五年五月至七月的四封寫給木村武之和嚴鏡海的信裡，他明確表示，他開始逐漸建立起了一套屬於自己的拳術，以詠春、拳擊、擊劍為主，這種拳術簡單有效，講究對時機和距離的把握。

李小龍還將螳螂拳中戴著四個鐵環練攤手、伏手，用藤環練習黐手、拳擊中以擊打拳靶來練習精確度等中西方先進的科學訓練方法推薦給了葉問，這些都得到了在青年時期就在香港聖士提反書院學習，喝過洋墨水的葉問的高度認可。葉問同時還應小龍要求，在拳館和「泰山影樓」處與陳炳熾（李小龍好友，健身教練，曾參演《猛龍過

6　李小龍曾答應將木村的名字寫入詠春族譜。一九九六年，木村委託專程赴美進行短期交流學習的郝鋼與陳琦平帶一封信去香港，以實現自己入詠春族譜的夙願。最後，由陸地博士憑藉社會影響和資源優勢將此事辦成。一九九七年六月八日，時任詠春體育會會長的葉正親自為木村簽發了永久會員證書。

江》、《龍爭虎鬥》）進行了詠春對練示範，李小龍將之拍成照片，準備用於新書編寫[7]。

同時，李小龍也找到師兄徐尚田，托他找了一位木匠師傅定制了三套由自己設計的木人樁，樣式與傳統詠春木人樁略有區別，功能也各不相同，以便自己能在美國進行針對性練習。

李小龍原來準備在香港居住一年，但原先的那一千兩百美元已被用得所剩不多，因此，他不得不將原定居住時間縮短為三個月。同時還焦急地等待著《青蜂俠》的開拍通知，而香港電影公司方面則毫無音訊。雖然經紀人在信中一再強調加藤一角非他莫屬，不過因為劇本及其他演員未定，所以他不得不耐著性子在香港繼續住下去。

李小龍按例拜訪過影視界及武術界前輩後，每天除了各種訓練、看書、思考及撰寫武學筆記外，還在信件中請嚴鏡海和李鴻新為自己打造一些他所構思的獨特練武設

7　李小龍於一九六三——一九六五年間拍攝的大量練功照片，原本準備用在新書《功夫之道》裡。一九六七年截拳道正式創立前後，這本書的書稿已接近全部完成。但是隨著自身武技及武術境界的提高，並且為了防止有人拿著這書以他的名義來騙錢，李小龍並沒有急著將這本書出版，轉而開始撰寫今天我們所能看到的《李小龍技擊法》一書，並和幾個弟子在《黑帶》雜誌社的幫助下拍攝了大量照片，原來只準備印刷兩百本。據李愷回憶，書中百分之八十、九十是當時所傳授的最基本、最經典的內容。一九七二——一九七三年間，李小龍重新開始修改並考慮出版這本書。這兩本書，均在其過世後由後人編輯出版。

備，便於自己進行針對性訓練；他列出書籍清單，請木村代購，同時空出時間在家裡教朋友和兄弟們練武。離港前，警務督察郭振強、建築師陳國光以及克強健身院其他五名掛名弟子，為了表達對師父的真誠謝意，合資請人裱了一幅書法卷軸，上書「小龍先生潛修詠春拳道心得：以無法為有法，以無限為有限」。這幅頗能代表李小龍武學思想精髓的卷軸被李小龍帶回美國後掛在位於巴靈頓大廈家中客廳的醒目位置，其多張與妻兒的合照中都能見到這幅卷軸的身影。

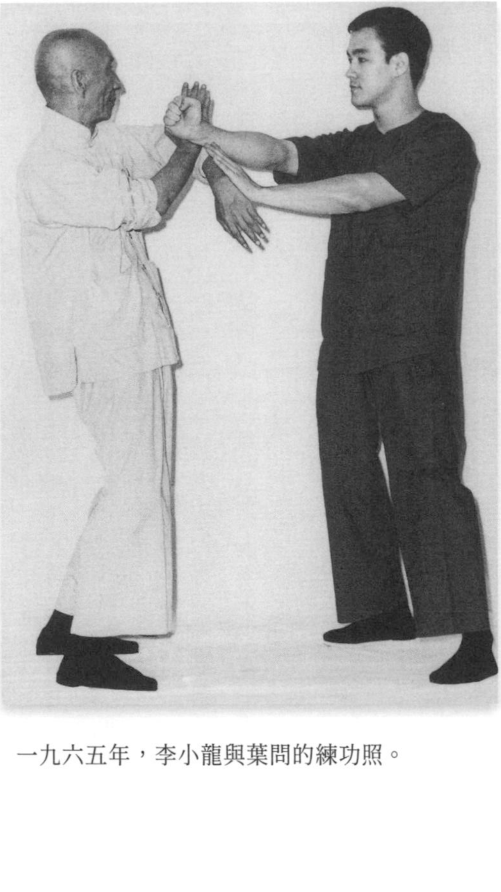

一九六五年，李小龍與葉問的練功照。

闖蕩好萊塢

一九六五年九月，在回到美國後，李小龍特意帶著妻兒去西雅圖看望了岳母，並在岳母家住了四個多月。期間，李小龍正式與二十世紀福斯公司簽訂演員合約。

告別岳母，李小龍一家回到奧克蘭，不久後便收到杜西亞回函，正式通知他出演《青蜂俠》的內部樣片。數天後，李小龍全家遷往洛杉磯，在城西西木區的維爾雪大道租了一套公寓。羅伯特．貝克還開著車，將先前李小龍委託嚴鏡海重新製作的訓練器材運到李小龍家中。

「加藤」這個角色在最初被創造出來時，被設置為日本傭人，但當珍珠港事件爆發後不久，他的身分就被改成了菲律賓傭人或不清楚自己身分的東方人。不過在拍攝成影集時，還是被恢復成了日裔。

雖然李小龍能夠理解公司的苦衷，但是想到自己要接受傑夫．寇里一週三次、為期一個月的正規演技訓練就很不爽，因為這些他早就會了。

在培訓結束後，傑夫．寇里及相關的專業人士對李小龍的演技評價為「非常自然」。而在影集播映後，杜西亞在接受記者採訪時也表示「李小龍是我在演藝圈這麼多年所見過的演技最棒、表演最為自然的演員之一」。言語中頗有慧眼識珠的自豪感。

或許是受到師父葉問收下私家門徒的啟發，也可能是岳母或賽伯靈的提議，總之，在李小龍剛搬來洛杉磯後不久，便以每小時二十五美元的價格來為好萊塢名人做私人教學，隨後開始逐步提高授課價格。在聽取了《青蜂俠》監製、副總裁查理斯·費茨西蒙斯（也稱費茨蒙）的建議後，收費價格便迅速飆升至每小時一百五十美元，十節課五百美元。到了一九七〇年，李小龍收費為每小時兩百七十五美元，十節課一千美元，海外授課另算。

不久，塞伯靈便為李小龍找來了許多好萊塢名人[8]。但李小龍擇徒是有標準的，那就是這些名人弟子願意將武術推廣出去，而不僅僅是作為有錢人的一種消遣娛樂或淪為一種有趣的體育運動。為了招攬更多的名人弟子，李小龍也只能暫時按捺下他那火爆的脾氣，參加一些好萊塢宴會。同時，他的岳母協助他貸款買了一輛一九六六款雪佛蘭NOVA II型跑車。在洛杉磯，沒一輛像樣點的車打點門面可不行。

四月二十日，李小龍一家搬到了豪華的高檔住宅：二十七層高的巴靈頓大廈的A—2308。新公寓配備齊全，社區內從門衛，洗車員，洗衣店到奧運會標準的泳池、全

8　一九六六年起，李小龍在致友人的信件中提到的報名學習功夫的好萊塢明星、名人有：史提夫·麥昆、保羅·紐曼、詹姆斯·迦納、唐·戈登、維克·達蒙、湯米·桑德斯等。

自動廚房、電梯等一應俱全，還有許多小商店，各類物品應有盡有。但每月三百美元的租金並不便宜，況且這種高檔公寓的租金是樓層越高越貴。恰巧這裡的業主想跟李小龍學武，於是李小龍乘機將租金議價到一百四十美元一個月。巧合的是，扮演蝙蝠俠助手羅賓的波特．沃德也住在這幢公寓裡，他們成了鄰居，兩人的妻子也成了朋友。

一九六六年四月三十日，《蝙蝠俠》第一季的播映已接近尾聲，李小龍與二十世紀福斯公司正式簽訂了三十集電視影集《青蜂俠》演出合約。

眼看開拍在即，可是主角「青蜂俠」布萊特．瑞德的演員人選卻遲遲未能選定！幸運的是，他們最終選中了被稱之為「好萊塢金童」的范．威廉姆斯來出演這一角色。

雖然李小龍對改編自漫畫的《蝙蝠俠》影集嗤之以鼻，但該影集卻因為幽默、滑稽、誇張、輕鬆的表演而倍受觀眾青睞，前後共播出了三季共八十六集。而《青蜂俠》也沾了《蝙蝠俠》的光而風光無限。

李小龍參演《蝙蝠俠》影集。

在開拍前，李小龍每天都要應公司要求，接受許多媒體的採訪，為影集造勢，忙得不可開交。

一九六六年六月一日，電視影集《青蜂俠》正式開拍。按照劇本的設定，晚上與青蜂俠搭檔懲惡除奸的加藤是戴著帽子、面具的，這意味著觀眾在大部分時間裡只能看到他那冷峻的眼神，而無法見到他的真面目，這也讓李小龍覺得很鬱悶。而且，加藤被設定為青蜂俠的傭人，這也讓李小龍頗有微詞。在拍完了第一集後，他即刻致信杜西亞：

……我希望「青蜂俠」和「加藤」能表現出他們之間的關係。準確來說，「加藤」是布萊特．瑞德的傭人，但作為一個反黑鬥士，他是一個「積極的拍檔」，而不是「沉默的追隨者」……我不是在抱怨，但是我覺得和「青蜂俠」的「積極的拍檔關係」一定會更加有效，「加藤」也會更高效。我的目的是為了讓這套影集獲得更好的收視率，因為你是最通情達理、善解人意的。

監視器中的重播顯示，在第一次的拍攝時，演員扮演的歹徒們相繼倒下，包括李小龍自己在內的任何人都沒能看到他是怎麼出擊的。導演想讓李小龍在鏡頭前盡量延長打鬥時間以提高收視率，而李小龍反對那麼做作的表演方式，認為這與實戰不符而嚴詞拒絕。雙方爭執不下，最後由高層出面調停，採取了一個折中方案：提高攝影機的轉速，同時李小龍放慢打鬥速度，盡量加入一些較為花哨的表演性動作，這樣既可以延長打戲的時間，又能增強觀賞性，讓觀眾可以看得盡興。大家都各讓一步，皆大歡喜，於是影集得以順利地拍攝下去。

拍攝期間，李小龍每週得到四百美元的報酬，扣稅後能到手三百一十三美元。根據琳達的回憶，在這筆錢到手之前，李小龍甚至無法支付房租及其他開銷。雖然「加藤」這個角色是最先被定下來的，卻是主要演員中薪酬最低的，特技演員也是這個價錢，但是如果算上加班費，一週結算一次的特技演員的總體薪酬都超過了李小龍。威廉姆斯的薪酬是李小龍的五倍，為演員中最高。即便是扮演秘書的溫蒂．瓦格納，薪酬都差不多是李小龍的兩倍。

為了爭取到更多的觀眾，同時也是應年輕人要求，李小龍與威廉姆斯經常以「青蜂俠」與「加藤」的造型搭檔出現在各種綜藝娛樂節目中。他們還在《蝙蝠俠》影集中客串出演了三集，而《蝙蝠俠》的攝影棚就在《青蜂俠》攝影棚的隔壁。李小龍也邀請嚴鏡海一家、周裕明、李鴻新及其他好友們來參觀片場。大家在這裡見到了很多身著各式戲裝的明星，大開眼界。

在拍攝《青蜂俠》期間，為了賺取收視率，製片人讓青蜂俠和蝙蝠俠這兩組超級英雄切磋一場，結果鬧出了一場不大不小的風波。威廉姆斯回憶道：

李小龍不喜歡空手道……因為他不相信所謂的黑帶、黃帶、紅帶這樣的分級制度……然而，當他或許認識到了空手道的缺點時，依然對那些通過重重考驗而得到各種帶子的偉大的個人表示極大的尊敬……由於這個原因，他當然會討厭那些冒牌貨，那些人聲稱自己是黑帶，其實他們根本不是。

《青蜂俠》的製片人莫名其妙地讓我們去參加《蝙蝠俠》的節目錄製，希望從中獲得一些《蝙蝠俠》的觀眾支持……原劇本中，我們要和蝙蝠俠與羅賓捲入一場打鬥中——最後還被打敗了——因為這是他們的主場。李小龍離開了拍攝現場，他說，「要我和羅賓打還要被打敗，沒門！那樣會讓我看上去像個白癡！」於是他們安慰了李小龍，我認為最後的結局是「平局」……波特・沃德聲稱自己是黑帶（我想他可能是活膩了，不過我也認為他得到了教訓）……。

不過據說李小龍恐嚇了那個混蛋羅賓……很明顯，羅賓被嚇得屁滾尿流。我想這個該死的混蛋害怕李小龍會把他揍扁，所以他讓所有人都看著他自己，以防李小龍發起火來揍他……大家都認為李小龍會這麼做。我現在告訴你，他快把那傢伙嚇死了！

《青蜂俠》

經過幾個月的後期製作，二十六集的《青蜂俠》影集終於在九月九日，由ABC廣播電視台播出，每週五晚播出一集，但是該劇總體反應不佳。觀眾們認為這部影集華而不實，製作粗糙，過於做作。琳達認為，這是美國電視史上最為失敗的影集之一。

儘管這套影集幾乎被批評得體無完膚，但是李小龍所扮演的加藤以及他所展示出的功夫卻堪稱全劇最大的亮點。報紙上到處都是關於他的大篇幅報導，媒體一致認為，他雖然是東方人，但是看上去更像專業的美國演員，還煙酒不沾，生活方式很健康，令人印象深刻。儘管新聞標題通常會有「青蜂俠」字樣，實則內容大同小異，多是突出李小龍及他現在的家庭生活，尤其是他的跨國婚姻和李國豪的混血背景。大多數時間，男主角威廉姆斯反而被忽略。雖然這些報導多有不盡不實之處，但同時也意味著李小龍得到了美國觀眾的廣泛認可。同為東方人的美籍日裔前柔道冠軍海沃德．西崗對李小龍在劇中的表現讚不絕口：

他在劇中的表現實在是太精彩了！他所能做到的是大多數體操運動員都無法做到的事情。他會突然高高躍起踢碎吊燈，極其快速地從一處移動到另外一處，會當著一些人的面踢起高腿，然後將踢出的腿收回後離開。在美國史上，這是所有美國人第一次看見一名亞洲人能夠如此優秀，他真是不可思議！

《青蜂俠》影集還賣出了日本、泰國、阿根廷、波多黎各、加拿大等海外版權，並在美國國內一再重播，稍後還在香港電視臺配音後播映，這些是李小龍日後成為國際影星的基石。

年輕人為李小龍的表演而瘋狂，孩子們很喜歡李小龍，當李小龍以「加藤」的打扮出席各種活動，為影迷們簽名時，孩子總是最多的。李小龍曾預約了一名高校的著名驗光師為其配製隱形眼鏡。不過這位驗光師口風不嚴，致使李小龍當日來校驗光時，該驗光師的辦公室內擠了二十名女孩，只為一睹「加藤」風采。每週更有大量狂熱的青年男女們寫信給李小龍，其中不乏年輕女孩寫來的情書。

李小龍的崇拜者們越來越多，他們迫切地希望和李小龍近距離接觸，觀眾們都想碰觸到他，結果卻變成了抓扯。李小龍對《黑帶》雜誌的一名記者說：

這樣的經歷有時令人恐懼。我曾以個人身分出席了在麥迪森廣場花園舉辦的空手道比賽，賽後，有三名空手道武士護送我離開。他們向我靠近，幾乎將出口處圍了個水泄不通，我只能通過一扇邊門匆匆離去。在加州的弗雷斯諾，我被狂熱的影迷們抓傷、踢到、挖傷，我無法保護自己，也沒有傷害我的影迷，畢竟他們的目的並不是想傷害我。

李小龍與主演威廉姆斯在《青蜂俠》宣傳期間所攝照片。

儘管高層曾開會決定在下一季中做出將影集的時間延長，演員減少等措施，但第二季因收視率不佳而沒有開拍，李小龍的風頭蓋過劇中所有其他白人角色也是一個重要原因。負責管理服裝的工作人員乾脆把「加藤」的那套行頭全給了李小龍，理由是：再也不會有這麼小個子的演員能穿這套衣服了。

李小龍除了微薄的私人教學所得外，只能依靠著以「加藤」的身分參加公開活動及一再重播的追加酬勞作為經濟來源。他以私人身分在博覽會、公園、俱樂部會議或出席剪綵時，每次能獲取兩千至三千美元不等的酬勞。

《青蜂俠》第二季取消後，溫蒂．瓦格納和威廉姆斯也不過是在一些影集或電影裡出演一些較小的角色，而李小龍比他們有更多上電視節目的機會。但由於過於執著原則，使得自己在經濟上失去了穩定的來源，難以長時間維持龐大的日常開銷。於是，他們在威尼斯（位於加州）短暫住了一段時間後，又搬到了位於英格爾伍德的霍桑。

李小龍也希望自己能演出更多的影視作品，將功夫和自己的武學理念發揚出去。但事與願違，他在很長一段時期內無戲可拍。教授那些好萊塢明星學生成了他的主要經濟來源。當著「空中飛人」去各地做功夫表演，以此賺得一些快錢，也足以讓他疲於奔命。

二十世紀福斯公司還與他洽談了至少三部電視系列影集，但是這些計畫最後都因為李小龍始終堅守自己的原則而沒有談攏：

> 我不願賤賣自己，如果為了一個角色而辱及我、我的民族和武術，我寧願餓死！
>
> 大部分都是想讓我扮演拖著辮子的角色，我拒絕了。我不在乎報酬，但扮演此類角色是真正的侮辱！

不得不說，李小龍是真正的愛國者。不過也正因為他的這一根本性原則，所以除了七月十四日在電視影集《無敵鐵探長》（Ironside）中客串演出其中一集的一場戲外，可說是全年並無其他演出機會。

比李小龍大六歲的威廉姆斯曾在夏威夷擔任過跳水教練，他是被伊莉莎白・泰勒的第三任丈夫麥克・陶德發掘的。他並不像其他影視明星那樣熱衷於在影視界追逐名利，因為他本身有好幾處房產以及一家屬於自己的銀行，在沒戲拍的時候就去銀行擔任辦公人員，不與影視界產生過多的瓜葛。他體格健壯，生性隨和，與李小龍關係極其密切，他們喜歡騎著摩托車去海灘遊玩，捕魚抓蝦，「切磋」武功。李小龍的前臂力量非常強大，與人比腕力從未輸過，只有威廉姆斯是個例外，因為他太強壯了。在《龍爭虎鬥》拍攝前後，塊頭與威廉姆斯不遑多讓的「香港健美先生」楊斯與李小龍比腕力輸了，而那時的李小龍體重和身體狀態比拍攝《青蜂俠》時要差不少。

當時能在體育用品商店買到的訓練器械很匱乏且昂貴，李小龍早期使用的器材是嚴鏡海所製造，但比較粗糙。在洛杉磯居住時期，李小龍自己設計出草圖，交由李鴻新製作。儘管這名「巨匠」交出的作品已是精美之至，但李小龍同樣要求盡善盡美，一件器材需要不停修改，直到他滿意為止。這些器材裡，有許多是針對前臂練習而專門製作的。比如，單頭啞鈴、卷腕器、握力器等，這些訓練器材都可以隨意增減重量。因此，李小龍有著如此強壯的前臂，李鴻新製作的器材功不可沒。

除了嚴鏡海及李鴻新曾為李小龍製作過大量訓練器材外，赫伯·傑克遜（李小龍在洛杉磯唐人街時期的私教弟子，李小龍的訓練器械製造師之一）也曾為李小龍做過一個手靶。他除了接受李小龍的私教外，還在李小龍家中做些家務，為李小龍維修那些被用壞了的設備。李鴻新回憶，由於雜誌報導及配圖的錯誤，使得傑克遜莫名其妙地成了李小龍所有訓練器材的製造者。為此，在與李鴻新私下交談時，傑克遜曾向李鴻新鄭重致歉。

明星私教弟子

由於各種原因，直到一九六七年，史提夫・麥昆才與搬至霍桑的李小龍見面。這位在銀幕上一向以飾演硬漢而聞名的大明星由於童年時家庭屢多變故而性格古怪，連李小龍都一度覺得此人難以理解。不過很快，他們就因為性格相似而成了好朋友。

麥昆在李小龍眼裡是個非常優秀的學生，他訓練很刻苦且全身心投入，沒有一刻停歇，直到精疲力竭為止，這點和李小龍很像。更有甚者，李小龍不得不坐上四小時飛機，飛赴密西西比州，為正在拍攝電影《流氓好漢》的麥昆進行私人教學。李小龍就喜歡這樣的學生，兩人之間的友誼甚至超越了師徒情誼。在訓練後，兩人會一起探討人生與哲學。一九六七年九月，麥昆得到了李小龍親筆簽名、蓋章的振藩拳道一級證書[9]。

在一次好萊塢聚會上，李小龍為維克・達蒙授武的一則傳聞迅速在好萊塢內部傳

9　李小龍於一九六七年七月正式將自己的拳法稱之為「截拳道」，並在幾個月後拜訪了一位語言學教授，得以正確拼寫截拳道的英文名稱 JEET KUNE DO，但是發給麥昆的證書，依然是「振藩拳道」（Bruce Lee's Tao of Chinese Gung Fu），且武技系統中依然有不少詠春武技。

播開來。李小龍的好友兼名人學生斯特林．斯利芬特（好萊塢著名奧斯卡金像獎劇作家）回憶道：

……我所聽到的故事，講的是歌手維克．達蒙曾經邀請李小龍去拉斯維加斯。當他的演出結束後，維克邀請李小龍來到了他的套房……當時，維克對李小龍直言不諱地表達了他自己的看法，那就是許多武術的實用性被誇大了。他強調，一個優秀而又強壯的街頭格鬥家，能夠一直打敗空手道家，尤其是亞洲人，因為亞洲人個子瘦小，基本上很難和一個大個子的美國人在街頭進行打鬥……當時，維克聘請了兩個大個子的武裝保鏢，這是對武術家能力的一種蔑視。李小龍很快就對當時的情況做出了判斷，並且提出了一個能證明武術的有效性，同時又不傷害任何人的方法。

「我會告訴你，我能做什麼，」李小龍說，「讓你的一個保鏢站在門前。然後，我會從這扇門走進來，」接著，他向那名保鏢解釋道，「阻止我進門，如果你能做到的話。」另一名保鏢被李小龍安排在了離第一名保鏢約一點五公尺遠的地方，然後讓他把一支香煙放進嘴裡。「我們假定香煙就是放在槍套裡的槍，」他繼續說道，「維克，我希望當我進門的時候，你就開始數五下。在你數數的時候，我會突破第一位保鏢的防衛，並從第二位保鏢的嘴裡踢走香煙。當然，香煙在這裡等同於他的槍。當我進門的時候，第二位保鏢應該設法在我把他的煙踢走前，將它從嘴裡拿出來。現在的形勢對我不利，因為我提前告訴了你我要做的一切。如果我成功了，那你就會知道武術能做什麼，你對這樣的一個教訓，還是可以接受的吧？」

他們都說，「當然……哦，朋友！就這樣！」於是，李小龍離開了房間……大家都在等著，突然傳來一聲巨響，像爆炸聲一樣攝人心魄，門不但被打開而且還飛了起來，因為它已經完完全全地從牆上被撕裂開來！李小龍把門上的鉸鏈都踢得脫落了！門結結實實地猛烈撞擊到第一位保鏢，他被撞翻了，臉上也被門碰傷了。最多兩秒鐘，香煙從第二位保鏢的鼻子前面飛過，李小龍把它從他的嘴裡直接踢飛了，而這位保鏢還呆若木雞地站在原地。李小龍轉過頭來看了看維克，維克睜大了眼睛，半天才說出話來，「天啊！」

現在，無論這個故事是真是假，我可能永遠都不會知道，但這個故事是從好萊塢的聚會上聽來的，事實上，當時這個故事在好萊塢圈內人士中一直流傳著。這對我來說已經足夠了。我明白李小龍是我生命中的重要人物，我想和他一起進行訓練。

那時的斯特林已經五十歲，因為工作關係，他被帶有神祕色彩的東方武術所吸引，在其眾多的作品中皆不同程度地加入了武術元素。他一直想和李小龍一起訓練，可是等了三個月也沒能見到他。於是他輾轉要來了李小龍的電話，主動要求見面。當李小龍風塵僕僕地來到他的辦公室後，曾為美國前國家擊劍隊成員的斯特林說出了自己的擊劍背景，並向他展示了依舊靈活的歐式擊劍步法。李小龍對他這麼大年紀仍然保持著良好的體型和反應能力而感到驚訝，在簡單地對他做了出拳和踢腿的測試之後，便收為弟子，並讓他與之前不久加入的、水準相近的喬·海默斯（好萊塢專欄作家、好萊塢明星傳記作家）一起在卡爾弗家的車庫裡訓練。經過大約兩年的訓練，已在悄然間脫胎換骨的斯特林讓李小龍在比佛利山上的自購住宅的車庫內與幾個香港來的詠春拳手切磋，大獲全勝，而自己毫髮未傷。

對東方武術和哲學頗感興趣的影星詹姆斯．柯本在拍攝完《諜海飛龍（續集）》（In Like Flint，一九六七年三月十五日於全美上映）後，透過斯特林的介紹，也成為李小龍的明星弟子。他和麥昆是兩種截然不同類型的人，麥昆是不折不扣的硬漢，而科本則是一個和平主義者，說的話很有哲理。李小龍經常說，如果把他們兩個的特質綜合一下，就會是一個優秀的武術家。

李小龍非常寵愛國豪。在他三歲左右，就開始教他打拳踢腿，示範一些武術動作給他看。小國豪也非常有悟性，學得很快，展現出了非凡的武術天賦。小國豪的大多數朋友並不來他家玩耍，因為後院傳出的打鬥聲、叫喊聲讓他們覺得害怕。倒是小國豪，在父親在後院對私教弟子進行指導的時候會非常自覺地加入「訓練」的行列。

李小龍的德國大丹狗「鮑勃」與他體重相同，這條狗很滑稽，會跟著客人到處走，誰的話也不聽，走起路來橫衝直撞，但李小龍夫婦從不去管牠。琳達通常會去遛牠，但一旦牠跑起來，就成了牠在遛琳達。李小龍夫婦曾將牠送入一所犬類培訓中心，結果牠成了這所培訓中心唯一被開除的狗。

第四章　截拳道

洛杉磯武館

一九六七年二月五日，在《青蜂俠》即將播映完畢之際，李小龍在洛杉磯唐人街學院街六二八號地下室的「振藩國術館」悄然開張，助教為伊諾山度，牆上掛著李鴻新精心製作的太極標誌[1]。伊諾山度給李愷打了個電話，告訴他李小龍開了家武館，問他是否有興趣過來一起訓練。李愷在一九六四年的長堤大賽上就結識李小龍，當時就想隨李小龍習武，奈何路程過於遙遠，只得作罷。現在這個天大的喜訊傳來，他自然不會放過。於是，他和傑瑞·波蒂特、皮特·雅各斯、史蒂夫·戈登、鮑勃·布萊默等五名艾德·派克的黑帶弟子一起轉投李小龍門下。而見過李小龍兩次面，卻不敢與之結識的黃錦銘[2]，在武館附近徘徊了半年後，才在朋友的告知下於武館開張當日報了名，並於五

1 李小龍請李鴻新做了一套三個太極標誌懸掛在武館牆上，象徵著習武人的三個必經過程：偏頗、流暢、無形無式。

2 黃錦銘，李小龍洛杉磯時期私人弟子，忠實地保留了李小龍在一九六七——一九七〇年這段時間的武學思想及技術，見證了截拳道的誕生與發展軌跡。李小龍生前確實認真考慮過讓他作為自己的衣缽弟子。

個月後，親眼見證了「截拳道」的誕生。

出生於二戰後「嬰兒潮」的一代（出生於一九四六——一九六四年的孩子）是在美國的黃金時期長大的，經濟高速發展帶來生活水準的大幅度提高，使得他們沉浸在消費主義、享樂主義中，蔑視權威、衝破舊範式、否定既存制度與秩序、否定傳統價值、探索新型文化、追求個性解放、認識自我、追求自我價值的實現、對人性的追求、超越自我是那時的普遍文化思想。在二十世紀六〇年代，美國社會的主流是呼喚「解放」。轉型期間的美國觀念恰好與李小龍的性格吻合。他對傳統武術的批評，一半是性格使然，一半或許是出於推銷他的武學思想的立場。他創立的獨樹一幟的「截拳道」受到大眾熱捧，可謂是時勢使然。

據李愷透露，洛杉磯武館時期最初的學員最多時約有五六十人。武館每週訓練兩天，每次進行一小時的熱身及體能訓練，兩小時的技能訓練。學員們必須進行為期兩個月的體能訓練，通過者才能留下深造。結果最後只剩下二三十人。

雖然剩下的學員不是很多，但李小龍依然是手把手，一絲不苟地教，直到他認為學員們把那些動作做到正確了為止。對於那些上課態度不認真的學員，李小龍就會毫不留情地把他們趕出去。而對那些練習得很刻苦、認真的學員，李小龍便會時刻注意他們的練武進度。他就曾給波蒂特開出過一份長長的閱讀清單，其中包括了《孫子兵法》與《五輪書》。不過那些藏書只有經過他的允許後才能翻閱，還不能借閱。洛杉磯武館的教學內容和在西雅圖、奧克蘭時期幾乎完全相同，以詠春拳為主，但是比重相對減少。而李小龍自己早就拋棄了傳統詠春拳的訓練方法。

李小龍需要做私教、演出，絕大部分時間不在武館。伊諾山度作為助教，嚴格按照李小龍的規定和那本於一九六七年九月十九日寫就的《截拳道六週教學計畫》（Six Weeks Lesson Plan For Jeet Kune Do），只教授學員們百分之十的截拳道內容，剩下百分之九十的內容是李小龍自己當時正在練習或研究的。李小龍只是偶爾來視察教學進度，糾正一下學員的動作，並對以擊劍、拳擊為核心的截拳道做出進一步的修改。當李小龍在卡爾弗城居住時，每週三晚，黃錦銘、赫伯·傑克遜等人會在李小龍家的廚房裡集合，接受李小龍的私下教授。他們在屋子裡進行體能及技能

李小龍在洛杉磯武館與部分弟子合照。

訓練，在後院進行實戰對抗訓練。後院訓練內容以黐手為主，而黐手練習只在武館內教授了極短時間。當伊諾山度有事而無法前來武館教學時，便由李愷來指導大家訓練，李小龍還給李愷設計了專門的名片。伊諾山度與木村武之、嚴鏡海三人，是僅有的經李小龍親自簽署過證書的助教。而伊諾山度也先後獲得了由李小龍親筆簽發的「振藩國術」、「振藩拳道」和「截拳道」三個不同功夫階段的三張證書。

一九六九年，水戶上原在拜入李小龍門下後不久就把在加州大學洛杉磯分校就讀的盧·阿爾辛多，也就是日後湖人隊的當家中鋒，NBA 史上的超級中鋒「天勾」賈霸介紹給了李小龍。李小龍對賈霸很感興趣，便收下了這個極為特別的弟子，他曾開玩笑說要研究怎麼打倒這麼高個子的人。

在結識李小龍前，賈霸學過一年合氣道。由於李小龍在洛杉磯的家離大學很近，賈霸每次都能很快從武館走到李小龍的家中。他曾單獨在李小龍的後院與車庫中與李小龍一起進行重量練習，打木人樁，練習黐手，也經常在一起跑步。賈霸很喜歡小國豪，經常把他舉起來放到屋頂上。李小龍針對他獨特的特點，為他的訓練和技巧做了調整，這些訓練方法和技巧對賈霸的職業生涯很有用，賈霸後來又練習瑜伽，以冥想來放鬆、調整呼吸，保持頭腦冷靜，以此讓競技狀態盡量維持在巔峰，這讓他的 NBA 職業生涯達到了驚人的二十年。

冠軍之師

前文說過，李小龍早在一九六四年就認識了李俊九並見識了跆拳道犀利的腿法。為了練好側踢，李小龍曾將自己關在車庫裡，只讓琳達送點吃的進來。當李俊九再度來訪時，發現李小龍的側踢完成得比他還棒，踢碎的木板比他還多。

一九六七年五月六日，李小龍應李俊九之邀，前往華盛頓，以「加藤」的特邀嘉賓身分出席由李俊九舉辦的國際空手道錦標賽。比賽在能容納兩萬名觀眾的美國華盛頓軍工廠內舉行。這次比賽吸引了八千名觀眾，人數之多也創造了一個紀錄，這讓李俊九很是高興。

李小龍的一系列表演還是引起了轟動。表演結束後，李小龍為冠軍喬．路易斯[3]頒獎。當他與同行的艾德．派克離開時，瘋狂的觀眾們把他們圍了個水泄不通，他們不得

3　喬．路易斯，李小龍洛杉磯時期的私教空手道冠軍弟子，他將截拳道搏擊理論與技術完美融入空手道中，形成了自己的強烈風格。

不在幾名黑帶保鏢的保護下才得以從後門離開。

自一九六七年到一九七〇年，李小龍一直出席李俊九所主辦的空手道比賽，拉攏人氣，更為他穿針引線，讓水戶上原經營的彩虹出版社為其出版跆拳道書籍。李俊九能成為「美國跆拳道之父」，李小龍功不可沒。

六月二十四日，李小龍在紐約麥迪森廣場花園舉辦的「全美空手道公開賽」上，繼續以「加藤」的身分做特邀表演嘉賓，為擊敗了喬．路易斯而獲得總冠軍的查克．羅禮士[4]頒獎，兩人就此結識。賽後，兩人在同一家下榻的酒店內巧合地再次見面。在八小時的長談後，羅禮士被李小龍的武技與學識深深折服，回到洛杉磯後便拜入李小龍門下。而落敗的路易斯隨後在麥克．斯通[5]的介紹下也拜李小龍為師，在李小龍後院進行訓練。至此，三大空手道冠軍：麥克．斯通、查克．羅禮士、喬．路易斯都成了李小龍的學生。此外，空手道冠軍路易士．德爾加多、鮑勃．沃爾也是他的私教學生。李小龍

4　查克．羅禮士，一九四〇年生，李小龍空手道冠軍弟子之一，曾獲六次中量級空手道冠軍。一九六七年結識李小龍。一九六八年在《破壞部隊》中飾演打手，開始了他的演藝生涯，他因主演《猛龍過江》而被中國觀眾所熟悉。

5　麥克．斯通，李小龍空手道冠軍弟子之一，是出生於夏威夷的美籍菲律賓裔，有「擂臺戰神」之稱。一九六三年起，開始奪得多項空手道冠軍及獎項。到一九六六年，他在連續九十場空手道比賽中保持不敗，可謂競技體育的王者。現定居菲律賓。一九六四年結識李小龍。

在武術界內也因此而聲名大噪。但某些空手道冠軍弟子們因為自己那點可憐的「武術家的自尊」，紛紛表示自己從未受教於李小龍，或是接受過李小龍私下傳授武藝，只是在一起訓練，各取所長，甚至聲稱自己教了李小龍某些技藝。對於這種在一般人眼裡「忘恩負義」、「過河拆橋」的行徑，李小龍一笑了之，並對水戶上原解釋這一現象背後的原因。

這些傢伙，只是因為被冠以冠軍之名，就不願意承認是我的學生。他們想從我這裡學到東西，但是想讓別人認為我們是平起平坐的。他們希望說我是和他們一起訓練。對我來說，訓練只是對他們有益而對我則沒有，這全是單方面的奉獻。我是教導他們而不是和他們一起訓練。

和李小龍進行實戰對練練習，你可千萬要小心、注意，因為碰巧或「不小心」打到李小龍，那你就有得受了。在一次練習中，李愷就兩次打中了李小龍的下巴，他回憶道：

……中了那拳之後，暴怒的李小龍開始不斷向我施以重拳，直到他精疲力竭為止。我明白以後再也不能那麼做了……當時是打一下，就是輕輕地碰到了師傅的臉。師傅很驚奇，說「哦，技術不錯啊」，後來又來了一下，我從一方又打到了，他又說「哦」。但這樣兩次一來，他就火大了，他就不再客氣，啪啪啪地打我了……我就退退退退，退到了書房的桌子旁邊，兩手向後撐在了桌沿上，這個時候應該停了嘛，但是小龍師傅還是沒有停，一拳打在了我左邊的下巴上。這樣他一拳打完就停了下來，我也沒動，事情就這樣結束了……第二天，在家裡面，我打了一個哈欠，一打哈欠，發覺嘴巴張大關不住了，怎麼回事啊，我用手把下巴搖了下，關住了。我想，哇，師傅這一拳可厲害，打到我的牙床裡面，受傷了。後來X光照出來，一看，果然缺了一小塊。

事後，李小龍也有些後悔，就此事問及當時在場的伊諾山度：「我是不是太認真了？」伊諾山度說：「你當然認真，你太認真了！」

有著電視劇帶來的名人光環，許多人建議他在全美開連鎖武館，可他依然堅持著自己的理念：小班教學才能保證品質。他也反對武館被商業化，因為有些學員打著他的幌子開武館。

> 學員不在於多，每個加入的人都要經過嚴格的篩選，這樣會讓武館更具影響力和名望。如果太多的人加入，大家就不會對武館的教學品質有很高的期望。此外，我不希望某些學員在外面以截拳道的名義公開辦學，尤其是用我的名字來吸引學員的加入。

在經過了李小龍一年的極為嚴苛的私人教導後，喬．路易斯逐漸掌握了截拳道的原則與技巧，同時融入了自己的格鬥技巧，熟練運用在各種空手道比賽之中。一九六七至一九六八年裡，路易斯在各大比賽中橫掃所有對手，拿了十一個冠軍，未嘗敗績。一九六八年六月二十三日，他獲得了華盛頓空手道錦標賽冠軍。在登上領獎臺，畢恭畢敬地從李小龍手中接過冠軍獎盃和錦旗後，他鄭重地向眾人宣告：李小龍是自己所遇到的最好的老師，自己所得到的一切榮譽都歸功於李小龍！這一舉動讓那些嘲笑李小龍不比賽只做表演的無能之輩們瞠目結舌、啞口無言。路易斯以實際行動證明了，融合了截拳道原則和技巧的格鬥術遠勝於傳統空手道！那年夏天，路易斯將自己的武館賣給了羅禮士，同時接受了李小龍的建議，為那些好萊塢的富人們做私人授武。

創立截拳道

一九六七年七月九日，李小龍正式將自己的拳術命名為「截拳道」，英文拼寫為「Jeet Kune Do」[6]，字面意思為「攔截拳頭的方法」。

6　李小龍並不願給自己的拳術起一個名字，他覺得那樣會束縛住這門武技和哲學思想的發展而成為另外一種門派的武術。但是如果沒有名稱，這種拳法就無法被推廣。為此，李小龍絞盡腦汁地想了各種名字，最終還是選中了現在這個能體現他那獨特武學思想的名字。而李小龍雖然多次對該名字做出各種解釋與定義，但始終無法自圓其說。在死前，他曾對水戶上原透露過不想再用「截拳道」這個名字。

在事事都講究規矩的美國武術界裡，居然有人創立了一種風格獨特的新穎拳術，這可是武術界的大事。第二天中午十二點，《黑帶》雜誌記者麥克斯威爾·波拉德專程來到洛杉磯武館，對李小龍進行了採訪。李小龍一邊在記者面前與李愷進行示範練習，一邊回答提出的問題，借此機會宣揚自己那極具顛覆性的截拳道理論與技術。他對傳統武術的弊端提出了激烈的批評和嘲諷。

美國武術界內眾多保守派對李小龍創拳，對傳統武術的辛辣批評、諷刺等舉動極為不滿。一九六八年《黑帶》雜誌一月號上，編輯用了三個頁面刊登了武術界與李小龍的筆戰。李小龍從容不迫、見招拆招，那群迂腐之徒自然討不到什麼便宜。而馮天倫力挺李小龍的信也被刊登出來。

李小龍名氣日盛，自然引發了不少武術界人士的強烈嫉妒。某些不自量力的「三腳貓」更會自告奮勇地去挑戰李小龍，李小龍對這些不夠資格的濫竽充數者採用了極為聰明、理性的策略。李愷回憶道：

有一天，我們正要開始訓練時，突然進來了四個人高馬大的黑人，態度十分傲慢，雖然口稱想瞭解一下，但挑戰意味十足。小龍師父請他們稍坐一下，先看看我們的訓練。然後他把我安排到第一排靠近門口的位置，因為我們的館是長方形的，坐在門口只能看到靠近門口的這部分人，裡面的被擋住了。我知道小龍師父的用意，於是更加努力地練習。沒多久我們就暫停休息一下，當時那四個黑人最初的囂張氣焰已然消失殆盡，露出了怯意。小龍師父走過去問他們要不要切磋一下。他們連聲說不用、不用，然後灰溜溜地走了。

《黑帶》雜誌從一九六二年創刊開始，對中國傳統武術也偶有報導，但是絕大多數文章限於空手道、唐手道、柔道、跆拳道等源於中國的日韓式東方武術。《黑帶》雜誌對李小龍進行了連續兩期的連續報導，引發了一波「中國功夫熱」。此後，「GUNG FU」[7]一詞便開始頻繁出現於《黑帶》雜誌上。借助於權威媒體的傳播力，李小龍為推廣中國武術可謂不遺餘力。一九六八年二月號的《黑帶》雜誌，以「武術在中國」（The Martial Arts in Today's Red China）為封面標題，將李小龍提供的鷹爪拳、詠春拳、醉拳、查拳、北派螳螂、南派螳螂、華拳、羅漢拳等八種國內較為有名的拳種做了簡略的介紹。在介紹詠春拳時，葉問的照片赫然在目。一九六九年七月，李小龍致函邵漢生，稱已將其向《黑帶》做了推薦，可代為翻譯文章並在雜誌上刊登。一九七二年九月，《黑帶》雜誌刊登了兩篇與詠春拳有關的文章，除一篇附有葉問個人照外，還有他與李小龍對練的三幅技術示範照片。另一篇介紹了嚴鏡海剛出版的《詠春功夫》，刊登了近二十張由嚴鏡海與黃錦銘對練的技術示範照片。

7 李小龍是廣東人，所以「功夫」一詞的英文GUNG FU一開始是按照李小龍的發音習慣來拼寫的。但是收錄在《英漢大詞典》裡的KUNG FU是用「威妥瑪拼音」拼寫而成，更符合當時美國人（西方人）的拼寫閱讀習慣。

在七月三十日舉辦的長堤空手道錦標賽中，作為特邀表演嘉賓的李小龍在做完二指俯臥撐後，展示了「一英寸」與「六英寸」寸勁拳的威力。一位空手道黑帶選手被李小龍的「一英寸」寸勁拳擊出將近兩米開外；而配合李小龍演示「六英寸」寸勁拳的羅伯特·貝克則被擊倒在身後的一把椅子上，拳靶也被擊飛。因慣性作用，椅子和他一起在地板上後滑了三四米遠。脖子還因為過速後仰而扭傷，不得不請假看醫生。

為了顯示自己的速度，李小龍與主辦方安排的黑帶高手維克·摩爾（松濤館空手道黑帶十段，四次空手道世界冠軍得主）做了一個「出擊攔截」的表演。即使事先被告知擊打部位，維克依然在連續六次的同一動作下無法成功攔截到一次李小龍的拳頭，這讓他有很強烈的挫敗感。

一九六七年，李小龍在長堤國際空手道冠軍賽上表演二指俯臥撐。

李小龍還和木村搭檔表演了「蒙眼黐手」，在什麼也看不見的情況下，僅靠手腕的接觸做出相應的快速攻防，木村完全無法抵擋，數度被擊倒，這顯示了李小龍那異於常人的敏感度和反應速度。而他與伊諾山度穿戴好由李鴻新特別製作的訓練用頭盔，分指拳擊手套、全套護甲，將與弟子們日常訓練的內容完全照搬，卻似乎沒有引起觀眾多大的興趣。

李小龍雖然以表演嘉賓的身分出席過多次空手道比賽，但自己根本不參加這種不入流的比賽，並不屑地稱這種比賽為「裝模作樣的騙局」。他認為這種比賽雖然在很大程度上保護了選手的安全，卻也限制了選手的技術發揮，大大削弱了選手的實戰能力。

如果沒有實戰訓練，你怎麼知道你的武技是否有效？這就是我不相信空手道比賽的原因。空手道教練們聲稱赤手空拳的對練（寸止）是最真實的，但我並不這麼認為。當攻擊被終止時，說真的，你其實並不知道自己是否擊中了對手。我相信戴上拳擊手套與對手大打一場更真實。這樣的話，你會學習到如何有分寸地出擊，你會發現自己的出拳是多麼有力，對我來說，這麼做才有意義。

李小龍一直強調，最好的訓練是戴護具進行模擬實戰練習。

在擊打時戴上合適的護具，再全力進行練習，你才會真正理解如何控制打鬥的步調及掌握踢擊的距離等。應該與各種人進行對打，無論對方是高，是矮，是慢，還是快。有時動作遲緩的人往往比動作快的人有優勢，因為他打破了那種節奏。當然，最佳的陪練還是動作迅速、身體強壯些好，你可以像發了瘋的人那樣全力踢、擊。

事實上，在李小龍之前，在美國，可以說根本沒有任何習武者想到將美式橄欖球護具用在全接觸式訓練上。在二十世紀三四十年代黃埔軍校的訓練中，學員們也是穿著護具進行拼刺訓練。李小龍一九六五年底便讓李鴻新製作相關護具，一九六六年時已開始穿戴全套護具進行此種訓練。通過訓練，他開始重新審視傳統武術。

儘管對李小龍的質疑聲不斷，其中還包括對其獨特的訓練方式的嘲弄，比如質疑擊打木人樁（空手道中其實也有擊打木人樁的練習）的有效性等。但是《黑帶》雜誌於一九六八年七月、十月也分別刊發了關於自己製作柔道模擬人、將空手道與歐式擊劍這兩種不同的風格做簡略比較的文章。一九六八年三月的《黑帶》雜誌刊出了一張聖地牙哥某武術學院培訓軍官的照片，軍官們所穿戴的護具已與李小龍在一九六七年的長堤空手道大賽中示範自由搏擊時的護具極其類似。此後，柔道、空手道、跆拳道等流派也紛紛將李小龍訓練用設備——人形沙袋、手靶、梨球、速度球、牆靶、卷腕器等經過參差不齊的商業改造後在《黑帶》雜誌上進行大肆推銷。一九七〇年左右，東南亞逐漸開始讓搏擊選手穿著護具進行比賽。一九七三年，踢拳比賽（kick Boxing）大行其道時，許多只分指拳套也開始正式進入人們的視線。這些設備雖然不能說全是李小龍所發明，但是經過某種程度的改造，但是在短時間內就被美國武術界所廣泛採用，說明美國武術界已經接納了李小龍那務實而又超前的武學思想和先進的訓練方法為武術界所帶來的益處，只是死要面子不願意直接承認罷了。

羅伯特．沃爾表示，那時的美國武術界其實很喜歡李小龍，也非常欣賞他的武術理論。但這些人對李小龍批判傳統武術時那咄咄逼人、自以為是的態度極為不滿。不少已報名參賽的武術團體聽說李小龍要以表演嘉賓的身分出席比賽，便以退賽來抵制。雖然李俊九和艾德．派克也屬保守派，對他的理論以及對待傳統武術的態度有很大分歧，但依然始終力挺李小龍。

一九六八年起，由於武術界的抵制，李小龍出席的武術活動銳減，但是《黑帶》雜誌利用自身的影響力，同時也利用武術與動作電影的微妙關係為李小龍助威。雖然《黑帶》不是娛樂雜誌，對含有武打場面的電影報導並不與拍攝進程同步，不過就在《醜聞喋血》拍攝完畢後，《黑帶》雜誌也不失時機地為李小龍和他的影片做宣傳。甚至在刊登宣傳海報時，用大號字體突出李小龍的名字。

「功夫夢」受挫

一九六八年的一天，李小龍接到了吉恩・勒貝爾打來的電話，讓他為迪恩・馬丁主演的《破壞部隊》（The Wrecking Crew）做武術指導。李小龍將艾德・派克、麥克・斯通、查克・羅禮士、喬・路易斯這些空手道大師級人馬彙聚起來，參與到影片的拍攝中。由麥克・斯通擔任迪恩・馬丁的打戲替身。

李小龍設計的打鬥動作非常簡單，塞伯靈的前女友莎朗・蒂以及影片第二女主角關南施的柔韌性和協調性都不錯，做出的武打動作除了力度稍顯不足外，倒也算得上乾淨俐落，李小龍對她們所完成的側踢相當滿意。關南施曾想追隨李小龍學武但被婉拒，因為她支付不起這麼昂貴的酬勞。

由於拍攝地點在沙漠，李小龍不得不駕車往返於家和劇組之間，每天淩晨四點就要出門，花上兩個小時的路程來到劇組，晚上很晚才能到家。而這部影片的酬勞只夠支付帳單。

一九六八年八月，李小龍在斯特林編劇，詹姆斯・迦納主演的《醜聞喋血》（原片名為 Little sister，後改為 Marlowe，米高梅公司出品，一九六九年十月三十一日上映）一片中扮演一名名叫溫斯洛．黃的華人同性戀打手，在影片中只有兩場打戲。這是他第一次，也是在美十二年中唯一一次在美國電影銀幕上出演角色。他隻身闖入偵探辦公室的那場破壞性的打鬥場面堪稱精彩絕倫，也可視為他對自己這些年在美國事事不如意的一種宣洩，最後還被安排在酒店天臺與詹姆斯．迦納的打鬥中，因被揭穿自己是同性戀的身分而惱羞成怒，失去理智地盲目以飛踢進攻而失足墜樓，亡命街頭。若不是生活所迫，李小龍斷然不會扮演此等負面角色。

十一月，李小龍在美國系列電視影集《新娘駕到》（Here come the Brides）中的一集「中國式結婚」裡飾演一名林姓中國男子，這或許是李小龍在美期間的唯一一部文戲。扮演他中國未婚妻的是美國女演員琳達（美國舊金山地區原住民，影視、舞蹈演員）。

故事的時代背景設置在一八七〇年的西雅圖某個小村莊裡，劇中的中國人形象除了李小龍是身著三件套的西服外，其他人都是一副美國人眼中的清朝人打扮。該片中，李小龍必須臨時克服騎馬、怕水[8]的心理陰影，才得以將拍攝任務完成。

自從結婚以來，由於經濟問題，李小龍就沒有過屬於自己的房子，從奧克蘭到洛

8 童年時，李小龍就將姐姐李秋源的衣服故意弄壞，於是李秋源在為小龍洗髮時強行將他的頭按入水中施以報復，這讓李小龍產生了「怕水」的巨大心理陰影。

杉磯，總是租房子住。不停地搬家，任誰都會有怨言，這也是李小龍的一樁心事。自從為那些明星弟子做私人授課後，手頭明顯寬裕，於是李小龍決定定居洛杉磯，第一步就是買房，這對已經懷著李香凝的琳達來說可算是一個天大的好消息。李小龍的岳母為支持他們的購房計畫，將西雅圖的那套自家住宅以兩萬八千美元售出。

李小龍和琳達都簡單而純粹：李小龍除了訓練和拍戲，不參加任何應酬，而琳達完全就是家庭主婦，倆人對房地產行情知之甚少。他們原以為兩萬八千美元能買到一套不錯的房子，但是琳達與房地產商接觸後才知道，這筆錢買不到什麼好房子。那時，李小龍看中了羅斯高蒙路二五五一號的一套豪宅，他很喜歡這套房子，但是售價遠遠超出了原先的預算。麥昆也來看了這套房子，還派自己的助手與李小龍一家一起「協商處理」。最後李小龍一咬牙，以四萬七千美元的價格買了下來，但這樣幾乎花光了他所有的積蓄，所以未加裝修

一九六八年，李小龍在《新娘駕到》中的劇照。

就搬了進去。一九六九年，到美國念書的李振輝和母親來到美國探望李小龍一家，並在此短住。李振輝回憶，李小龍每天七點起床，進行熱身活動，在早餐前進行重量訓練，早餐後進行閱讀、看電視，與子女們玩耍或是聯繫拍片業務。在進行了大量的書籍閱讀後吃午餐，晚上還要進行嚴格的訓練。還要把前一天所錄製的磁帶進行重播，並把第二天所要做的事情錄進磁帶後才休息。

除了把全套健身器械安置在新家內，李小龍在後院裡、屋簷下也掛滿了各式各樣的沙包及其他訓練設備。尤其是鮑勃·沃爾[9]送來的那個三百磅（一說三百五十磅）的重型沙袋，是李小龍的重點訓練目標。謝華亮、李俊九等多人就目睹過李小龍將這個龐然大物用拳或腿擊打得飛起來並晃到幾乎碰到天花板，而這些見證者們幾乎連推都推不動。而鮑勃·沃爾更是親眼所見李小龍這一令人匪夷所思的舉動：

我們把沙包掛在他的車庫裡，李小龍不知道這個沙包究竟有多重，於是他用了全身的力量使出一記側踢，晃動的沙包把車庫的頂部撞開了一個小洞。李小龍的妻子琳達，來到車庫門口，目睹了這一過程。可以肯定的是，她很不高興。後來，李小龍的一名學生過來給他修了車庫的屋頂——他把沙包掛在了外面。

9　鮑勃·沃爾，一九三九年生，李小龍空手道冠軍弟子之一。曾出演《猛龍過江》、《龍爭虎鬥》及一九七八年補拍版《死亡遊戲》。

李小龍的側踢力量之大，多名弟子曾深受其苦，周裕明就曾被踢傷，不得不在妻子的陪同下去醫院照X光片；手持踢盾的赫伯・傑克遜也被踢傷臉部，眼睛上被縫了五針；在拍攝《李小龍技擊法》時，黃錦銘不得不在衣服裡塞入大量紙板和泡沫，但依然被踢得飛起來，身上都是瘀青。至於科本新買的沙袋，更是被他一腳踢爆。

在做實戰對練時，李小龍的陪練是他的後院私徒，但通常情況下基本上是黃錦銘。

雖然明知自己在好萊塢的處境日益艱難，但是李小龍始終堅信自己能站穩腳跟。一九六九年一月的一天，李小龍在某位好友家中，當著李俊九的面，寫下了著名的《我的明確目標》（My definite chief Aim）一文：

我，李小龍，將會成為全美國片酬最高的超級巨星。作為回報，我將奉獻出最激動人心、最具震撼性的演出。從一九七〇年開始，我將會贏得世界性聲譽；到一九八〇年，我將會擁有一千萬美元的財富，那時候我及家人將過上愉快、和諧、幸福的生活。

即便有如此的雄心壯志，一九六九年四月，斯特林主動提出讓李小龍在由他編劇的文藝片《春雨漫步》（A Walk in the Spring Rain，哥倫比亞電影公司出品）的補拍階段中出任武術指導。影片由安東尼・奎恩以及老牌奧斯卡影后英格麗・褒曼主演。在補拍階段加上一場可有可無的打戲，顯得有些突兀，讓人覺得莫名其妙。但是對承擔著房貸、車貸，以及剛有了愛女李香凝的李小龍來說已沒得選擇，他只能按照導演的要求，盡心盡力地去編排好打戲。

影片拍攝地點在田納西州的山上，兩名大個子的白人替身演員對李小龍的到來不甚歡迎，甚至還有些反感，質疑斯特林為什麼帶這麼個陌生的跟班來。因為劇中並沒有東方人的戲，同時他們也很懷疑眼前這個貌不驚人的中國人是否有真材實料。多年後，斯特林回憶起當時場景：

我對他們說，既然我是製片人兼編劇，李小龍就是他們的老大。但這兩個人仍不依不饒，最後我向李小龍建議：「為什麼你不去表演一下你的側踢給他們看看呢？」李小龍拿起他的腳靶說：「你們中的一個人拿著它，由我來踢，但我希望拿的人要站穩，因為我踢的力氣很大。」這兩個傢伙都說沒有問題。我對李小龍說，如果他們在游泳池邊就更有趣了。讓這兩個人背對著泳池，當李小龍用力踢時，他們果真站穩了倒好，但如果站不穩就會跌入池中。

大家都說這個主意好，於是比試開始了。李小龍原地站立，沒有助跑，只一腳竟把那個人踢入泳池。另一個人也不例外，儘管他準備時站得很低，李小龍仍然飛腳把那人踢入水中。這兩個人不得不狼狽地從泳池中爬上來。從那時起，這些人喜歡上了李小龍。

琳達笑稱，這兩個傢伙受了李小龍的「洗禮」。

一九六九年，李小龍雖然應邀出席了數次空手道比賽，卻只參加了一部電影的幕後工作。他在武術界內已屬當時最頂尖的武術家之一，但是在電影界內，他不但是無名小卒，還要為生計煩惱。這一年是他最難熬的日子。他處於破產邊緣，眼鏡摔爛了多次也只能用膠布包好再用。日後他將這幅眼鏡放在嘉禾公司自己辦公室內的顯眼處，以提醒自己不要忘記那段艱苦歲月。當時的李小龍壓力很大，幾乎到了精神崩潰邊緣，借用一段林燕妮的回憶，讀者便可有切身感受：

「功夫」這兩個字可以說是李小龍介紹給全世界的。功夫與小龍已是一體，而當時前程未卜，他亦心事重重。他告訴我：「有時我會半夜醒來，坐在床上大哭一場。」男兒豈無淚，他是個相當善感的人。

李小龍在美國居住、生活了十二年，這樣的情形何止一次！每個移民美國的人心中都有一個所謂的「美國夢」，但是這個夢真的沒那麼容易實現。

《無音簫》擱淺

逐漸走入困境的李小龍開始認識到，他只有先在一部經典功夫影片中扮演一個配角或與某位明星合作演出，並將武打動作和東方哲學融入影片，才有可能在好萊塢獲得成功。於是從一九六八年起，他開始構思一個極富東方哲學韻味的劇本。片中需要不少懂得功夫又會表演的演員，如果無法找到這樣的演員，那李小龍將飾演四個不同的角色。他認為麥昆是主演該片最合適的人選，但是麥昆拒絕了。李小龍只得轉而讓名氣稍遜，但更隨和、更有哲學氣質的科本來主演。

於是，李小龍、科本、斯特林三人一起雇用了一名編劇，但令人哭笑不得的是，那名編劇將劇本寫成了摻雜了大量性愛內容的科幻小說；斯特林的侄子加入後，也落得個與前任一樣被解雇的下場。最後，斯特林不得不親自介入，並與李小龍、科本一起，每週一、三、五下午四到六點在李小龍家就劇本進行討論，除了工作和家庭事務之外，任何人、任何事都不得打擾會議的進行。這個劇本就是《無音簫》（The Silent Flut，李小龍曾命名為「無音笛」）[10]。李小龍全身心地投入劇本的編寫之中，滿懷信心地認為美國觀眾能接受這樣一部功夫電影，還想請羅曼．波蘭斯基來執導。他甚至決定退出武壇，真可謂孤注一擲。同年，《黑帶》創立了「名人堂」，首期有八名武術家入選。其中，海伍德．西崗和查克．羅禮士也名列其中，李小龍特意前往，分享兩位好友的榮耀。

一九六八年，波蘭斯基與莎朗．蒂結婚，就在前一年，莎朗．蒂為羅曼．波蘭斯

10《無音簫》在一九七八年被改編成為《鐵漢圈》，由白人演員大衛．卡拉丁出演。

基生下一子。婚後，波蘭斯基在曼哈頓的達科他公寓裡拍攝了《失嬰記》（Rosemary's Baby），影片講述的是紐約一個寂寂無名的演員凱與妻子羅絲瑪麗搬到曼哈頓一間古老而又不祥的公寓定居，之後發生了種種恐怖詭異的怪事。該片於同年六月十二日在美國上映。

查理斯．曼森，具有精神操控他人的案底以及精神分裂症、偏執妄想症等一系列精神病史。年輕時大部分時間都是在公共（矯治）機構裡度過。一九六七年獲釋出獄，隨後建立邪教「曼森家族」。他突發奇想，要進入娛樂圈發展，並從一九六九年三月起，數次試圖以訪客的名義闖入曾許諾將他帶入娛樂圈的音樂人特裡．梅爾切租住過的別墅，但那時，莎朗．蒂與波蘭斯基已居住在此。

八月八日晚，三女一男闖入莎朗．蒂所住寓所，將已懷孕八個月的莎朗．蒂吊在房梁上，並刺了她十八刀，莎朗．蒂最終因失血過多而死，腹中嬰兒也未能存活。其他四位包括塞伯靈在內參加派對的好萊塢知名人士也被殘忍槍殺、刺殺，凶案現場觸目驚心，血流成河。

接到報警而聞訊趕到的員警被眼前殘酷的慘象嚇得目瞪口呆，卻找不出頭緒。由於案情如同電影《魔鬼聖嬰》般詭異離奇，他們曾一度懷疑案發時正在倫敦籌畫拍攝新片的波蘭斯基。聞悉噩耗的波蘭斯基趕回洛杉磯後，眼見凶案現場，大受打擊，整個人像丟了魂一樣。此後很長一段時間內，他的電影風格更顯壓抑灰暗，許多作品更是大失水準，很難達到其巔峰狀態。直到二〇〇二年《鋼琴師》上映，波蘭斯基才重新回到世界電影的巔峰。

李小龍的家離凶案現場不遠，值得慶幸的是，那晚他因與科本、斯特林討論《無音簫》劇本而未能參加這場「死亡派對」。可想而知，當李小龍得知這一消息時，他的內心是何等痛苦與憤怒。

一九七〇年二月，波蘭斯基來到瑞士滑雪勝地格斯塔德度假，百無聊賴的他邀請了李小龍為他做一週的海外武技訓練。從二十日到二十七日，除了授武，波蘭斯基還全程陪同李小龍玩樂。從未滑過雪的李小龍居然一次就學會了。但除此之外，李小龍每天還要陪著波蘭斯基和一幫富人們去喧囂吵鬧的夜店至深夜，搞得疲憊不堪，嚴重缺乏睡眠，還得了感冒。這對於不喜歡交際的李小龍來說真是折磨，不過，在深入瞭解了波蘭斯基後，他還是交了這個朋友。對李小龍來說，和波蘭斯基交朋友不僅僅是增加了一個收入來源，更可能對自己以後闖蕩好萊塢有著莫大的幫助。授武結束後，李小龍來到倫敦度假三天。

李小龍通過私教所獲取的酬勞不少，但他一心想在美國演藝界發展，同時，他認為武館教學，會限制學員的技術和思想，使他們成為機器人。一九七〇年一月，伊諾山度遵照李小龍的吩咐，關閉了洛杉磯武館，剩下的學員轉移到伊諾山度家的後院進行小班練習。李小龍自一九六三年起所一手制定的振藩國術館八級會員制也隨之終結。這樣，李小龍就可以專注於在影視圈發展了。

一九七〇年十月，《無音簫》終於完成首稿。斯特林帶著劇本來到了華納公司，與總裁泰德・雅士利及其他高層會談。華納公司很喜歡這個極具異域風情的劇本，但是決定要在印度開拍，因為華納在印度有一筆呆帳，如果這部戲成功，華納當然大賺一筆，皆大歡喜；即便失敗了，對公司本身也不會造成太大的影響。其實，印度與中國的文化迴異，根本不可能在印度拍出一部富有中國色彩的影片。

在華納公司同意了開拍計畫後，原本定於秋天前往印度考察外景地的計畫被李小龍的背傷所耽擱。不過，振作起來的李小龍依然對《無音簫》充滿信心，他還寫信給小麒麟，讓他幫忙在香港物色一批龍虎武師，同時將劇本中要用到的武術器械列出，請他幫忙訂購並運往美國。在李小龍背傷初癒後，便與斯特林、科本一起於一九七一年一月二九日飛赴印度。

從孟買到新德里再到齋普爾，一路上的舟車勞頓，讓李小龍的腰非常難受。而科本以好萊塢大明星自居，每到一處都要入住預訂的最好的套間，李小龍與斯特林卻一切從簡，這讓背傷初癒的李小龍感覺到自己受到了歧視，心理越發失衡。他覺得他們都應該受到同等待遇。在由原齋普爾王宮改建的旅館內，終於按捺不住火氣的李小龍與科本大吵一架後，甩下一句「我一定會成為比科本和麥昆更有名的明星」的狠話後摔門而去。李小龍的野心此時暴露無遺，這連科本和斯特林都大為吃驚。斯特林回憶道：

我並未減少對李小龍的敬意，這更使我認識到李小龍現實的一面。當時我對李小龍說，遇到這種情況也沒有辦法。他只不過是一個在白人主宰的社會中生活的中國人。但我錯了——最終李小龍證明了他自己。

三週的印度之行一無所獲，外景地沒有著落，當地也尋找不到能達到演出功夫電影水準的武術演員，三人失望地飛回了美國。抵達機場時，華納公司高層親自迎接，這讓李小龍和斯特林天真地以為《無音簫》能夠順利開拍。誰料，科本在高層會議上強硬地否定了在印度開拍的計畫，因為他討厭印度。李小龍得知消息後氣得七竅生煙。

科本把一切都搞砸了。因為他不想去印度，他對華納說那裡無法找到合適的外景地。他否定了整個計畫。我為這個計畫嘔心瀝血，這是我人生中重要的一次機會。如果我知道他會那麼做，我絕不會選他做我的搭檔，我就會去找其他人和我一起合作，或許，我們應該去找其他的電影公司來拍這部戲。

除此之外，華納公司全體管理層擔心這個過於哲學化的片名會影響到票房。最終，《無音簫》拍攝計畫被擱淺。

香港之王

李小龍在成功扮演了「加藤」這個角色後，總會有一些心理變態的空手道習武者造謠說，李小龍被十個日本空手道選手打得殘廢甚至是被殺。如果按照這個邏輯，李小龍已經「被死亡」了很多次了。結果某些香港媒體在淩晨打來越洋長途向李小龍本人求證。

對於這樣的謠言，他只能通過寫信給好友小麒麟澄清。甚至在印度勘察《無音簫》外景時，還有類似流言傳出。李小龍同時還回憶，一九七〇年的一個清晨，他曾接到過一個來自香港最大的商業電臺的越洋長途，對他做了一個長達一小時的直播訪談。

一開始，他問我是否將返回香港，我說「很快就會回來」。接著他問我目前是否在拍電影，並且是否打算在香港拍電影。我告訴他，如果電影公司出的價錢合適的話，我可以在香港拍電影。

一九七〇年三月二十五日，李小龍攜五歲的國豪飛回香港，準備為其母辦理移民美國的手續，而琳達因為要照顧年幼的香凝則未能成行。當飛機抵達啟德機場的時候，機場簇擁了一大堆記者，似乎迎接的是美國總統一般，這是他始料未及的。麥克風幾乎伸到了李小龍的臉上，照相機拍個不停……這些記者圍著李小龍問了一大堆問題，其中大部分問題已經在越洋長途中問過了。雖然感到非常莫名其妙，但是李小龍還是很有禮貌地回答了每個問題。

原來，《青蜂俠》影集在美國播映時，配音版的《青蜂俠》（港名《青蜂雙俠》）也在每週六晚九點於剛創立不久的香港國際廣播公司翡翠台（TVB，一九六七年創立）熱播，李小龍在香港民眾眼裡儼然成了好萊塢明星、超級偶像。而李小龍即將回港的消息是何愛榆向報社透露的。李小龍回港時，電視臺正在重播《青蜂俠》。看著電視機中說著中文的威廉姆斯，李小龍笑得前仰後合。鑒於李小龍的「明星」身分，他和國豪走到哪裡都會有人認出他們，這種感覺，李小龍只有在《青蜂俠》播出後擁有過。報紙稱呼他為「香港之王」。幾乎每天都會有人來找李小龍，想前往好萊塢發展。

鑒於他那超旺的人氣，自然引得多家香港電視臺的青睞，已受到邀請的李小龍在姐夫俞明的幫助下，進入空手道橋治會做恢復性練習，並於九日、十日連續兩天參加了「歡樂今宵」（一九六七年十一月二十日，無線電視臺創建次日，由二十一歲的蔡和平創立的綜藝節目，一九九四年停播）、「金玉滿堂」的節目錄製。觀眾們在電視機前見識到了李小龍那與電視影集中截然不同的犀利身手，嘆為觀止。李小龍也乘此機會，在鏡頭面前宣揚自己的截拳道武學，各大報紙紛紛跟進，將李小龍進行表演的圖片刊登在頭版頭條，並對李小龍的武技大肆渲染。

李小龍雖然對抨擊中國功夫毫不留情，但是對於自己的師父依然非常敬重，他還抽空去見了葉問。葉問對於李小龍在國外多年推廣普及詠春拳非常讚賞和欣慰，當他得知截拳道是從詠春拳演變而來時，也顯得很感興趣。於是，葉問讓李小龍與詠春同門進行實戰對練，自己則一邊觀戰一邊記著筆記。當傳統的詠春拳遇上靈活多變的截拳道時，結果自然可想而知。李小龍對水戶上原回憶道：

我不斷地移動，拳腳並用，絕不給對手任何回到屬於自己格鬥節奏的機會。我想他一定很沮喪，因為如果我不加以控制的話，每次都能打到他。對詠春拳來說，截拳道太快了。接下來的那傢伙沮喪極了，因為我一佯攻他就上當，有一次他幾乎仰面朝天地摔倒，而我甚至都沒碰到他。

而早先欺負過李小龍的那些助教級別的弟子們，眼見同門在脫胎換骨的李小龍面前一敗塗地，還算有一些自知之明，怕出醜而不敢應戰。這讓李小龍很是鄙視。

在對練結束後，葉問將李小龍單獨留下，讓他將國外優秀武技一一展示出來，問了李小龍很多問題，並一一記下筆記，準備日後將這些技術和動作融入詠春拳中。

幾次電視節目的露面，令李小龍人氣暴漲。李小龍也通過已成為邵氏演員的童年好友小麒麟的安排，得以與邵氏高層見面，商討拍片事宜。基於張徹一向對李小龍的賞識，以及李小龍在香港乃至東南亞的名氣和在好萊塢的那些作品所帶來的明星光環，邵逸夫一開始是非常重視的。更重要的是，邵氏看中的是李小龍強烈的個人魅力及非凡才華。不過，李小龍開出的條件比邵氏的預期實在高出太多：每部戲要價一萬美元，拍攝週期不能超過六十天，劇本要讓自己滿意，有權對劇本做出修改，自己編排打戲。平心而論，李小龍所提出的要求是以美國電影制度下的明星制度為標準，但是天真的他似乎忘了這是在香港。邵氏影城現任製片總監、當年邵逸夫最親密的工作夥伴之一的黃家禧回憶道：

當時李小龍從美國回來，張徹找他試鏡，我們都已經打算用他，但是他一部戲要一萬塊美金。我們自己的藝人，狄龍和姜大衛當時才一萬港幣，一萬塊美金是六萬塊港幣。狄龍和姜大衛已經成名了，還是一萬港幣一部戲，怎麼可以給李小龍一萬美金呢？給了他一萬美金，狄龍和姜大衛怎麼辦？

可以肯定的是，一向我行我素的李小龍開出的條件一點都沒有變。邵氏覺

一九七〇年，李小龍在香港「金玉滿堂」電視節目中一展身手。

得李小龍漫天要價，也太把自己當個人物了。雙方都極為傲慢、自負，不歡而散也在意料之中。雖然張徹也曾向電懋推薦過李小龍，但最終也未達成意向。

三週的香港之旅，李小龍有得有失。他曾在廣播道麗的電視臺大廈與張清見面，希望能介紹一些中國風味的音樂，供自己將來在《無音簫》中使用。除了應付各種應酬外，李小龍為石堅、邵漢生、區永年、陳達夫等武術界前輩在彌敦道二一八號對面的新樂酒店[11]設宴。四月十五日，曹達華一家與李小龍家人為李小龍父子在金山夜總會擺了踐行晚宴。第二天，李小龍父子啟程離開香港，飛回美國。

11 新樂酒店，位於彌敦道二二三號，李家大宅對面。李小龍在離港之前，經常與家人在此聚餐。

山窮水盡

一九七〇年二月五日下午兩點半，李小龍與李俊九一同飛抵多明尼加共和國聖多明哥機場，參觀在此開設的李俊九武術學院。經過長途飛行，李小龍的腰背已經很難受，但他毫無怨言，依然在狂熱的媒體和觀眾面前，表演了雙手大拇指支撐、單手二指俯臥撐等常規節目。當然，還少不了表演「腳碎木板」。被踢碎的木板四處飛濺，甚至打碎了一盞照明用的燈。李俊九此後曾多次尋找該節目錄影，但至今一無所獲。李小龍還在採訪中聲稱，他喜歡這個國家和這裡的人民的簡樸、真實，不像大城市的人那樣虛偽，他會再回來的。

四月二十五日，從香港回到美國不久的李小龍著一襲白色西服，參加了李俊九跆拳道學院招待會。五月二十四日，李小龍偕妻子出席李俊九在華盛頓舉辦的空手道錦標賽，並做示範表演。這是他最後一次參加好友舉辦的比賽，也是他最後一次出席武術比賽。

各種長途飛行帶來的腰背不適、心血之作《無音簫》前途未知、在香港為自己謀求後路又受挫、經濟拮据到一堆帳單無法支付……在多重壓力下，回到美國的李小龍開始心煩意亂，這是習武者的大忌，偏偏此時李小龍的練功出現了巨大的偏差。

八月十三日，李小龍在沒有充分熱身的情況下，扛著一百二十五磅的槓鈴做「體前屈」練習時，不慎傷及腰部，疼痛難忍，在醫院做了全面檢查後，被醫生診斷為第四腰椎神經永久性受損。這對李小龍絕對是個殘酷至極、無比致命的打擊。琳達對那段令人絕望的時期做了如下憶述：

醫生建議小龍臥床休息，他們告訴小龍別再想功夫了，他已經不能再踢腿了。這無異於給他籠罩上了一層陰雲，他很沮喪。小龍在床上躺了三個月，接下來的三個月他只能在房子裡走動，從桌子，到椅子，再到床。我所能做的就是在他面前提起他的個性、他的活力、他的夢想。可以肯定的是那段時間我們都絕望了……。

儘管這次受傷是空前的，但是李小龍依然勇敢地面對現實，琳達在回憶錄中接著寫道：

……儘管他受到了嚴重的傷害而無法動彈，小龍並不接受醫生對於他的永久性傷殘的診斷結果。他一生都是一個對人生持積極思想的狂熱分子，他一直堅信自己會痊癒，強烈的信念讓他堅信自己能做到。同時，雖然他的身體不能再像雄鷹一樣在天空翱翔，但他的思想可以。在接下來的六個月內，他不斷地進行寫作，用語言來表達他的格鬥方法以及他的截拳道的哲學。他對於他那些大量的積累的各種形式的搏擊藝術和哲學藏書進行了閱讀並寫下各種筆記。我至今還保留著他的大部分藏書。他在書的關鍵段落的空白和邊緣處寫下了大量的注解，看看有哪些能用於他的截拳道之中。

行動不便的李小龍此時可以拋開一切瑣事，專心致志地看書了。他閱讀著自己購置多年的那兩千五百本藏書。對他影響最大的，莫過於印度智者、哲學家克里希那穆提[12]的書籍。雖然克氏的書李小龍早已不是第一次閱讀，但在李小龍生命中的這個特殊時刻，克氏的洞見令他有如茅塞頓開、醍醐灌頂之感。其中的「生命各個層面的統合」與李小龍推崇的「完形療法」如出一轍；「探索自己」日後更是被李小龍掛在嘴邊；而「用自己的光來照亮自己」更是堅定了他的信念，他堅稱「意志力可以消除一切障礙，甚至是疼痛！」。他在給友人的信件中除了勵志的詩句、豪言壯語外，還加上一句「walk on」（繼續前進）以示互勉；他嚴格尊重醫囑，按時服用止痛藥，並採取其他如針灸、水療類的物理保守療法，以期早日康復。

李小龍並未像其他人想像的那樣，對所有人都採取回避的態度。對於一般的來訪者，琳達會以各種藉口搪塞，只有他們的「死黨」才能進入家中。

雖然李小龍重新振作起來，但是經濟危機是不可忽視的現實問題。臥床休息的他無法外出工作，礙於生計，頗為大男子主義的他也只能萬般無奈地讓從未工作過的琳達外出謀生。好在琳達很快就找到了一份電話接線員的文職工作，從下午四點工作到晚上

12 吉杜．克里希那穆提（一八九五——一九八六年）被公認為二十世紀最偉大的靈性導師，是第一個用通俗、生動的語言向西方全面深入闡述東方哲學智慧的印度哲人。西方哲學界受其影響頗深，李小龍更是直接受惠於他。

十一點。而當她回到家中時，服用了止痛藥的李小龍已經在藥物的副作用下睡著了，子女們也很懂事，早早就乖乖休息了。而李小龍所留下的那些充滿感激、愛意的紙條令琳達覺得自己所做的一切都是值得的。李小龍對此也心存感激。黃錦銘記得，日後他在短暫回美時，曾說出如下肺腑之言：

我記得有一次，在他第二部電影成功之後，李振藩回加利福尼亞，順便到了我家，我駕車陪他去了赫伯．傑克遜家。當我們駕車在高速公路上行駛時，他說：「你知道嗎？有琳達這樣的妻子，我覺得非常幸福，在我缺錢，意志消沉的時候，她從不抱怨。當我背部受傷不能維持生計時，她甚至出去打工。當時我非常消沉、頹廢，但她沒有怨言，而是支持我、鼓勵我。我認為我有今天的成就，完全歸功於琳達的愛和支持鼓勵，我是一個非常幸福的男人。」

臥床半年後，李小龍的腰傷逐漸痊癒。三十歲生日那天，李小龍家聚集了眾多好友，稍顯憔悴的李小龍收到了不少紅包，看著比他更憔悴的妻子為其精心製作的繪有截拳道標誌的蛋糕，會心地笑了。不過，快樂總是短暫的，眼下的他還是要為生計打拼，尤其是那催命的帳單。

腰傷初癒的李小龍開始進行恢復性訓練，幾個月後，傲人身手神奇般恢復，讓復查的醫生極為驚訝，視為奇跡。

李小龍無時無刻不在擔心著嚴鏡海的身體，此時的嚴鏡海由於焊接工作產生的煙塵導致嚴重肺病而無法工作，他去找公司要個說法，卻被告知「這病並不是由於焊接所引起的」。雖然李小龍背傷初癒，並在休養期間寫下多本武學筆記，準備用在新書《武道釋義》（Commentaries on the Martial Way）[13]中，但在一九七二年，當他得知嚴鏡海罹患肺癌後，便毅然決定幫嚴鏡海出版《詠春功夫》（WING CHUN GUNG FU）[14]，他將書稿交給水戶上原，建議他立刻出版該書並預先支付費用給嚴鏡海。

一名對功夫懷有濃厚興趣的ABC廣播電視台員工艾德．斯皮爾曼將自己多年來對功夫的研究寫成了一份厚達四十四頁的調查報告，並與朋友兼搭檔霍華德．弗里德蘭德一起改編成了一個劇本，取名為The way of the tiger，The sign of the dragon（按照字面意思，筆者拙譯為《龍蹤虎跡》），說的是十九世紀的美國，一個叫金貴祥的少林僧

13 事實上，按照李小龍的計畫，《武道釋義》原本應該在一九七一年出版，但由於忙碌的電影事業而未能如願。直到一九七五年，他的弟子吉伯特．詹森得到琳達的授權，在伊諾山度和李小龍其他弟子的耐心校閱下，將李小龍生前筆記與該書稿歸納整理後，才交付出版，這就是《截拳道之道》（Tao of Jeet Kune do）。

14 《詠春功夫》中文版為《圖解詠春拳》，李小龍只是掛了個「技術編輯」的頭銜。在書中，嚴鏡海將葉問為他親筆簽名的照片刊登了出來。一九六八年或一九六九年，李小龍、黃錦銘、嚴鏡海便開始寫作這本書並拍攝照片，很快便定稿，但李小龍對可能有人會借用他的名義賺錢有所顧慮，所以決定暫不出版。

人來到美國西部闖蕩的故事。這樣一個典型的「當西方遇到東方」的故事吸引了剛加入華納董事會的弗雷德・溫楚布[15]的興趣，他收購了劇本，並在董事會會議上提交給華納高層審議，雖然總裁泰德・雅士利個人很喜歡這個劇本，但還是被董事會否決了，這些頑固的股東們不認為觀眾能接受一個中國英雄。

一九七一年的一天，李小龍的名人弟子，弗雷德・溫楚布的好友，華納同行賽・溫楚布[16]向弗雷德引薦了處於困境的李小龍，他們很快就成了朋友。弗雷德很快就意識到，眼前這個小個子中國人就是飾演《龍蹤虎跡》一號主角的不二人選。李小龍非常喜歡這個劇本，在得知該項目已無法拍成電影的前提下，便建議改編成電視影集，他稱之為《武士》（The warrior）[17]，並多次與弗雷德洽談，就改編成電視影集後應增加或修改的內容提出了很多自己的意見和建議。

15 弗雷德・溫楚布是《龍爭虎鬥》的聯合製片人。一九七〇年，他成為華納公司的副總裁。一九七二年離開華納，與保羅・海勒開創了紅杉公司。曾製作過十多部動作影片，除李小龍的電影外，還有成龍的早期作品《殺手壕》等。

16 賽・溫楚布，李小龍私教弟子，曾監製過《泰山》系列電影。

17 《武士》影集最後由大衛・卡拉丁主演，片名被改成《功夫》（Kung Fu），拍攝了三季，從一九七二年至一九七五年止，大獲好評，成為經典之作。大衛・卡拉丁此後更成了「金貴祥專業戶」。還主演過觀眾耳熟能詳的《追殺比爾》中的比爾。

下決心要拍電視影集的弗雷德致電華納公司電視部的湯姆．庫恩，並會見了ABC廣播電視台推廣部的巴里．迪勒，後者對武術很感興趣，決定立刻開拍成週播的電視電影。在進行角色分配的時候，弗雷德帶著李小龍去見了湯姆。李小龍當著他的面耍了一通雙節棍，令他看得目瞪口呆。湯姆告訴弗雷德，李小龍的武技確實令人驚嘆，但是如果要在如此長的影集中擔任主演是不合時宜的，也很難讓人信服。最終李小龍也沒有得到這個角色，理由居然是李小龍「太中國」了。

第五章　結緣嘉禾

嘉禾公司

一九七〇年初，邵氏公司內部、各大媒體便開始盛傳鄒文懷將離開邵氏自組電影公司的消息。後來，鄒文懷親自出面，正式否認了這件事情，並聲稱將對此前王羽欲借合約期滿而脫離邵氏一事採取行動。

但是沒過多久，令人震驚的影壇地震發生了！

據悉，鄒文懷曾在三月三十一日與邵逸夫單獨會談將近一小時。其間，鄒文懷向邵逸夫提出離開邵氏的請求。邵逸夫見其去意已決，只得同意。四月三日，鄒文懷正式提出辭呈，獲得批准。而在二天前，何冠昌、梁風也已辭職。於是，各種傳言重新復活，有說鄒文懷的離開是因為不滿邵逸夫重用方逸華，讓其擔任重要職務，變相架空他的權力。也有說，鄒文懷早已想脫離邵氏，只是時機不到，此次得以單飛，是因為背後有好幾家臺灣及泰國的大財團支持。

鄒文懷，一九二七年生於香港，原名鄒定鑫，祖籍廣東大埔，二十世紀三〇年代初曾入讀香港聖士提反書院。四〇年代初，鄒文懷隨父母來到上海，就讀於當時的聖約翰青年中學，他在這時已經創辦並出版《體育週刊》。一九四六年進入上海知名的教會學校——聖約翰大學（現為華東政法大學）攻讀新聞系，力倡並主辦中文版校刊，同時繼續出版《體育週刊》。一九四八年在上海《申報》當實習記者，一九四九年畢業。在上海居住、生活了九年，鄒文懷儼然成了半個上海人。

畢業後，最初想從事報業、創辦連鎖報館的鄒文懷回到香港，在英文報紙《南華早報》及《英文虎報》做體育記者，並兼職做麗的電臺旗下的《麗的呼聲》週刊編輯，協助該刊創業。就是在這裡，他認識了胡金銓。當時他一共做六、七份兼職，也在《紐約時報》做兼職記者和新聞素材報料人，同時在雜誌寫文章、影評，後進入美國新聞處做編輯，一直做到「美國之音」（The Voice of America，一九四二年成立）電臺臺長。

二十世紀五〇年代末，香港報業老報人吳嘉棠力薦年輕的鄒文懷，替由新加坡前來香港主政邵氏影業公司的邵逸夫工作，鄒文懷因其出眾的語言天賦和聰明才智而深得邵逸夫賞識，在邵逸夫多次誠懇的邀約下，鄒文懷終於出任邵氏宣傳主任，同時，他還帶來了自己的好友、時任《香港時報》採訪主任的何冠昌。邵逸夫則對其信任有加，言聽計從，連位於清水灣的邵氏影城都是鄒文懷協助邵逸夫所買下。鄒文懷還相繼成功挖來一代影后林黛、樂蒂，武俠片大導演張徹等人，為日後邵氏影業帝國打下了堅實的基礎，立下了汗馬功勞。可以說，邵氏的半壁江山是鄒文懷打下的。一九六五年起，邵逸夫開始進軍電視業，隨後與利孝和、余經緯及英資公司合夥創辦香港電視廣播有限公司（TVB），出任常務董事，但重心仍放在電影業。

鄒文懷和邵逸夫是兩個性格截然不同的人：足智多謀的鄒文懷善於識人、用人、放權，深諳管理藝術，邵逸夫雖然格局大，魄力非凡，但是局限於「家族制」的管理模式，任人唯親。他利用「紅顏知己」方逸華來架空鄒文懷當然是鄒文懷離開的一個因素，但是在邵氏十一年，已成為公司「實際第一操盤手」的鄒文懷與邵逸夫的公司管理理念已開始有較大分歧也是事實。

那時，邵逸夫依然沉醉於垂直管理的大公司製片模式，然而這種模式的源頭——美國八大影業公司早在二十世紀六〇年代中期就已經轉向獨立製片人制度。當時的香港報紙上也有對於獨立製片人制度的介紹與分析。雖然鄒文懷消息靈通，也早已洞悉西方的大公司模式必將解體，但是情商超高的他深知，要在邵氏的現行制度下推行獨立製片人制度，無異於癡人說夢。因為他和總經理周杜文曾將這個想法以書面方式遞交給邵逸夫審閱，並要求分紅，但還是沒有下文，最後周杜文辭職離開邵氏，於是邵逸夫先是聘請淩思聰繼任總經理，隨後又讓「紅顏知己」方逸華進入邵氏高層。方逸華進入高層後緊抓財政，這與鄒文懷不惜成本拍好一部戲的理念起了衝突，雙方開始產生矛盾。他也曾和何冠昌討論起此後的發展前景，兩人一致認為，他們在邵氏家族制的公司已經再無任何發展空間可言，此時，境外一些財團也在暗地支持鄒文懷自組公司。因此，早在一九六九年，鄒文懷便開始不動聲色地與一些志同道合的同人們籌備新公司，並開始尋找合適的辦公樓。

從邵逸夫安插方逸華到邵氏擔任總務主任這個重要職位，到毫不猶豫地批准鄒文懷、何冠昌、梁風等原製片部重要人員先後辭職就可看出，邵逸夫對於位高權重、功高震主的鄒文懷也早已開始採取措施，時刻準備進行一次大換血。在鄒文懷正式辭職獲准五天後，邵逸夫即向外界宣布，讓袁秋楓來頂替鄒文懷的製片部經理之位。而袁秋楓一年前已和雷震合組金鷹公司，卻同時又與邵逸夫來往甚密，可見那時邵逸夫便已窺得鄒文懷之動向。

隨著時間的推移，敏感的邵逸夫越發感到自己的權力正在被架空，覺得自己在某種程度上已成了「橡皮圖章」——決定都是鄒文懷做的，邵逸夫只需要同意他的決定，在檔上簽字蓋章即可。這可不是做慣了大家長的他能忍受得了的。

其實，真的讓鄒文懷離開邵氏，對之後的發展有何負面影響，邵逸夫也並無太大把握。猶豫不決的他於是請張徹在國賓酒店大堂見面，諮詢他的意見，張徹略一思索，斬釘截鐵地說了一個字「放！」。當時，他們可能認為鄒文懷的新公司也許會掀起些小風浪，但是無法對邵氏造成實質性的威脅，這才放心地讓他們離開。於是，鄒文懷帶著梁風、何冠昌等人，以四十萬港幣自組電影公司。

低估了鄒文懷的能力，邵逸夫很快就嘗到了失算的滋味。

鄒文懷除了眼光獨到外，更懂得做人，因此，無論是演員還是編導，受了委屈都來找他傾訴或宣洩，這全賴於他隨和的性格與在邵氏積攢了多年的好人緣。他在邵氏一手發掘了不少的紅星，而鄭佩佩和原文通的結合，正是他牽的紅線。這些人飲水思源，感恩之餘，決定發起一個「歡送宴」。名單長達丈餘，人數多達四百餘人！就連見慣大場面的鄒文懷都嚇一跳。而他自己原本只在某酒樓預訂了三桌只有「死黨」才參加的酒席。這樣的陣勢，等於直接宣告鄒文懷才是邵氏事實上的當家人，這確實讓邵逸夫丟盡了臉面。這些員工，面對即將離職的鄒文懷，依依不捨，甚至有許多人表示，如果鄒文懷自組公司成功，日後有需要幫忙的地方，一定追隨左右。這哪是鄒主任，分明是鄒老闆嘛！

讓邵逸夫更加意想不到的是，就在批准鄒文懷辭職的消息對外宣傳後，剛在臺灣準備妥當，準備開拍新片《千里追蹤》的導演程剛聞訊後第二天便急匆匆趕回邵氏，因鄒文懷一行人的離去關係到自身利益，故提出要解約而被拒絕；緊接著，傳出邵氏影星何莉莉也有等合約滿後便投靠鄒文懷的消息；白鷹、張曾澤、周宣、陳鴻烈等邵氏旗下藝人也紛紛表示已獲剛定名的「嘉禾公司」[1]之邀請，並願意為鄒文懷效力；羅維、徐增宏、喬莊等導演也先後加盟嘉禾公司，為鄒文懷拍戲。除此之外，嘉禾公司獲得了牛

1　根據二十世紀七〇年代香港報紙記載，鄒文懷自組公司之初，曾一度命名為四海公司，後改為永聯，最後在喝酒時與胡金銓一起定名為嘉禾公司，取富裕豐收之意。「嘉禾」二字由張大千所寫。辦公地址在彌敦道的東英大廈。

池灣斧山道永華片場的管理權，並通過與國泰[2]的合作擁有了海外發行管道，建立了獨立院線。同時，在香港、臺灣招募新人；送導演黃楓、製片吳新運去臺灣勘察外景，為即將開拍的新片「佈局」；即將於七月二十六日在臺北結婚的鄭佩佩也口頭答應在婚後便會為嘉禾公司拍片；而邵氏千方百計提高薪酬，也未能留住導演羅臻……

嘉禾公司行動之迅速令邵氏猝不及防，而邵氏內部一個個負面消息又接踵而至。眼看局勢開始失控，雖然邵逸夫已將方逸華調任採購部主任，但是三哥邵仁枚依然不得不在短短幾天內再次由新加坡來港，親自坐鎮，主持大局。邵逸夫只得借去日本處理業務之際，避下風頭，等三哥安排好一切再回來。反觀嘉禾公司這邊，已找好了幾位新人，開始拍片了。

至一九七〇年底，嘉禾公司已經拍攝了五部影片，另有五部電影即將投入拍攝。這十部電影總共投資將近千萬。觀眾們對嘉禾公司的作品充滿了期待。

嘉禾公司與邵氏的對臺戲，才剛剛拉開帷幕。

2 國泰電影集團原名國際電影懋業有限公司，簡稱電懋。創辦者陸運濤是馬來西亞富商陸佑之子。在整個二十世紀六〇年代都是邵氏最大的競爭對手。

絕處逢生

在臥床休養的那段日子裡，不斷有港臺的電影公司和一些獨立製片商與李小龍洽談合作事宜，開出的價錢從兩千美元到一萬美元不等。但是李小龍認為這些人缺乏起碼的誠意，完全靠不住。在《無音簫》無限期擱淺後，李小龍想趁這個空檔去香港接拍一兩部戲，緩解經濟壓力，所以他依然沒有放棄與邵氏談合作。與此同時，小麒麟與頂替鄒文懷上位的袁秋楓進行了洽談，邵氏也做了極大的讓步，開出了自己的條件：一部戲兩千港幣，簽約五年。聲稱只要李小龍回港，什麼都可以談。李小龍無法接受這種態度，他本來就不是一個容易相處的人，脾氣很暴躁，自尊心又強，他無法想像自己怎麼在這樣一個公司裡工作。他和邵氏的合作徹底破局。

李小龍一九七〇年來港時，鄒文懷剛創立的嘉禾公司急需一些演員來打開局面。鄒文懷原打算聯繫李小龍，但得知李小龍開出的條件太高，一時間令他無法承受，且李小龍那時已離開香港，與之洽談的想法只能暫時擱置。

王羽和勝新太郎在日本拍攝的《獨臂刀大戰盲俠》[3]以及嘉禾公司的其他一系列影片上映後皆取得不俗票房，公司經營逐漸有了起色，尤其是創業作《天龍八將》，上映後票房超過百萬，《獨臂刀大戰盲俠》首日上映也有十二萬入帳。在那個年代，一部影片的票房若是達到或超過百萬，已經很了不起了。從邵氏演員轉而做導演並加入嘉禾公司的羅維，便是在一九六九年，憑藉鄭佩佩主演的《鱷魚潭》，成了「百萬導演」。

除去那些超過百萬的票房，單以同期上映的日平均票房來計算，嘉禾公司也不落下風。如果把電影比作田徑場，那嘉禾公司就是一流的短跑高手，邵氏與他在這個領域競爭，幾乎占不到什麼便宜。但是，嘉禾公司不過是苦苦支撐，在電影界短期生存沒有問題。所以，鄒文懷除了挖來王羽這塊金字招牌外，只希望能儘快找到一員能助自己打開局面的大將。而公司高管們幾乎是同時就想到了已在美國定居的鄭佩佩。

一九七一年六月初，劉亮華專程赴美，遊說鄭佩佩為嘉禾公司拍戲，鄭佩佩一口答應。

3 《獨臂刀大戰盲俠》是由王羽與日本刀劍片《盲俠》主角勝新太郎所聯合制作的中日合拍片。邵氏曾利用其勢力阻止該片在香港上映，還與嘉禾公司對簿公堂。嘉禾公司一審勝訴，邵氏請了御用律師繼續上訴，最終嘉禾公司敗訴，被判該片不得在港上映，賠款十萬。當官司打完，該片早就賺了一大筆下檔了。

斯特林對《無音簫》的事耿耿於懷，他一直認為李小龍完全能夠當上好萊塢電影明星，可惜沒有合適的大銀幕表演機會，只能在電視劇裡飾演配角，完全是大材小用。斯特林是全美最優秀的編劇，《無音簫》的擱淺也等於是否定了他的努力，他要為自己找回榮譽，也要為李小龍討個公道。在印度的時候，他就著手為李小龍量身定制了一個劇本《盲人追兇》（Longstreet）[4]，並親自來到派拉蒙公司電視部，找到湯瑪斯·坦納邦（電視製片人），與其洽談開拍一個新的電視影集。

像斯特林這樣的著名電影劇作家肯自動「屈尊」要求開拍一部電視劇，坦納邦當然是求之不得。況且，在艾德·派克門下學過空手道的坦納邦也曾隨李小龍學過武，持有一份《陳查理長子》試鏡拷貝，因此，斯特林金口一開，坦納邦便立刻同意開拍新劇。該劇第一集名為「截拳之道」，是斯特林專為李小龍量身打造的。李小龍見到這個劇本後也驚喜不已。他也因此而得以在該劇中展現自己的精湛身手及獨特的練武方式，並借此闡述自己的武學思想。

清空你的思想。無形無式，如水一般。將水倒入杯中，它變成杯的形狀；將水倒入瓶中，它就變成瓶的形狀；將水倒入茶壺中，它又變成茶壺的形狀。水可靜靜流淌，亦可猛烈衝擊。像水一樣吧，我的朋友！

4 Longstreet，曾翻譯為《長街》、《窄巷》。該部影集拍攝了二季共二十三集，李小龍出演了其中的四集。

尼克森於一九六九年就任總統後，為了擺脫越南戰爭的泥沼，改變當時蘇攻美守的戰略態勢，決定與中國改善關係。一九七一年四月間，美國白宮發言人在新聞發佈會上表示，尼克森希望有一天能訪問中國。於是，中方順水推舟，邀請正在日本名古屋參加第三十一屆世界乒乓球錦標賽的美國乒乓球隊訪華。這就是著名的「乒乓外交」。隨後的七月，基辛格在訪問巴基斯坦期間祕密訪華，為來年尼克森的破冰之旅做了鋪墊。

商人們的政治嗅覺總是比政客們敏銳得多，行動也迅速得多。就在李小龍拿到《盲人追兇》劇本後不久，本已束之高閣的《無音簫》又被華納公司提上了議事日程。這可真是太戲劇化了，不久前的李小龍不但沒戲拍，還處於破產的邊緣，現在居然處處浮現「救命稻草」，莫非真是「柳暗花明又一村」？不管怎麼樣，李小龍的處境正在變好，這是處於人生最低谷的他最需要的變化。

劉亮華在遊說完鄭佩佩後，又與李小龍進行了洽談。雖然李小龍去年在港時期就聽說過嘉禾公司，只知道是一家創建不久的小公司，但是他覺得嘉禾公司起碼表現出了足夠的誠意。加上劉亮華過人的口才，李小龍便口頭答應與嘉禾公司簽約，並去電影院看了多部香港出產的武俠片，看後大失所望。

這太可怕了。所有人時時刻刻都在打鬥，更糟糕的是，他們連打鬥的方法都一樣。當你捲入一場爭鬥中，每個人的反應都是不一樣的。這些電影都太膚淺、太單調了。

幸福來得太突然，面對如此多的選擇，李小龍開始拿不定主意了：是繼續留在美國發展，還是去香港？雖然反復權衡利弊，還是舉棋不定。於是，李小龍開車前往拉斯維加斯，花了四十美元拜訪了一位占星家，這位據說占卜準確度極高的占星家告訴李小龍，他將會成為東方的大明星。

雖然因為印度之行與科本有點不愉快，但在斯特林的調解下，兩人很快就冰釋前嫌。在與李小龍談到未來的發展，尤其是《武士》影集的時候，科本強烈反對，認為李小龍繼續待在美國拍電視劇純屬浪費才華。況且，《盲人追兇》第一季只有十三集，不值得為這麼一部電視劇拼命。他力勸李小龍回香港發展，至少在那裡，李小龍有足夠的空間一展身手。李小龍又去拜訪了弗雷德．溫楚布，後者也給出了一樣的建議。

《無音簫》再次洽談無果，《武士》影集更是早就沒有希望，派拉蒙對是否與李小龍進行長期合作的態度頗為曖昧。基於以上種種原因，六月二十八日，正在與詹姆斯．法蘭西斯科斯拍攝《盲人追兇》的李小龍收到嘉禾公司用航空信寄來的正式合約，遂果斷簽約。合約商定，他將為嘉禾公司出演兩部電影：《唐山大兄》與《大俠霍元甲》，每部片酬七千五百美元[5]。

5　按照合約，李小龍除拿到《唐山大兄》的七千五百美元，第二部《大俠霍元甲》的片酬只能拿到三分之一。當兩部片全部拍完後，才能拿到剩餘五千美元。而這張一萬美元的支票除了償還帳單，還有一部分要還給自己的朋友們。李小龍動身回香港拍戲時，在變賣了跑車，還了部分欠款後，只剩下五十美元。

在離開美國之前，李小龍與嚴鏡海、水戶上原一起共進午餐，歡聲笑語中也難掩一絲不舍之情。不過想到李小龍將會在香港開闢出一片屬於自己的新天地，已身患重病的嚴鏡海也由衷地為李小龍感到高興。

《唐山大兄》

按照合約約定，李小龍於七月十二日動身飛赴香港。就在出發前三天，李小龍接到坦納邦的電話，稱將為其量身打造一部電視劇，還準備讓他在《盲人追兇》中出演輪換角色，這樣的好消息連李小龍自己都覺得不可思議！

早些時候，曾有消息傳出，導演張曾澤有意帶著劇本《紅鬍子》投奔嘉禾公司，結果卻轉投了邵氏。鄒文懷為了避免同樣的事件重演，防止李小龍在香港被其他公司半路「截和」，要求他不要做太多逗留，即刻飛往泰國，與已在曼谷的外景隊會合，李小龍一口答應。

幾經輾轉，李小龍來到了曼谷北部一個叫作北沖（也譯作巴沖、柏莊）的落後小村莊。在交通不便的北沖，李小龍與匆匆趕來的鄒文懷見了面，兩人握了手後，他滿懷信心地斷言：「看著吧，我會成為世界上最偉大的中國明星。」李小龍出此豪言並非無的放矢。那時的香港電影注重數量，不求品質，刀劍片氾濫，實打實、拳拳到肉的徒手格鬥電影幾乎不存在。而現在，李小龍就在拍徒手格鬥的電影，這真是一個千載難逢的好機會。

之後，李小龍與早他幾天到達的劉亮華以及稍後趕來的女主角衣依、田俊等人隨同外景隊人員尋找合適的拍攝場地。在拍戲過程中，李小龍也對剛拍完處女作《追擊》的衣依倍加照顧，經常指點她的演技並給出一些建議，還教她練武，等到影片拍竣，衣依的身手也有所長進。

嘉禾公司和李小龍簽約的消息在香港傳開了，邵氏震驚之餘也甚是後悔。此時的邵氏也顧不上什麼面子，急急打電話聯繫李小龍，想方設法地要把他從嘉禾公司的手裡搶過來。其他的東南亞片商們也聞風而動，通過各種方法聯繫李小龍，甚至有一家臺灣公司許諾將支付比嘉禾公司更高的薪酬，讓李小龍撕毀與嘉禾公司簽訂的合約，並承諾為其承擔一切法律後果。但李小龍一諾千金，白天依舊為嘉禾公司賣力拍攝《唐山大兄》，晚上在悶熱、到處是蚊子和蟑螂的北沖新灣仔酒店給琳達寫信訴衷腸。

北沖這個極為落後原始的小村莊，什麼都沒有：沒有娛樂，沒有電話……劇組的安排也是一切從簡：沒有特別更衣室，沒有化妝間，沒有給李小龍一個好萊塢明星應有

《唐山大兄》劇照（拍攝於 1971 年）

的待遇，大家坐在一起吃飯，住在一樣條件極差的旅館裡……這讓習慣了美國標準的李小龍很不適應。最讓人無法接受的是，這裡的飲食也成問題，別說沒有肉了，即便有，做出來的牛排也硬得像鐵板一樣難以下嚥。這讓他更想念家人和琳達的廚藝。在將支票寄回美國支付已堆積如山的帳單時，他在隨後的數封信中向琳達訴苦：

這村子裡沒有啤酒，雞肉和豬肉也很少見，我真希望有你在我身邊，因為我十分想念你和孩子。這個村子太破了，不像家裡……我到泰國拍攝外景地已經十五天了，但彷彿已經在這裡生活了一年！這裡沒有肉，我只好吃午餐肉罐頭，幸好我帶來了維生素。我十分想念你，但你和孩子無法待在這裡，這個小村子很貧困，物品也很匱乏……明天還要拍打戲，整天拍打戲，真累啊……我真想離開這裡去曼谷，至少那裡情況要好一些，那時我可以飛到香港，為你和孩子的到來做一些必要的準備——我太想見到你和孩子了。

雖然鄒文懷也不敢保證李小龍這位「外援」能給自己帶來多大的幫助，但是依舊抱著「賭一把」的心理，讓劇組以明星的標準，給李小龍配備了專用化妝師、休息椅、甚至是專用面紙，更將該片定為該年主要製作。而在導演問題上，嘉禾公司決定讓演員出身的吳家驤執導。吳家驤名氣不大，脾氣不小。在轉行做導演後，拍攝的也大多是文藝片，由他來執導一部動作片，後果可想而知。開拍第一天，李小龍就因為拍片的理念問題與他進行過激烈的爭論，甚至認為他的導演手法非常業餘，影片的拍攝就此陷入了僵局。劉亮華見勢不妙，趕緊打電話回公司彙報情況。嘉禾公司為顧全大局，讓何冠昌將正準備為《鬼流星》做宣傳的羅維火速調往北沖，替換吳家驤。

雖然李小龍認為羅維的水準也一般，但整體上還是要比不靠譜的吳家驤強不少。不過，讓李小龍很不開心的還是羅維那霸道的性格。兩人都是火爆脾氣，且快人快語。曾有香港媒體稱羅維「性格天真」，李小龍與之相比也是半斤八兩。羅維很不喜歡李小龍的美式思維和作風，尤其是勾動食指，大聲叫著他的名字，好像在叫一條狗一樣，這讓羅維覺得李小龍很不尊重他。而即便是李小龍就事論事地對導演的拍片方式有所微詞，並發表自己的意見或建議，或對某些戲份說出自己的想法，也會被羅維視為挑戰導演的威信與權力。拍攝期間，李小龍幾乎是每事必問，於是羅維給他起了個「點解龍」（「點解」，粵語，「為什麼」的意思，意思就是什麼事都要問）的綽號。

作為被高薪聘請、有著好萊塢演藝背景的華裔演員，本就有著深厚的演藝資歷的李小龍說話自然有一定分量。於是，李小龍很快就掌控了打戲的編排，教演員們如何在鏡頭前進行正確的武打表演。劇組還聘請了幾位當地的泰國武師來扮演那些負面角色。雖然武術指導是韓英傑[6]，但是李小龍也設計了一些打鬥場面，而這些泰國拳師不聽李小龍的，李小龍與其中一位演員小試身手後，這些傢伙馬上就老實了，乖乖跟著李小龍拍戲。李小龍後來才知道，和他試手的那位泰國演員就是自己去看的蠅量級泰拳挑戰賽冠軍。

雖然演員表上的正牌武術指導是扮演片中大反派的韓英傑，但他和李小龍之間的合作確實相當融洽。拍片時，李小龍重腿誤傷韓英傑面部，便被媒體渲染為「公報私仇」，但兩人卻因此成為好友。羅維作為導演，對武戲有自己的見解，他與李小龍有一些分歧也屬正常，但他們的矛盾被某些媒體肆意誇大，進一步渲染為「羅李交惡」。而衣依的看法非常客觀：

6　韓英傑，上海人，是成龍師傅于占元的女婿，於素秋姐姐於素春的丈夫。

李小龍工作態度是非常認真的，他會一再地與羅維導演爭吵，說片中的打鬥場面不應該打得那麼多，打得太多會「死人」的！不過，當他看過試片之後，發覺打得太少了，他會願意在某些地方補拍若干鏡頭，在真理面前，他願意屈服。

李小龍也坦然承認，在拍片過程中，他和導演羅維曾發生過爭執，不過大家的出發點都是為了拍出好片。雙方的意見很容易獲得統一。

嘉禾公司在拍攝了幾部沿襲著邵氏武打風格的影片後，一種手法較為細膩，很會烘托氣氛，打鬥明快簡潔的新型武俠片在羅維的執導下成型，代表作為《鬼流星》。該片上映後，票房出奇的好。於是，苗可秀帶著嘉禾公司囑託的任務飛赴泰國，將喜訊告訴羅維，順便度假。考慮到苗可秀從出道以來便擁有的超高人氣，羅維便順便讓她在《唐山大兄》一片中客串了一個只有幾場戲的賣冰女角色。

短暫的磨合期後，李小龍開始與羅維和劇組有了較好的默契，拍攝進度也開始加快。拍攝間隙，李小龍會為劇組人員施展他從賽伯靈那學來的理髮技術，或是為大家按摩，減緩拍戲所帶來的疲勞。他還會把韓英傑和衣依叫到他的房裡欣賞自己買的新衣服。令人意外的是，衣依和李小龍褲子的腰身尺碼是一樣的，於是以後從裁縫處定制喇叭褲時，只要一個人去量尺寸就行了。

忍受著腰痛的李小龍一次不慎將一個超薄玻璃杯捏破，右手手指縫了十針；由於日夜趕戲以及飲食的問題，他瘦到了一百二十八磅（五十八公斤）；還因感冒發燒了，在拍攝一場打戲時扭傷了腳踝。不過李小龍似乎對這些並不很介意，他關心的是電影的品質。無論前景如何，品質在他心中永遠是第一位的。

北沖的外景拍完後，劇組住進了位於曼谷的酒店，一切也逐漸變得好了起來。至少，李小龍可以在酒店的點唱機上隨意點歌，用他那極具特色的低沉嗓音，旁若無人地唱著自己喜歡的歌曲，隨著音樂即興起舞。李小龍還買了一對戒指，作為結婚七周年紀念日的禮物[7]。

7 李小龍與琳達結婚時，並沒有真正屬於自己的結婚鑽戒，他一直對此愧疚於心。雖然在婚後一年，李小龍補買了戒指，但心結依然沒有解開。於是趁此機會，買了一對鑽戒，算是對那次倉促婚禮的補償。

一夜成名

派拉蒙公司看了剛拍完的《盲人追兇》後，決定為李小龍打造一部電視劇，並讓他在《盲人追兇》中飾演輪換角色，但是由於李小龍履行與嘉禾公司的合約，合作便暫告一段落。在泰國拍攝期間，派拉蒙又向李小龍提出合作要求，並允諾九月初再為其安排三場戲。但是當興致勃勃的李小龍發電報與坦納邦確認合作條件後，派拉蒙又沒有了回音，這讓他很是擔心。他並不想在香港拍很長時間的戲，他認為拍攝制度、酬勞、演員保障等各方面都成熟的好萊塢才是自己理想中的發展之地。況且，美國還有他日思夜想的家人、朋友們。

李小龍擔心與派拉蒙的洽談會像華納那樣無疾而終，嘉禾公司同樣擔心接到邵氏越洋電話的李小龍會不會隨時撕毀合約。事實上，李小龍已經預感到派拉蒙有敷衍之意，便開始考慮退守香港發展。雖然各方面無法與好萊塢相比，但至少留在香港，他在演藝事業方面的發展會比在美國更順利些。

九月三日下午三點，劇組回到香港，嘉禾公司高層及部分員工、**TVB** 部分員工前來接機。隨後，劇組在機場開了一場盛大的記者招待會。嘉禾公司自成立一年多來，如此隆重地為一部影片、一個影星召開招待會尚屬首次。數十位元中外記者到場，電視臺也出動了，可見李小龍的影響力。但是記者們的焦點只集中在李小龍一人身上，這讓導演羅維很是不滿，不久後傳出的「李小龍不懂在鏡頭前表演打戲」、「李三腳只會三腳」等謬論皆是出自這位「三百萬導演」之口。不過「李三腳」這個綽號在宣傳時收到了很好的效果。

席間，李小龍表示，他還沒有做長期留港發展的計畫，這並不是說他不喜愛中國電影，相反，如果有好的劇本，有像嘉禾公司那樣製作嚴謹的公司，他是願意為中國電影盡自己的力量的。但在美國有他多年來辛苦創下的事業，驟然放棄那是不可能的。只要香港方面開出優厚的條件，他可以考慮在香港多拍幾部電影，不排除和王羽合作的可能。

李小龍認為，美國的影視公司要他扮演的角色多為歹徒，這讓他覺得很窩囊。所以，他希望自己的電影能讓全世界認識什麼是真正的中國功夫，盡自己全力為中國武術爭一口氣。

二十分鐘的記者招待會結束後，李小龍又馬不停蹄地趕到無線電視「歡樂今宵」節目，接受主持人譚炳文的訪問。當晚，嘉禾公司為劇組一干人等在酒店接風洗塵。第二天，正在拍攝製冰廠內景的李小龍又抽空接受了ATV[8]的訪問。影片剛拍竣，李小龍已看過樣片了，當時該片尚未剪輯、配音，但李小龍已感到相當滿意，看到高興之時，他更是眉飛色舞，對著放映人員即興表演，博得大家一片掌聲。

李小龍最終與派拉蒙達成協議，再拍三集《盲人追兇》。九月六日，李小龍離開香港，回美國拍電視劇。嘉禾公司須等到他回港之後，才能開拍《精武門》。

在美拍攝期間，《盲人追兇》中的《截拳之道》部分一經播出便引起巨大反響，觀眾們對李小龍的武技和哲學思想極為嘆服之外，也非常欣賞他的演技。李小龍得知這個消息後，欣慰地對媒體說：「這是第一次有人讚美我的演技。」《截拳之道》是斯特林的心血之作，某種程度上可視為《無音簫》的電視單集濃縮版，是李小龍武學思想的集中體現。而斯特林匆忙趕製的三集劇本品質相較於《截拳之道》一集的巨大成功，則顯得有些「雞肋」。李小龍趕到時，只能機械化地按照劇本演出，確有「狗尾續貂」之嫌。但他已經顧不得這些了，幾個月來，他的心境已經起了變化，在美國出演電視劇不過是履行合約，實則他內心對《唐山大兄》的成功抱有極大期望。

8　ATV，即亞洲電視，簡稱「亞視」。於一九五七年五月二十九日正式開業，前稱麗的映聲及麗的電視，簡稱RTV。一九八二年九月二十四日起易名為亞洲電視，並一直沿用至今。

闊別幾個月，科本又和李小龍見面了，兩人寒暄幾句後，李小龍再次向他徵求未來發展方向，科本仍然堅持拍電視會「埋沒」人才的說法，建議李小龍立足香港發展。

回到加州，李小龍便迫不及待地戴上久違了的頭盔和拳套，與弟子們進行實戰練習。他的好友，琳達．帕爾默（曾是泰德．雅士利和賽．溫楚布的前妻，二〇一三年去世）拍攝了許多照片，其中的一些照片隨同李小龍那篇《將自己從傳統空手道中解放出來》的專稿一併刊登在九月號的《黑帶》雜誌上，李小龍也成了這一期的封面人物。

在李小龍拍片期間，嘉禾公司接手國泰的永華片場，更名為嘉禾公司片場。這也從一方面顯示出了公司對李小龍非常有信心，因而敢於如此大手筆拓寬業務。

十月十六日晚十點，李小龍攜妻子兒女及弟子羅伯特．貝克回到香港，當他們步出飛機的那一刻，驚訝地發現已經有大量的記者在此等候。同時，鄒文懷及全體嘉禾公司員工、蔡和平偕同 TVB 部分員工前來迎接。一群童軍知友社的童軍打著寫有「歡迎唐山大兄李小龍蒞港為香港童軍總會義映籌款」的旗幟列隊護送，閃光燈此起彼伏，場面非常隆重。這一切都讓李小龍夫婦感到了成為巨星的氣氛。李小龍隱約覺得，他就要成功了。

嘉禾公司將李小龍一家暫時安排在窩打老道山文運道二號「明德園」十四樓A座。在此居住期間，李小龍因練功器械尚未運抵，只能以與一部經常會出故障的老式電梯比快的方式來跑樓梯，以此維持基本訓練。入住後不久，從英國回來的胡奀一家也住到了李小龍家中，琳達便是從胡奀處學到了一口較為流利的粵語，還燒得一手好粵菜。但是因為不怎麼交際，所以如果不是媒體爆料，很少有人知道琳達會說粵語。

在休整了幾天後，十月二十一日，《精武門》開機。第二天，李小龍與貝克兩人應邀在「歡樂今宵」節目中亮相，搭檔表演截拳道，也是為即將拍攝的《精武門》造勢。

《唐山大兄》尚未正式上映，已有二十多家包括平時只放映歐美影片的電影院希望能獲得影片的放映權，一部影片未映先熱，實屬罕見。儘管李小龍認為這部戲拍得很好，可他還沒看過最終剪輯完的影片，因而不知觀眾會對影片作何反響。

十月二十三、二十四日，《唐山大

一九七一年十月六日，嘉禾公司迎接李小龍一行。

兄》上映特別午夜場[9]和週日早場；十月二十六日起，《唐山大兄》上映午夜場，場場爆滿。《銀河畫報》嗅到商機，迅速通過各方管道，搜集到多幅李小龍珍貴照片，於二十八日出版《李小龍特輯》，大賺了一筆。

《唐山大兄》的編劇是香港著名作家倪匡，劇中的鄭潮安確有其人，但是在拍攝中，李小龍和羅維都對劇本做了某種程度的修改。影片拍竣後，又對部分鏡頭做了刪減。

許多影評人士在觀看了《唐山大兄》後，對此片評價甚高，認為該片與一般的武俠片不同，除拳拳到肉、耳目一新的真打實鬥外，演員們通過細膩的演技刻畫出了真實可信的人性。此前，香港的武俠片雖然開始升溫，但大多數是直接模仿自日本的刀劍片，動輒缺胳膊斷腿，血肉橫飛，飛簷走壁，一點都不真實。影評家和劇院經理們認為，這部片輕輕鬆鬆破百萬票房不是問題，甚至認為，如果宣傳措施得當，票房可能達到兩百萬。

為了配合宣傳攻勢，《唐山大兄》原定於十一月四日在港推出。為了阻擊嘉禾公司，邵氏於十月二十九日上映羅維導演的《冰天俠女》，用羅維的作品相對抗，來達到

9 午夜場，是香港電影的一大特色，通常在電影正式上映前一週左右放映，用來試探觀眾口味，以便能有時間做出相應調整，是影片是否成功的風向標。

分流觀眾和票房的目的。嘉禾公司毫不示弱，十月三十一日，《唐山大兄》提前五天在全港十六家電影院正式上映，每家電影院每天上映七場，當日便收三十七萬。回憶起首映日當天的盛況，琳達仍歷歷在目。

一九七一年十月，我們到香港不久，參加了《唐山大兄》的首映會，共同經歷了一個難忘的夜晚。李小龍心情十分緊張，因為香港觀眾對新片的反響通常十分敏感。但那一晚，幾乎每位觀眾都被李小龍迷住了，他們歡呼雀躍，對李小龍佩服得五體投地。在影片放映不到兩小時的時間裡，李小龍成了電影紅星。

當我們離開劇院時，被歡呼的人群包圍了。一位美國娛樂評論家寫道：「這是李小龍拍得最成功的一部影片，也是電影史上塑造得最傑出的人物形象之一，他幾乎可與克林．伊斯威特、史提夫．麥昆和詹姆士．龐德相媲美。」

挾著前些天的特別優先午夜場、特別優先早場所帶來的三十三萬票房，《唐山大兄》三天就輕鬆過了百萬大關。因此，十一月三日晚上九點，李小龍作為主禮嘉賓，在出席海運戲院舉辦的童軍慈善籌款活動時，面對駐港英軍三軍總司令韋達中將夫婦等名人政要談話時，也顯得底氣十足。在義映典禮上，李小龍親口透露，華納催他回美國去拍《武士》影集。東南亞各地片商及組織也紛紛發來賀電，並與嘉禾公司商談購買版權事宜，這讓邵逸夫很沒面子，於是又安排六日上映《火拼》。前有「冰封」不成，後有「火拼」到底，火藥味十足。但是邵氏絕沒想到，這兩部電影在《唐山大兄》那淩厲的攻勢下，總共上映了十九天，總票房一共才收一百一十三萬，敗下陣來。而《唐山大兄》在上映十天便收得兩百五十萬的情況下，《龍門客棧》、《龍虎鬥》所創造的票房紀錄便被先後打破，甚至連《真善美》（The Sound of Music）在香港創下的票房奇蹟也一併被打破。從這部電影開始，李小龍開創了一種新式電影類型片——「功夫片」。

鄒文懷對這樣的結果自然是喜上眉梢，慶幸自己沒有看走眼，嘉禾公司也因此擺脫了邵氏的圍堵，自然一吐心中鬱氣。十一月六日晚上，嘉禾公司早早設了慶功宴，原創人馬如數出席，嘉禾公司高層均親自接待，同時貼出大量宣傳海報和劇照，為《精武門》做前期宣傳。李小龍自然是媒體的焦點所在。

影片上映後，嘉禾公司每天都能收到影迷們數以千計的來信，索要李小龍的簽名照。於是，公司印製了大量李小龍簽名照，觀眾們隨票便可獲取。

在公映的二十三天內，《唐山大兄》最終收三百一十九萬，創造了香港電影票房新紀錄。有人調侃，「李三腳」每一腳價值一百萬。「粵曲王子」鄭錦昌也順應潮流，根據此片創作了同名歌曲，深受李小龍喜愛，而該曲也在東南亞成了影片《唐山大兄》的非官方主題曲。

眼看自己回港的第一部影片便如此成功，更堅定了李小龍在香港這條「後路」上發展自己演藝事業的決心。一九七二年一月五日，李小龍將妻子及一對子女先行送回美國，處理一些瑣事，並將自己的房子以五萬七千美元賣掉，下定決心在香港發展了。

一九七一年底，他在《精武門》拍攝完畢之後，寫了一個劇本《一竹定金山》，但未能開拍。

王羽是李小龍走紅香港之前的影壇霸主，憑著《獨臂刀》系列異軍突起，獨步江湖。一九七一年，他拍攝了八部電影，都屬刀劍片，除《獨臂拳王》、《獨臂刀大戰盲俠》與《黑白道》剛過百萬外，剩餘五部的平均票房不過五十多萬，平均上映時間不過九天便下片。戲拍得太多，又一窩蜂地接連上映，加上情節過於簡單膚淺，再用心演出也變成了粗製濫造，造成了觀眾的審美疲勞，不叫座也在情理之中。這就給了一向講究影片品質的李小龍一個絕佳的驚豔亮相的機會。王羽感受到了很大的壓力，他在接受記者採訪時表示迫切希望自導自演的《獨臂拳王》能與李小龍分庭抗禮，捍衛自己的霸主寶座。

除了在印尼以莫名其妙的原因被禁映外，《唐山大兄》在羅馬、貝魯特和布宜諾斯艾利斯等海外市場也廣受歡迎。這部電影在菲律賓播映了半年之久。李小龍對記者說：「我們知道該片肯定會受歡迎，但我得承認，我真的沒想到會取得這麼大的成功。」雖然一夜成名，但他非常清醒，並將成功的原因歸於自己的妻子。

我是一個幸運的人，並不是因為我的電影在世界各地打破票房紀錄，而是因為我有一個好妻子，琳達。她非常優秀……我們彼此理解，就像一對好朋友。這樣，我們就能快樂地共度時光。我生命中最大的幸運就是遇見我妻子，而非《唐山大兄》。

樹大招風

許多跟風的製片商以為拿錢就能拉攏李小龍，這讓李小龍很是反感，他一再對媒體聲稱：

很多人找到我家，有的人還給了我一張二十萬港幣面額的支票。我問他們想要什麼，他們卻回答說，「沒什麼，這只是給你的一份禮物。」可是，我根本不認識這些人。如果突然有人給你一大筆錢，你會怎麼想？？我真想撕毀所有支票，但是我不能這樣做，因為我不知道他們到底想要什麼。當然，對於我的生活來說，錢很重要，但錢絕不能代表一切。我不知道我可以信任誰，我甚至懷疑起多年的好友。那段時間，我總是覺得別人想利用我。

他們都試圖以巨額金錢引誘我，除此以外沒別的。但是，說心裡話，我只是想公平合理地分享他們的利潤。我渴望拍一部真正的好電影。但是，很遺憾，有些製片人辜負了我的期望。實際上，我很樂意和任何人坐在一起認真地就拍攝一部高品質的電影促膝長談。

雖然《唐山大兄》成績傲人，但是當時的羅維和李小龍，都不敢居功，至少在當時，雙方面對媒體時都表現得非常謙虛，禮讓有加。羅維還對媒體聲稱，李小龍有演出喜劇的天賦。

在《唐山大兄》熱映時，美國方面多次催促李小龍回美洽談《武士》影集。與此同時，美國片商也聯繫到嘉禾公司，洽談購買《唐山大兄》版權及在美放映事宜。但是李小龍正在拍攝《精武門》，短期內沒法趕到美國，而主演《武士》是他的夢想，這讓他很是為難。在與嘉禾公司緊急磋商後，決定先趕拍他的戲份。

就在李小龍日夜趕戲之際，美國方面傳來壞消息：ABC廣播電視台不同意讓他出演。會議中，華納與ABC廣播電視台有了不小的分歧，前者力挺李小龍出演主角，而後者壓根就沒有考慮過李小龍，他們認為應該找個更為健碩的美國演員來出演主角。也有人認為，既然要表現一個亞洲人的形象，那為什麼要讓白人演員來演？還有人說，「有誰會去看一個身高不過一百七十三公分的黃皮膚小個子中國人的表演？」最後，華納還是讓步了。在這樣一場高層權力的博弈下，孤立無援的李小龍成了犧牲品，最終沒能擔任《武士》主角。

十二月七日，李小龍收到華納發來的信件，對方在信中告訴他，《武士》影集已改名為《功夫》，由白人演員大衛．卡拉丁擔綱主演。第二天下午，李小龍在參加完「第三屆國語電影週」開幕儀式後，在TVB演播廳內，接受加拿大著名節目主持人皮埃爾．伯頓的專訪時，坦承《武士》影集未被促成，同時也大度地表示，他很能理解美方這麼做的原因。這次訪談於一九七三年一月二十一日晚上九點五十分在 TVB 播放，一九九三年被重新找到，並先後被製作成多種錄影帶、DVD 發售。

《精武門》講的是一九〇八年的上海，創辦了精武體操會（後改為「精武體育會」，一般稱作「精武會」）的「津門大俠」霍元甲被日本人下毒而亡，徒弟陳真趕回上海為師報仇。霍元甲在歷史上確有其人，死亡年份為一九一〇年，但精武會歷史上沒有陳真這個人，整個故事情節更是簡單得無以復加。但正是因為虛構的人物、特殊的時代背景以及處處流露出的民族大義，使得這部影片具有極強的張力，演員們的演技得以充分發揮。

嘉禾公司對此劇非常重視，光是搭建內景就花了兩萬多港幣。除了與李小龍一同前來的羅伯特·貝克外，還專門從日本請了橋本力[10]和勝村淳[11]加盟，倪匡擔任編劇。當羅維得知昔日邵氏老友，同樣身為導演兼演員的田豐與邵氏合約期滿而不再續約，並

10 橋本力原為職業棒球手，後被發掘出來演電影。在《精武門》中扮演虹口道場「起倒流」館館長鈴木寬。

11 勝村淳，參與過大部分由勝新太郎所主演的《盲俠》系列電影中的反派，是勝新太郎的好搭檔。曾經得到過「日本健美先生」的稱號，為空手道、柔道、劍道好手。在片中飾演鈴木寬的保鏢。

欲自組公司拍片後，便立刻邀請他參演劇中「大師兄」一角。而在劇中飾演漢奸「胡翻譯」的諧星魏平澳也為該片增光不少。邵氏演員出身的羅維也在劇中客串了「羅探長」一角。

李小龍在該片中啟用了大量香港特技演員，包括當時藝名還是陳元龍的成龍，當自己空翻替身的元華，以及元彪、元奎等日後成為香港動作電影中流砥柱的一大批骨幹精英。而負責管理特技演員團隊的是洪金寶[12]。

在攝影棚的拍攝中，雖然李小龍與羅維關係也還好，拍攝間隙大家也有說有笑，但是經常看不見羅維的身影，原來他躲在一個角落聽賽馬實況，這讓李小龍很不滿意。在與羅維因工作態度及意見分歧等多番爭論後，羅維乾脆「自動交出帥印」，讓李小龍自己導演打戲，調度鏡頭。據成龍在自傳《我是誰》中回憶，他曾見到兩人為了某事爭吵得不可開交，當時李小龍面露慍色，差不多快要動手揍羅維了，此時劉亮華出面好言勸阻李小龍，李小龍看在劉亮華的面子上放了羅維一馬。當時的成龍在片中擔當日本空手道館長鈴木寬扮演者橋本力的替身。他的精彩表現，得到了李小龍的讚揚，這讓他興

12成龍、元彪等人便是眾所周知的「七小福」，均出自一代京劇大師於占元所創辦的「中國戲劇研究學院」。成龍等人在邵氏的武俠片裡做了一段時間的龍套和龍虎武師，後來遇到了已經在嘉禾公司做到了武術指導的洪金寶，便開始為嘉禾公司拍戲。

奮不已。

劇組還特意趕赴澳門的白鴿巢公園（亦稱賈梅士公園，是澳門最大的公園，也是澳門最古老的花園之二）拍攝外景，劇中的陳真將在「外灘公園」有一場打戲。在入住澳門的葡京酒店（一九七〇年落成，是澳門最大的酒店，被譽為澳門的「象徵」）後，羅維夫婦便去賭錢，李小龍對這種場合不感興趣，又無處可去，只能窩在酒店裡，點著藏香，戴著耳機聽音樂來打發時間。

片中的演員大多是演技派，許多人並不是自幼練武，如衣依、苗可秀、茅瑛等，但是也因為經過長時間的戲曲培訓而有一定的基礎，因此完成編排出的動作不成問題。除了衣依在泰國時跟著李小龍練習過一段時間外，苗可秀也在拍攝期間得到過李小龍的指點。

《精武門》拍了沒多久，嘉禾公司就將一段五分鐘長的片花在《唐山大兄》放映後加映，片中的李小龍闖進虹口道場，使出連環八腳和雙節棍，令人眼前一亮。此舉既拉高了《唐山大兄》的票房，又為《精武門》做了宣傳，可謂一石二鳥。這讓王羽壓力不小，但是李小龍處之泰然，當記者問及是否會與王羽一起拍片時，李小龍大大方方地表示「非常歡迎」。當馬來西亞精武會得知李小龍正在開拍此劇時，便邀請苗可秀於十二月十五日為該組織的金禧紀念遊藝晚會主持剪綵。

由於李小龍的影片大賣，鋒芒太露，一九七一年十一月起，一些武者如劉大川、陳永彪之流便借機向李小龍挑戰，其中以自幼練習查拳的蠅量級拳擊冠軍劉大川鬧得最厲害，他在報紙上發文，聲稱自己憑著絕招即可打敗李小龍，還指定了時間，否則「一笑置之」。媒體也是唯恐天下不亂，忙於煽風點火。但是李小龍很清楚他的目的，明確對記者表示自己不會應戰。對他來說，絕大多數挑戰者都是不夠資格的平庸之輩，而且居心不良。

那些白癡走近我，揮舞著拳頭來挑釁我和他們打上一場。你知道，這要是在幾年前，我會好好教訓他們一頓。但是現在我不能那麼做，因為這群混蛋會徑直去報社，吹噓自己是如何擊敗我的，哪怕我真的把他們揍了一頓他們也會這麼做。如果他們受到了傷害，他們就會控訴我，因為他們認為我很有錢。我無論怎麼做都贏不了他們。

李小龍在白鴿巢公園拍攝《精武門》外景打戲。

李小龍也曾就此事在電話中對弟子李愷做出如下闡述：

……如果劉大川去的不是報社，而是直接在我面前動手，那他可真的完了……你也知道過去在美國的時候，只要有人挑戰，我一定應戰，不管是黃澤民還是什麼武術名家或其他傢伙，總之任何一次挑戰，我都從沒有拒絕過。但現在面對這些事情時，我的第一反應是「我怕這個傢伙嗎？？」答案當然是「不」。於是，第二個問題——「你是否知曉他們的意圖」——答案是「一清二楚」，最後，便該做決定了——「那你準備怎樣做？？」——我的結論是「什麼也不做」，因為，什麼也不做比做些什麼顯然明智得多。

一九七二年四月底，當某報記者來到《蕩寇灘》劇組探班時，才發現劉大川已經被導演吳思遠招入麾下，參與該片的拍攝了。

由於挑戰李小龍一事被炒得沸沸揚揚，卻始終沒有一個明確的結果。而「劉大川被李小龍輕鬆打敗」的流言也逐漸大行其道。一九七二年十二月，面對記者的詢問，劉大川笑稱流言傳播時，自己正在日本遊玩，且傳回過多幅照片刊登在報紙上。至此，謠言不攻自破，歷時一年的「挑戰」鬧劇也終告收場。

精武陳真

《精武門》配音期間，曾為王羽配音的邵氏演員張佩山被請來配李小龍的臺詞，李小龍非常滿意，於是，張佩山就成了李小龍的御用配音員。不過，片中李小龍那獨特的「招牌式」嘯叫聲只能由他自己來配，因為配音演員們都覺得很怪，聽著想笑，又叫不出那種氣勢。

眼看《精武門》即將上映，邵氏將張徹導演，狄龍、姜大衛主演的《惡客》安排在《精武門》之前上映。三月九日是《惡客》映期的最後一天，香港媒體登出消息：十二家電影院的《精武門》三天預售票在一小時內便告罄。這給了邵氏一個極大的打擊。《惡客》只上映了十天，草草收了一百二十二萬就下片。十七日，集合了邵氏全部明星陣容的《水滸傳》上映，對《精武門》做再一次的堵截。

看到預售票的火爆場面，鄒文懷已經心中有底。三月二十一日，正式公映的前一日，正巧是琳達的生日，鄒文懷夫婦與多名嘉禾公司管理層、員工特意在凱悅酒店為琳達過生日。就在當天，剛從瑞士回港不久的丁珮[13]恰好也在這家酒店與朋友談論瑞士男友以及結婚的事情，鄒文懷發現了丁珮，於是便把她介紹給了李小龍夫婦認識。此後，李小龍與丁珮兩人感情開始逐漸升溫。丁珮嫌李小龍髮型太老土，便讓李小龍理了一個和自己一樣的髮型，但這件小事卻被喜歡市井八卦的港媒做了一番髮型對比，更引用一首歌曲《長髮為君剪》[14]來暗指兩人關係曖昧。

三月二十二日，在院商的多番催促下，《精武門》正式上映，十五家電影院每天連映七場。當時，報章廣告上用的宣傳標題是：「這代表了千萬觀眾的心意：中國人不可侮！中國人硬骨頭！」片中，李小龍扮演的陳真為查明師父死因而大鬧虹口道場，在

13 丁珮，原名唐美麗，原籍東北。丁珮擅長舞蹈，一九六二年參加第一期中影演員訓練班，畢業後在多部影片中擔任配角。一九六七年加入邵氏，走性感路線。現已皈依佛門，退出娛樂圈多年。

14 那首歌曲的歌詞為「長髮為君剪，短髮為君留，髮型永不變，以示長相守。倆情相繾綣，花香枕邊留，妾心已屬君，莫讓旁消瘦。往事如雲煙，常記妾心頭，緣盡情未了，來世結白首」。這首歌在一九七五年丁珮自組公司拍攝的唯一一部電影《李小龍與我》中由徐小鳳演唱，歌詞已經改動過。

幾十名空手道練習者的圍困下使出連環八腿，揮舞雙節棍[15]將這群日本武士打得潰不成軍——這也是李小龍對於自己在好萊塢備受歧視和挫敗的一次徹底宣洩。最令人印象深刻的是陳真在劇中的那句經典臺詞「中國人不是東亞病夫」，將國人心中抑鬱多年的民族情緒徹底點燃，觀眾們也不管劇中人是真實的李小龍還是虛構的陳真，一律視為民族英雄。在電影的結尾處，陳真面對呼嘯而來的子彈淩空躍起，以生命捍衛了精武門和中國人的尊嚴。觀眾們卻不願接受陳真的死，很多人都認為，民族英雄不該得到這樣的結局。對陳真之死，李小龍在接受新加坡女記者馮清蓮專訪時自有一番深刻見解。

暴力和殘殺是日常生活的一部分。你在電視上，在越南都看得到。你不能假裝它們並不存在。不過在另一方面，我認為不應該以暴力和殘殺為電影的主題。美化暴力也不是一件好事。所以在《精武門》裡，我堅持所演的角色陳真在劇終時一定要死。他殺了很多人，所以一定要償命。

倪匡多年後回憶起他所塑造的這一經典角色，並就《精武門》首映時的盛況做了如下憶述：

15 李小龍曾自學雙節棍技法，又得到過伊諾山度和美國空手道名家喬治．迪爾曼的指點，形成了自己的風格。許多觀眾及影評人說，光看李小龍舞雙節棍便已值回票價。

但話說回來，李小龍也是個正常人。當年《精武門》上映，我們一起去看首映。由於之前他已經因為《唐山大兄》而紅透香港，電影院裡的一千多名影迷一見到他都大聲地尖叫，這時候李小龍就很緊張地捉住我的手，手心不停冒汗，問我該怎麼做。我就胡亂說那你揮手啦。結果李小龍一揮手，全場影迷立即大叫起來。

大量的觀眾湧入電影院觀看這部經典之作。上映三天，票房便達到一百五十萬，五天超過兩百萬，八天就逼近三百萬大關，在《嘉禾電影》創刊號的推波助瀾下，十七天就過了四百萬，打破了《唐山大兄》的票房紀錄！最終，上映了二十九天的《精武門》以四百四十三萬票房遠超只上映了十三天的《水滸傳》的一百六十萬票房，再一次傲視群雄。《精武門》如此轟動，連國豪的同學們都要用高價來換取李小龍的照片，李小龍的魅力可見一斑！

《精武門》使李小龍成為東亞地區最有名的電影明星。在菲律賓，這部電影風靡了半年多，最後政府不得不下令，限制進口電影數量，以保護國產影片。和香港一樣，新加坡的票販子們一度將兩新元的票價炒到四十五新元。原定首映會的那天晚上，成千上萬的人湧向電影院，造成了嚴重的交通堵塞，警方不得不調集大量警力疏導交通，一星期後，才重新召開首映會。

《唐山大兄》與《精武門》都是在邵氏的圍追堵截下一次次地創造了以小博大、以弱勝強的票房奇蹟。以截拳道的理論，均屬於典型的「半路截擊、避其鋒芒、後發先

《精武門》劇照，李小龍扮演的陳真為中國人出了一口惡氣。

至」的策略，之後的每次紀錄都是擊向邵氏的一記記的重拳，且一拳比一拳更重更快，令人難以抵擋，勝利自然是水到渠成。這也說明了，幼年練過武術的鄒文懷[16]的影片發行策略與李小龍的截拳道理論有異曲同工之妙，難怪兩人會走到一起親密合作。

雖然李小龍的前兩部電影都創造了奇蹟，但是眾多媒體對李小龍放棄美國事業而回港拍片依然大惑不解，對於這些質疑，李小龍做出了以下擲地有聲、振聾發聵的回答：

……或許大家認為，國產片依然還處於艱難的發展之中，回來拍國產片，簡直就是受苦。對這問題，可不容

16 鄒文懷在接受《明報週刊》採訪時，曾透露自己年輕時因體弱而拜師黃飛鴻弟子林世榮，成為其關門弟子。

易回答，我只能說：「我是中國人，當然要盡我的一份責任！」

事實上，我是一個在美國出生的中國人，我是中國人，這是毫無疑問的。至少，我留在美國那麼多年，我是這樣看自己。而在西方人眼中，我當然是中國人。

作為一個中國人，少不了必須具備有中國人的基本條件。所謂的條件，我指的是關於文化的、感情的，以及在具體行動的表現上……我作為一個在美國出生的中國人是一個意外……但是，先父並不讓我在美國接受美式教育，在我三個月大的時候，他送我回到了他的第二故鄉——香港……在香港讀書時，我對電影產生了濃厚的興趣，而先父與已經去世的導演秦劍先生及當時的電影演員和導演們非常熟悉。這些世叔世伯們把我帶進片廠給我一些角色演出，我開始從客串演出一直到以童星身分主演粵語片。這在我一生中，可以說是很重要的，那是我第一次真正接觸到中國文化，我非常喜歡，我強烈地意識到我是其中的一分子。在那時我當然不瞭解，也不知道環境對於一個人人格和個性的形成，會有那麼巨大的影響。然而，「我是中國人」的這一概念正是在那時候萌芽的……哲學固然把我的「截拳道」帶進一個武術的新境界，而我的「截拳道」也帶我走進電影界新的領域……回香港拍片，純粹是一種對於自己國家嚮往的感情在推動。我認為這能比賺到更多的錢更問心無愧……我不敢說我有多大的成就，但是這是我電影生涯的開始。在《唐山大兄》與《精武門》的帶動下，我決定將我的一切全部奉獻給中國電影。我尋找到了一條真理：中國人永遠是中國人；我是中國人，就應該拍攝中國電影！

第六章　成名以後

協和公司

李小龍與嘉禾公司合作得非常愉快，於是又簽訂了一份再合作兩部電影的合約。但他不喜歡羅維的執導方式，覺得香港的電影制度不夠好，自己拍戲時，處處受人掣肘。他受夠了美國電影公司的反覆無常，覺得自己一直在被人耍著玩。他認為自己在香港的成功已經足以讓自己站穩腳跟，等到有機會，便可效仿克林．伊斯威特、約翰．韋恩、查理士．布朗遜，立足歐洲，重新打回好萊塢的先例，憑藉香港電影作為跳板重新進軍好萊塢。

他又將自己與史提夫．麥昆做了比較，他認為，麥昆是一名成功的演員，同時也是成功的商人，有著自己的公司。在李小龍之前，王羽也是演而優則導，一九七一年上映的《黑白道》已是其自編、自導、自演的第三部電影了。現在李小龍已經證明了自己的票房號召力無與倫比，又聽聞王羽要和鄒文懷合作開公司，於是，他在一九七一年十二月二十九日聲稱自己與鄒文懷成立「協和電影公司」也就是理所當然的事情了。李小龍還親自設計了LOGO，既像太極圖，又像電影拷貝。而鄒文懷不但允許其開公司，漲高片酬，還引進獨立製片人制度，每部片與李小龍分紅，李小龍自己也有修改劇本，挑選導演、演員的權力。總之，李小龍已經不僅僅是一名功夫片明星，還享有一個老闆應有的權力。同時，鄒文懷入股協和，成為其股東。事實上，李小龍的公司是嘉禾的子公司，也稱「衛星公司」，鄒文懷仍然是大權在握。

李小龍雖然是協和公司老闆，卻沒有半點老闆架子，植耀昌對此表示非常欽佩：

我們還是和以前一樣，每晚照樣先行做好次日工作的準備。大家各自在家中，他靜靜地躲在書房裡，揮拳踢腳，比比劃劃，挖空心思地設計好每一節、每一段連貫性的鏡頭。他每天工作到深夜，第二天清早，開著他的跑車回到片場。見到了人，他總是很客氣地打招呼、道早安，完全沒有半點架子。

為了讓自己的創業作一炮而紅，李小龍特意宴請名作家、香港風流才子倪匡，請他為自己寫劇本。席間他滔滔不絕，從故事大綱，分場，男主角的著裝、出場、動作、表情、語氣語調到配音，一口氣說了兩個小時，說完後，讓倪匡以他所說的為準編寫劇本。這讓一向自視甚高的倪匡臉上很掛不住，他沒好氣地對李小龍說：「你把什麼都說了，我沒得寫了，乾脆你自己寫吧。」氣得李小龍從椅子上跳起來要揍倪匡，虧得一旁的何冠昌勸住，這才沒有出事。冷靜下來的李小龍對自己剛才的失控行為也很懊悔，就堅持要倪匡夫婦都打他三下，結果倪匡夫婦就只好各自「打」了李小龍腹肌「三拳」，倪匡覺得李小龍的腹肌堅硬如鐵，自己手都痛。後來很多朋友聽到這個故事，都羨慕倪匡「打」過李小龍。多年後，倪匡接受採訪時也承認李小龍當年口述的劇本「故事非常好、非常有戲劇性」。

一九七二年五月號的《嘉禾電影》刊登了數張李小龍的古裝劇照，令人大吃一驚，有說這些照片是李小龍在嘉禾片場祕密為一部叫作《細鳳》的影片所拍的試妝照。李小龍在大學時就很喜歡畫各種武俠人物，形神兼備，惟妙惟肖，畫得最多的是道士和龍。在拍攝《死亡遊戲》期間，他在一張紙上畫了自己和一個老道士的頭像，希望自己能在老了之後，退出江湖，歸隱山林。

以鄒文懷的謹慎性格，若不是時機成熟，不會將這些試妝照公開。拍攝《獨臂拳王》時，他就是這麼做的。但《細鳳》始終未能開拍，只留下大量試妝照。

兩部影片成功的李小龍儼然成了超級巨星，但他執意要將自己的哲學理念和截拳道在銀幕上展現，便寫了一個高度哲學化的劇本《武道》，並一度向外宣稱該片為自己的創業作，但是隨後考慮到觀眾的鑒賞能力，便暫時將其擱置一邊。他也曾對媒體說，自己的創業作會是一部民國初年的影片，將會去韓國拍雪景，主要演員會是苗可秀、韓英傑以及他自己。根據描述，筆者認為這很可能是後來的《死亡遊戲》的最初構思。

為了開拓海外市場，鄒文懷於一九七二年一月十五日晚飛赴美國，洽談《唐山大兄》在海外的放映事宜。李小龍、王羽夫婦、羅維夫婦等人到場送機。好事的媒體都以為李小龍和王羽在一起必定火藥味十足，卻不料兩人全程英語對話，談得甚是投機，頗有英雄惜英雄的意味。同時，李小龍認為能結識王羽是生平一大快事。這讓娛樂記者們頗為失望與驚訝。

不久前，李小龍將《唐山大兄》的精彩片段製成拷貝，連同一些新聞簡報一起先後寄給了華納公司。華納高層看完後，決定為李小龍寫一個劇本。被好萊塢玩弄得樂此不疲的李小龍很是驚喜，於是他計畫在一月底去美國與華納公司商談拍片事宜，又寄了一些片段給波蘭斯基，希望能引起他的興趣，未來可以請他當導演。

一月十六日中午，即鄒文懷赴美次日，李小龍便飛赴美國，與華納公司商討劇本與拍片事宜。不過，李小龍不想再拍電視影集，提出拍電影的要求。據弗雷德·溫楚布回憶，當時李小龍與華納就某個劇本進行了討論，但是最終還是沒能談成。

為了能順利開拍創業作，在美期間，李小龍搜集、閱讀了許多與電影製作有關的書籍，還在斯特林的私人放映室內觀摩了多部經典影片。期間，他創作出了一個以美國為背景的劇本大綱《猛龍過江》。此外，他還將木村武之、嚴鏡海、伊諾山度及黃錦銘等弟子們召集到一起，明確指示他們不可用「截拳道」的名義開設武館，僅可做小規模的私人傳授，這是中國武林最為傳統的授藝、傳承方式。

李小龍回港後，委託朋友為自己在九龍幽靜處物色一棟洋房，作為自己在香港的安居之所。同時，對英文名為 Enter The Dragon 的《猛龍過江》劇本初稿進行修改[1]，並向鄒文懷提出，要苗可秀出任女主角，他自己集編、導、演、製片於一身，鄒文懷一口答應。

由於《猛龍過江》劇本修改尚需時日，嘉禾公司又同時要開拍許冠傑的《鐵拳歌手》和由李小龍、苗可秀、衣依主演的《黑夜之歌》，都由羅維執導。李小龍只得暫時將《猛龍過江》劇本放下，先籌備去日本開拍《黑夜之歌》，嘉禾公司出於「李小龍第一優先」的考慮，便將韓國導演鄭昌和的《鐵拳歌手》押後。於是，李小龍、衣依、苗可秀等人乘坐「珊瑚公主號」游輪前往日本考察外景地。看上去，如果不出意外的話，《黑夜之歌》將順利開拍。

1 此《猛龍過江》Enter the Dragon，非今日我們看到的《猛龍過江》The way of the Dragon（海外放映時稱為 Return of the Dragon），兩個劇本內容大不相同。根據資料顯示，原劇本說的是華工在美的悲慘遭遇，全劇都將在美國開拍，堪稱真正的國際級製作。但是隨著內容的改變，原來的構思已被植入《一竹定金山》劇本中去。李小龍後來將 Enter the Dragon 這個英文片名讓給了《龍爭虎鬥》。

李羅交惡

李小龍一心想著他的《猛龍過江》，從心底裡就不想和羅維合作，他覺得羅維的導演水準不但很一般，工作態度還很不認真，這讓他對自己將要出演的電影的品質很是擔心。媒體一直大肆炒作「李羅交惡」，於是在年初的新春團拜會上，滿臉絡腮鬍子的李小龍和羅維借此機會以「握手言和」、「有說有笑」的方式在媒體面前進行危機公關，以示兩人友誼甚篤。

看過《黑夜之歌》劇本的李小龍覺得劇本不稱心，需要修改，於是羅維做出了讓步，先將《黑夜之歌》易名為《冷面虎》，並讓李小龍在限定的期限內將劇本改好再來談拍片事宜。誰料李小龍卻躲回家裡，叫上植耀昌，繼續修改他的《猛龍過江》劇本，還在街上大搖大擺地開著新購置的紅色賓士 **350 SL**（牌照號 **AX6521**），把羅維和《冷面虎》晾在一邊。而等了快一個月的羅維不知道李小龍是不是想拍這部戲，也不知道什麼時候才能開拍，又無法開拍《鐵拳歌手》，左右為難的他真是急得團團轉。

曾多次奪得香港電影最佳剪輯獎的嘉禾公司剪輯師張耀宗說過，李小龍懂電影，但是不懂拍電影。儘管在美國拍戲時，李小龍已經學到了很多電影製作技巧，也在編寫

《猛龍過江》劇本期間，刻苦研讀了大量電影理論書籍，把劇本具體到了分鏡頭，但是沒有任何實際執導經驗。於是，鄒文懷從胡金銓處借來張欽鵬擔任製片，讓副導演植耀昌輔佐李小龍，又拉攏「香港彩色電影教父」西本正擔任攝影監督，班底不可謂不強大，務求使這部首次在歐洲取景的國產動作電影成為經典之作。李小龍更是一個電話，叫來弟子查克．羅禮士為自己的電影助陣。當鮑勃．沃爾得知羅禮士要去拍攝李小龍的電影，便自費買了機票，與羅禮士同機來到羅馬。李小龍對沃爾的突然出現頗為驚喜，立刻決定為他增加一個角色，並安排了足夠多的戲份。

一九七二年二月二十一日至二十八日，美國總統尼克森應邀訪華，展開中美關係的「破冰之旅」，並於二十八日在上海發表《中美上海聯合公報》，中美關係開始解凍。二月二十二日，也即尼克森訪華次日，《功夫》影集在美國播映，一經播出便大獲好評。雖然李小龍沒有演出，但是他為這部影集所做的努力是無法被抹殺的。神祕的東方國度，不可思議的打鬥場面，令「中國熱」在美國急速升溫。四月十日，接受了好萊塢某小公司委託的斯特林夫婦飛往香港，遊說李小龍在晚些時候出演《無音簫》一片。

如果在一九七〇年，華納或其他美國電影公司就這麼「明智」的話，李小龍壓根就不會來香港，或許他依然不會成為第一男主角，但是完全可以憑藉此片蜚聲國際，成為世界級的功夫片明星，那他在三年前所寫下的「明確目標」將提前全部實現。但是此一時彼一時，李小龍已是亞洲電影巨星，連續兩部影片均創出票房奇蹟，又非常看重自己的創業作，向來注重品質的他壓力實在太大。所以，除了《猛龍過江》劇本外，拒絕其他劇本或對其他劇本施以「拖」字訣也在情理之中。甚至在四月一日，李小龍夫婦還與蔡和平自行購票，來到樂宮戲院觀看潘迪華主演的新式音樂舞臺劇《白娘娘》，以此來緩解連日來的工作壓力，並對這樣一種新型的演出方式大加讚賞，稱其在好萊塢也一定能成功。

李小龍拖得起，羅維可拖不起，雖然羅維早就知道李小龍有想當導演的野心，但是當他得知李小龍居然將《冷面虎》束之高閣時，氣得暴跳如雷的他也不管三七二十一，決定讓與自己素有過節的王羽頂替李小龍出演《冷面虎》與《海員七號》。於是，鄒文懷先行飛往臺灣與王羽詳談開拍《冷面虎》事宜。經過長時間的斡旋後，王羽答應了。隨後赴臺的羅維要求王羽多演一部《海員七號》，王羽也答應了。

正在忙於修改《猛龍過江》劇本的李小龍聽聞此訊後急忙打電話質問羅維為什麼不通知他就臨陣換角，認為這種做法非常下作，這讓連破票房紀錄、正在風頭上的他很是火大，覺得被人耍了，很沒面子。從此，李小龍與羅維之間的關係由此而正式宣告決裂。雙方無論在哪遇見都不打招呼，形同陌路。

四月十九日，羅維夫婦、韓英傑等人先行由臺灣飛赴日本，為新片開拍做準備。五月一日，嘉禾公司在彌敦道的北京酒樓擺下七桌宴席，為即將赴羅馬、日本、韓國拍攝新戲的三路大軍踐行，李小龍、許冠傑等悉數出席。二日，鄭君綿、胡楓接手的新雅夜總會揭幕，即將飛赴羅馬的李小龍特意抽空出席了開幕式。晚上八點半，《盲人追兇》影集在無線電視翡翠台開播。

《猛龍過江》

五月四日晚上八點，李小龍與鄒文懷、西本正在啟德機場接受完訪問後，便率領外景隊飛赴羅馬，開拍協和公司創業作《猛龍過江》，妻子琳達、嘉禾公司導演黃楓、經理梁風、好友苗可秀等人前往機場送機。此時正在香港拍攝《四騎士》的日本動作片明星倉田保昭也特意前來為李小龍送行。作為第一部去歐洲取景拍攝的港產功夫片，成本很難控制，超支幾乎已經是板上釘釘的事，但是李小龍依然談笑風生，神情自若。原來，他早就把版權賣給了臺灣，已立於穩賺不賠之地了。在乘坐美國環球航空公司的飛機出發前，李小龍與愛妻依依不捨地吻別，並將琳達託付給小麒麟，讓他在這段時間裡多加照顧。小麒麟自然不負老友所托，悉心陪伴琳達外出購物、看電影，照顧周到。

五日，由副導演、攝影師等一行三十六人所組成的外景隊飛往日本；六日，王羽由臺灣直接飛抵日本；八日，應邀前往新加坡為「新聞皇后」加冕並小住了兩天的衣依也趕到日本與外景隊會合。

被李小龍「欽點」的苗可秀並未隨羅維與《冷面虎》劇組一同前往日本，而是於七日晚間，與植耀昌、張欽鵬及攝影助理梁希明一行四人一起從香港坐了一九個小時的飛機火速飛抵羅馬與外景隊會合。羅維只剩下一名女主角衣依獨立支撐，只得讓劉亮華緊急聯絡在港熱播的日本排球影集《青春火花》中扮演女主角「蘇由美」的岡田可愛來火速頂替。當苗可秀隨外景隊回到香港拍攝內景時，卻發現自己被港媒扣上了「忘恩負義」、「叛變」、「見風使舵」的帽子，羅維對她也是非常惱火，這讓她很是莫名。多年後，苗可秀接受採訪時談及此事，仍然無奈地表示：當時事發突然，自己只不過是聽從公司和老闆的安排而已。

那邊羅維人馬逐漸齊全，這邊李小龍和他的外景隊也迅速選定了外景地，劇組工作人員早就幫李小龍做了拍攝前的部署，組織了一個羅馬拍攝小組。苗可秀與李小龍兩隊人馬會合後休息、籌畫了二天後，於十日正式開機拍攝。

值得稱道的是，李小龍作為一名新進導演，卻表現出了足夠的成熟，這讓西本正欽佩不已：

最令我覺得意外的是李小龍根本不像個初次執導影片的新進導演。以往我指導過很多新進導演，但沒有一個人像李小龍那樣肯學習。從第一天開始，只要他站在攝影機旁邊，就像一個大行家，把事情處理得有條不紊。雖然李小龍看上去胸有成竹，其實拍攝進度非常緊張。

每天需要從早上七點工作到晚上六點，聘請了多名當地演員，拍攝大量的鏡頭。由於拍攝相關外景需要預先申請，因此，李小龍和劇組只能早早來到外景地偷拍，或趁著遊客稀少時搶拍，或讓義大利團隊協助，以其他非常規方式「協調」，著名的「古羅馬競技場」內外景也是用這樣的方式才得以攝製完成，但格鬥場面是在香港攝影棚裡完成。

拍攝期間，李小龍無意間在一本電影畫報上發現了義大利女星瑪麗莎．龍格的照片，認為她很適合出演劇中「義大利女郎」的一段裸戲，便通過義大利團隊和她的助手輾轉聯繫到了她。瑪麗莎從未聽說過李小龍，而且自出道以來所扮演的大多是女主角，並不想演這麼個小角色。但是經不住劇組的軟磨硬泡，最後還是答應了。值得一提的是，她後來的老公里卡多．比利（八年後與瑪麗莎喜結連理）便是在影片中為李小龍兌換現金的大個子銀行經理，也是義大利團隊的核心成員之一。

每天的工作一完成，李小龍和外景隊就會來到一家經營日本料理的東京餐廳聚餐。李小龍一邊用餐，一邊會和鄒文懷、西本正商討第二天的拍攝事宜。回到酒店，李小龍還會和植耀昌一起討論第二天的拍攝準備。在羅馬和佛羅倫斯，李小龍給琳達買了衣服和項鍊，給孩子們買了玩具和書包，給自己買了獵槍和長槍，以及皮衣和皮包。

苗可秀的父母與李小龍一家是世交。因為和李小龍的弟弟李振輝是年少時的玩伴、好友，苗可秀經常到訪李家，而與李小龍真正「面對面認識」是在泰國《唐山大兄》片場。拍攝《猛龍過江》時，苗可秀已是李振輝的女朋友。李小龍已有家室，且年長她不少，自然把她當妹妹看待，處處為其著想。但在媒體筆下，李小龍與苗可秀之間的任何舉動都被視為「曖昧」而傳出緋聞。苗可秀在一次採訪中道出當時情景：

李小龍與徒弟羅禮士拍攝《猛龍過江》。

> 那時的義大利製片人常常色眯眯地看我，我就和小龍講，之後他就故意在吃飯時給我夾菜，牽我

的手，在走路時也牽我的手，還搭住我肩膀，讓那製片人知難而退，可能是這樣就傳出緋聞了，不過我倆都是很爽直的人，完全沒有避忌。

一九七二年五月十八日下午三點，李小龍率領外景隊以及羅禮士、鮑勃・沃爾一起返回香港。琳達、小麒麟、鄒文懷、梁風及部分 TVB 藝人到機場接機。在隨後舉行的記者招待會上，李小龍自嘆將如此多的職務集於一身實在太累，並透露，自己的下一部戲叫作《黃面虎》，同時答應為剛成立不久的星海公司的創業作《獨霸拳王》[2]擔任義務武術顧問，並表示，他最恨被人利用，但是為了將好友小麒麟推上主角之位，寧願被利用，足見兩人情誼之深。李小龍為此還多次與星海公司談論劇本，有時修改劇本到凌晨兩三點。

第二天，李小龍帶著兩個洋徒弟來到 TVB「歡樂今宵」節目接受訪問兼為影片造勢。節目中，兩人換上空手道服裝，而羅禮士一腳便將鮑勃口中的煙踢飛，更讓觀眾們對影片中的高潮打戲寄予極大期望。

由於攝影棚內景尚未建妥，於是李小龍先帶著兩名弟子在香港遊玩，並參觀嘉

2 《獨霸拳王》後更名為《麒麟掌》。該片上映時，在未通知李小龍的情況下私自將開鏡時所拍攝的花絮加入正片，差點引發李小龍對星海公司的訴訟。最後李小龍念在多年好友面上手下留情。

禾片場。那時，由薛家燕、茅瑛、黃家達、洪金寶、池漢載、黃仁植等出演的《合氣道》[3]已開拍有些時日，李小龍便是從此次探班中將黃仁植[4]「暫借」到自己麾下，與鮑勃．沃爾一起飾演片中的空手道打手。

茅瑛在臺灣復興戲劇學校專攻刀馬旦，身手矯健，因此練起武來事半功倍。為出演《合氣道》，她與洪金寶、張翼一起去韓國，在池漢載的親自指導下練習了很長時間，並獲得了合氣道黑帶初段段位。在影片拍攝期間，池漢載大贊茅瑛有三段的實力。於是，茅瑛勤練武功，並在影片殺青後順利考取了合氣道二段。有著師傅的響亮名號與貨真價實的身手，許多影迷們紛紛來函，請求茅瑛開館授徒，教授合氣道。

在連日風雨後，李小龍才得以在新界水華山村開拍外景。期間，鄒文懷推薦了自己的朋友，美國演員喬恩．本出演劇中的義大利黑社會老闆。值得一提的是，在影片中，他所開的紅色賓士車正是李小龍的愛駕。拍攝間隙，一向閒不下來的李小龍還拿著練功設備與大家一起練武，依舊是那麼活力充沛。

3　根據當時香港報紙記載，《合氣道》於一九七二年五月九日開鏡，在此之前，茅瑛、洪金寶、張翼曾前往韓國，在池漢載的指導下練習合氣道，茅瑛更是練習了半年之久。但是拍攝時，張翼由於某些原因而退出，由同樣是從臺灣復興戲劇學校畢業的黃家達頂替。

4　黃仁植，合氣道七段，曾與多位香港動作明星出演過數部經典香港動作電影。

仿「古羅馬競技場」的內景一經完成，李小龍便與羅禮士開拍雙雄決戰的重頭戲。從影片中不難看出李小龍的詠春手法、快如閃電的腿法及效仿自拳王阿里的蝴蝶步。很多場的打戲，李小龍都是在家裡就設計好，並與琳達事先試驗過多次。

眾多扮演打手的外國演員，長期旅居香港。在拍攝期間，聶安達會彈起吉他，李小龍則會按照旋律自行編排恰恰舞步，或是唱起他最喜歡的英文歌曲，其樂融融。但由於這些演員沒有演藝基礎，李小龍不得不手把手教他們如何在鏡頭前進行表演。他還要時常給在天文臺工作的哥哥打電話，詢問天氣情況。他拍片不計成本，不管預算，拍錯再多也不會遷怒演員，直到拍到滿意為止。終於，過度勞累的他患上了傷風感冒，不由得大嘆「導演不好當，凡事親力親為實在太辛苦」。

經過一個多月的拍攝，《猛龍過江》終於殺青，旋即進入後期製作。畢竟是自己的心血結晶，李小龍對其中很多場景很難取捨，即便每天花上十幾個小時在剪輯室，進度依然很慢。在緊張的工作中，李小龍依然「無時停」：擊打拳靶、出拳踢腿、展示速度，以此放鬆自己並調節氣氛。

雖然位於金巴倫道四十一號的新居「棲鶴小築」已裝修完畢，但是在影片尚未正式沖印出來之前，李小龍並不急著考慮搬家。直到七月二十九日，才遷入這座具有日式風格的兩層別墅洋房。

進入配音階段，李小龍便利用職務之便，處處「越俎代庖」，植耀昌回憶道：

「李小龍撈過界（連別人的活也幹了）！」這句話，是配音工作人員向小龍開的玩笑。本來嘛，導演進入配音室，目的在於指示，但小龍卻不然，他處處要親力親為不可。例如，配對白時，因為戲中有一部分要配英語，特別請了一批外國人擔任，但小龍卻搶著擔任一份，配起片中的一個黑人。他說：「講英文不是很難，但要完全表達出語氣和味道，卻不是容易的。」又如配音樂那天，他的「癮」又發了，居然客串起音樂師來！也許有人會說，他只想「過過癮」，但我卻不這麼認為；相反，這些現象處處都顯示出他工作態度的認真和敢闖敢為的幹勁。

也就是在此時，進入嘉禾公司工作才三個月的安德魯．摩根從一名普通的辦公室行政火速竄升為製片人，輔佐李小龍進行影片的後期製作。

義助好友

六月十二日，李小龍與鄒文懷參加了星海公司在美麗華酒店水晶殿舉辦的《獨霸拳王》招待會暨開鏡典禮，為小麒麟與該片造勢。

十六日至十八日，香港持續連日大雨，總降雨量達六百五十二點三毫米（整個六月份降雨總量為七百九十四毫米），持續的暴雨導致山泥傾瀉，造成共一百五十六人死亡、一百一十七人受傷的嚴重災難事故。

香港人一直有著慈善捐款的傳統，社會各界熱心人士積極發揚助人精神，紛紛捐錢捐物。麗的呼聲、無線電視也不甘落後，紛紛舉辦賑災義演。無線電視臺棋高一著，於二十四日舉辦了香港電視史上首次馬拉松式直播籌款活動「無線電視籌款賑災慈善表演大會」，邀請到了全港眾多演藝明星、**TVB** 所有藝人及歌手，進行了長達十二小時的直播，共募得善款近九百萬港幣。那時，李小龍接到蔡和平的邀請電話，二話不說便從繁忙的「拍片模式」中抽身，攜妻兒在節目中亮相，並與好友胡奀、愛子小國豪做武術表演。當晚，小國豪一腳踢碎兩塊木板，令人嘆為觀止，更令主持人劉家傑讚嘆「虎父無犬子」。不僅如此，李小龍還捐款一萬港幣，可謂出錢出力，贏得媒體讚譽一片[5]。

較晚得到消息的中國中國紅十字會，也於二十九日發電報給香港紅十字會、港九工會聯合會與香港中華總商會，對受災的香港同胞表示慰問，同時捐款兩百萬元人民幣。次日，港九工會聯合會與香港中華總商會接報後，於下午四時舉行聯席會議，並覆電中國中國紅十字會，代表香港此次受災同胞表示感謝。同時，迅速派出代表成立工作組，負責辦理有關慰問及款項發放工作。

由於受到「六一八雨災」的影響，易名為《麒麟掌》的《獨霸拳王》在李小龍的極力斡旋下，才於七月二十六日借嘉禾片場正式開機。除倉田保昭外，池漢載、黃仁植師徒也在鄒文懷和李小龍的勸說下簽約星海公司，加入該片的拍攝。從接受義務武打顧問、影片改名，到拉攏來這麼多有真功夫的國際武壇頂尖高手，尤其是在開鏡時，李小龍寧願做出一副被小麒麟打的樣子，並被拍攝下來。這一切都是為了讓小麒麟能夠順利當上男主角，讓他擺脫這些年來不溫不火的演藝事業狀況。對好友所做的這一切，李小

5 據一九七二年六月二十九日的《香港工商日報》報導，表演當晚，李小龍曾與琳達做武術示範表演，報導同時指出，琳達也身手不凡，出拳呼呼生風，造詣頗深。但是迄今為止，尚未發現任何琳達在此次表演中做示範的照片。而在中國網站上現今能找到的唯一一段當時表演視頻介紹，長達二分五七秒，卻絲毫不見李小龍一家人的影子，旁白也隻字未提。而據蔡和平在訪談中及本人當面交談中指出，幾乎所有李小龍參與錄製 TVB 節目的錄影已被無腦下屬白白洗掉。若此言屬實，那我們看到的當晚節目片段應為「殘本」。

龍可謂用心良苦。開鏡當日，李小龍和丁珮還親手為小麒麟梳理髮型、化妝。有了李小龍的慷慨相助，本來資質平平的《麒麟掌》獲得了不錯的成績，星海公司也自然大賺了一筆。

七月下旬，嚴鏡海病情加重，已瀕臨破產的他不得不寫信請求李小龍重新刊印《基本中國拳法》，想以此來緩解財政危機。但是李小龍並不知道當時嚴鏡海的病情有多嚴重，以為他只是單純的想要借此謀利便斷然拒絕。除寫信給水戶上原，通知其不得刊印此書外，還在信中將嚴鏡海斥責了一番。他覺得那本書過於簡陋粗淺，是自己的不成熟作品，不適合出版。嚴鏡海也並沒有做任何辯解，只是默默承受。當然，李小龍也給嚴鏡海匯去了一些錢，以做應急之用。不久後，李小龍終於同意將《詠春功夫》出版，作者署名為嚴鏡海，自己只是掛個「技術顧問」的頭銜。值得一提的是，書中的部分技術動作有「身法側偏」的特點，或有可能借鑒了梁贊晚年創立的偏身詠春。

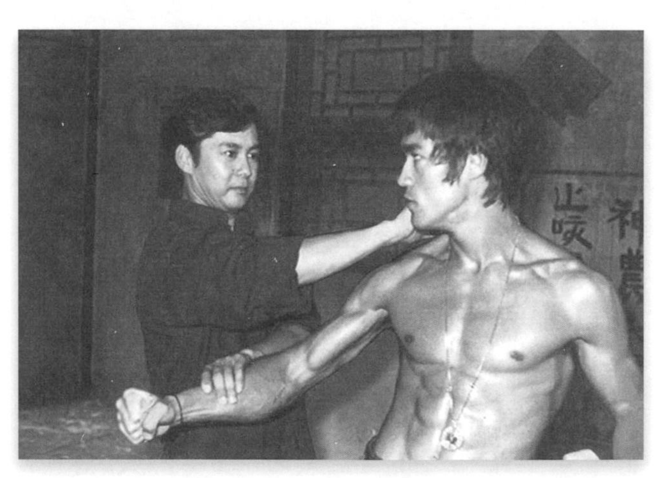

李小龍為好友小麒麟主演的《麒麟掌》做動作指導。

為了加強該書的權威性，還特地將葉問贈予嚴鏡海的親筆簽名照片刊登在醒目位置。九月號的《黑帶》雜誌在《詠春功夫》面世後第一時間便摘取了其中部分內容刊登在雜誌上。當時的側欄寫道：

《詠春功夫》作者嚴鏡海現在病得很重，不過我們都希望他能儘快康復。他的新書是在美國出版的第一本詠春拳專著……。

《死亡遊戲》

英國攝製的彩色紀錄片《尼克森訪問中國》於一九七二年七月十六日起在香港上映午夜場，場場爆滿。就在此時，李小龍又接到了華納邀請他拍片的通知，他提出了自己的要求：劇本要為自己量身定制，並且一定要是第一男主角。

在等待華納回覆的這段日子裡，李小龍在家修改了《黃面虎》（後改名為《死亡的遊戲》。一九七八年，上映的「補拍版」更名為《死亡遊戲》，後統稱《死亡遊戲》）、《南拳北腿》等幾個劇本，最後決定開拍《死亡遊戲》，並開始尋找合適的演員。他的名單裡有楊斯、黃仁植、田俊等人。在野外進行祕密試鏡時，曾留下大量與伊諾山度、林正英、元華、陳會毅、胡奀等人在新界的山上預先排練的照片和一些電影試鏡片段。

邀請不同的世界知名武術家或運動員參與拍攝——李小龍對此非常有信心，他認為：有了這個獨創性構思，誰都覺得該片將會成為一部經典的動作電影。李小龍將在影片中穿著黃色連身戰衣，邊進行打鬥，邊指出該門派的弊端，最後將對手打敗。這已屬於武道哲學範疇，確切地說，應該算是「武道片」而不是「功夫片」。

故事講的是李小龍所飾演的武術家海天，因妹妹被綁架，不得不與其他武術家合作，一起去一座五層（也有七層、九層及十層之說）的寶塔上闖關，每層都有一名武術家看守。通關時，李小龍將得到一件寶物。但是李小龍一直都無法確定這件寶物應該是什麼[6]。

劇本尚未完全成型，李小龍卻心血來潮地對許多演員如苗可秀、金山、茅瑛、邵音音、丁珮等人早早許以定金或做出口頭承諾，只待他的通知便可隨時加入拍攝。但是

6　寶物為何？曾傳出如下版本：①李小龍得到的是一個錦盒，盒子裡是一張紙條，上面寫著：「生是一個等待死亡的過程。」②盒內裝著一面鏡子，照出的是李小龍自己，頗有禪宗「明心見性」之意。

這些演員直到李小龍去世都未能參與演出，不得不說是一大遺憾。但令人意外的是，李俊九居然沒有收到李小龍參演此片的邀請。

毫無疑問，苗可秀是李小龍心中《死亡遊戲》女主角的首選。不過苗可秀為了讓自己及時抽離之前因為拍《猛龍過江》而引發的「是非、緋聞」而婉拒了邀請，轉而去臺灣拍了文藝片《心蘭的故事》。

正在李小龍埋頭編寫劇本時，八月十二日，他收到了一份意外的禮物：一塊由《黑帶》雜誌頒發的一九七二年度名人堂紀念盾[7]。這讓李小龍很開心，也有些手足無措，但他始終保持頭腦清醒。

在看完你所寫的有關我的文章後，我百感交集。對許多人來說，「成功」這個詞看上去恍若仙境般不可觸及，而我現在就身處成功之中，這沒什麼大不了，但是周邊的環境看上去很是複雜，我的直覺指引著我向著簡單且有著個人隱私的生活而前進……無論我是否喜歡這塊紀念盾，環境始終是強加在我身上的。作為一個格鬥家，我的內心在一開始會有所抵觸，但是很快我便認識到我不需要所謂的內在干擾與不必要的衝突（以避免無謂的消耗）；相反，要集中全部的精力，進行重新調整並充分利用……某種程度上

7　《黑帶》雜誌於一九六八年起開設「名人堂」，從那時起至一九七一年，李小龍的朋友西崗、羅禮士、謝華亮、李俊九、麥克．斯通等人皆曾入選過。李小龍則是與其他六名武術家一同入選，故坊間傳出「李小龍入選七大武術家」的說法。

來說，我很高興我能得到這種榮譽，而我擁有成熟的心態，對此已做好了準備，「自吹自擂」及「被幻覺所蒙蔽」的現象就絕不會在我身上出現。我已經準備好了……畢竟，名譽與財富是人為製造出來的騙局和幻象。所以，去他的名利吧，我嘗試著鎮定自若地向著目標堅定不移地前進。

八月十七日，回歸邵氏的李翰祥推出了由狄娜、許冠文、何莉莉等主演的《大軍閥》，在二十一天的時間裡狂捲三百四十六萬港幣，雖不及《精武門》，卻也打破了《唐山大兄》的票房紀錄，位居一九七二年度香港票房第三名。這是許冠文的第一部電影，狄娜也借此「一脫成名」，成為「性感女神」。值得注意的是，這部影片上映時，嘉禾公司並未推出任何影片，市面上同期放映的影片票房超過三十萬的也不過四、五部，更多的是在二十萬至三十萬左右徘徊，完全不是《大軍閥》的對手。可以說，邵氏是借著這段時間市場的暫時低迷打了一個漂亮的時間差，撿了個便宜。不過，這也給嘉禾公司和李小龍敲了個不大不小的警鐘。此時，《猛龍過江》已完成後期配音，預計在年底上映。配上了英語的《精武門》拷貝，也引起了英、法、義、美等國的極大興趣，紛紛與嘉禾公司洽談海外版權。

一九七一年，拳王阿里與 NBA 中鋒張伯倫在經紀人的撮合下準備在當年三月來一次「世紀大戰」，張伯倫為此還特地聘請了拳擊教練。但是隨著阿里在拳王衛冕戰中敗給了喬．弗雷澤，張伯倫也喪失了興趣，這場極具噱頭的比賽也就不了了之了。

關注體壇動態的李小龍當然知道這件事情，在編寫劇本時自然就浮現出這個念頭。不同的是，他邀請的不是張伯倫，而是愛徒賈霸。九月初，《死亡遊戲》在嘉禾A號攝影棚祕密開機，李小龍給賈霸打了個電話，賈霸便二話不說，專程飛到香港。在六天的拍攝期間，為了保持神祕性，也是考慮到賈霸的感受，攝影棚一直掛著「新人試鏡」的牌子，不允許閒人入內，還請了私人衛隊把守大門，未經允許，不得進入。攝影還是交給西本正來掌舵。賈霸在這六天裡，被香港那催命般的拍片制度和李小龍的完美主義折騰得精疲力竭。

除了賈霸之外，伊諾山度、池漢載也同樣被折磨得苦不堪言，更要命的是，當時是以單機拍攝，這使得拍攝進度極為

李小龍在《死亡遊戲》拍攝現場，左為賈霸。

緩慢。李小龍又是個完美主義者，一個鏡頭常常 NG 數遍。就拿伊諾山度被李小龍踢倒這個鏡頭來說，伊諾山度就結結實實地摔了很多次，以至於回到美國時，女兒戴安娜都看出來父親背部的傷勢不輕。而池漢載則是在很短的時間內（一說三天）就完成了拍攝，但是李小龍似乎對池漢載的演技或戲份並不是很滿意，在徵得本人同意後，對其戲份做了一定的刪減[8]。

根據對楊斯的採訪和相關圖片證明，在此期間，李小龍的確邀請了楊斯和邵氏演員鄭雷為「雲斯頓」香菸拍了一則廣告，在此之前，李小龍從未為任何公司拍攝過廣告。但雲斯頓煙草公司聲稱沒有保存任何相關宣傳片段，也拒絕查證。

為了這部電影，李小龍可謂傾盡心力。九月的香港悶熱潮濕，即便在有著電風扇的攝影棚裡，也依然令人煩躁不安，李小龍追求事事完美，有時甚至幾近癲狂。據苗可秀回憶：

……拍完了《猛龍過江》後，開始拍《死亡遊戲》和《龍爭虎鬥》的時候，我便感到他似乎有些變了，以前的他，心情開朗，與人談話，也喜歡講道理。從《死亡遊戲》開始，他的性情似乎變得暴躁起來，也變得孤僻起來。這種現象，在拍《龍爭虎鬥》時

8　池漢載在三天內便完成拍攝，悄無聲息地離開香港，確實蹊蹺。他在接受的為數不多的訪談中對此事也是絕口不提。雖然說法不一，但是筆者個人認為，原因與池漢載的特殊身分——前韓國總統朴槿惠之父朴正熙的私人保鏢以及青瓦台總統府的保鏢總頭目有一定的關係。

更加明顯。

在此片拍攝前後，李小龍還請植耀昌找到著名編劇譚婷，為其寫一部名為《細鳳》的文藝片。也就是在此期間，鄭昌和寫了一個劇本《大戰黑豹》，李小龍看了很滿意，準備在《死亡遊戲》拍完後就開拍此片。

從李小龍遺留下的《死亡遊戲》草圖上看，寶塔內的守關高手除了伊諾山度、池漢載、黃仁植幾人的名字外，尚有幾層人選未定。於是他想到了遠在西雅圖的木村武之。於是，他在六天的時間裡連續給木村寫了三封信，請他出演鎮守寶塔的螳螂拳高手，還在信裡夾了機票。但是木村以自己不適合出演這個角色，會在鏡頭前顯得笨手笨腳為由婉拒了。回憶起當時的情景，木村說：

李小龍曾經邀請我在《死亡遊戲》中出演一個功夫大師，守在寶塔第五層。我告訴他：「這一部分找香港人來做，一定會比我做得更好——我只要分享你們的成功就可以了。」小龍卻熱情洋溢地回答：「聽著，兄弟，我們將會獲得巨大的成功！」聽到電話那端他那活力充沛的聲音是著實令人十分興奮的。坦率來說，我真希望自己可以欣然接受這個千載難逢的機會。但是我知道自己的侷限，而且知道他所要求現場瞬間的那種反應，那是我做不到的。所以簡單來講，即使現在，我也會繼續要求他選擇其他更適合的人來完成這個角色。

木村是超市老闆，過幾天就是十月，正值生意旺季，又接連遇上家庭變故，沒心思來拍戲，加上對自己的武技有自知之明，所以拒絕李小龍的邀請合乎情理。但在李小龍的一再邀請下，木村還是答應了。就在他收拾行李準備來港時，李小龍因為與華納商討合拍《龍爭虎鬥》一片而將《死亡遊戲》多次延期並中斷拍攝。而當李小龍準備重啟《死亡遊戲》時，卻不幸撒手人寰，最終木村也未能在影片中出演任何角色。

簽約華納

當弗雷德把影片在比佛利山莊泰德的私人宅邸放映後，泰德終於相信李小龍將成為國際巨星。於是，他便安排弗雷德·溫楚布去香港與李小龍、鄒文懷洽談合作拍片事宜。

九月二十八日，當弗雷德·溫楚布和他的女秘書在鄒文懷的陪同下見到正在與伊諾山度拍戲的李小龍時，李小龍顯得很興奮，也很活躍。他有預感，自己終將會在好萊塢打開一片屬於自己的天地。但他覺得自己應該把影片完成後再去美國洽談合作事項。

弗雷德在香港住了很長一段時間，鄒文懷始終全程陪同，兩人一直在對即將開拍的影片的發行權進行談判，但遲遲談不攏。他看得出來，鄒文懷很是不安。因為如果沒有李小龍，嘉禾公司就無法生存，李小龍就是鄒文懷的救命稻草和搖錢樹，是嘉禾公司的核心人物，所以鄒文懷絕不會讓李小龍離開香港。

在香港的最後一天晚上，弗雷德與李小龍、鄒文懷在一家日本餐館內進行最後的談判。孤注一擲的弗雷德對李小龍使出了激將法：「雖然我知道你是香港的超級巨星，但是很抱歉，看上去你還沒有準備好成為一名國際巨星。」保羅．海勒曾評價說，他從未見過有人像李小龍那樣迫切地想成為好萊塢明星。最後，李小龍看著鄒文懷，只說了兩個字「成交」，鄒文懷只能很不情願地同意了這

李小龍與弗雷德．溫楚布會面。

筆交易。不久後，李小龍暫停了《死亡遊戲》的拍攝，與鄒文懷一起飛往美國，與華納公司做進一步的洽談。

李小龍抵達美國後，華納公司便安排他住進比佛利山莊豪華五星級酒店。麥昆得知消息後匆匆趕來，但並未見到李小龍，於是留下字條，勸誡李小龍切勿被成功沖昏頭腦。李小龍去見了斯特林，斯特林原以為李小龍見到他會非常高興，但是沒想到李小龍仍然對那次印度之行耿耿於懷。期間，李小龍還特意抽空趕赴奧克蘭看望嚴鏡海。當水戶上原來到飯店與李小龍會面並問及嚴鏡海近況時，得知嚴鏡海真實病情的李小龍當時心情很差，他對水戶上原說：

他看上去糟透了，瘦得皮包骨頭。可憐的傢伙，他告訴我他得了肺癌。他也知道自己活不了多久了。

該死的，我應該趕快弄些錢來，或許這樣能挽救他的生命。鏡海從未去過東亞，我覺得我至少可以為他完成這個心願。如果醫生允許，他應該在香港過耶誕節。你知道，我很喜歡和他在一起，但是我不知道能抽出多少時間陪他。我太忙了，幾乎連睡覺的時間也沒有。有時我（每天）只睡三個小時。所以我瘦了這麼多。

有另外一個問題在困擾著我——如果他死在香港怎麼辦？朋友，我如何把他的遺體運回美國？我又要面對那些該死的繁文縟節。我哪來的時間？

最困難的是，我要向如此親密的朋友告別，而這是我最後一次見到他了。想想吧，在那天之後，我將永遠也見不到他了。朋友，我真的不知道該如何承受這一切。現在我真的很痛苦……我極不願意面對那天的到來。

在洽談期間，臺灣金馬獎評選出了一九七二年度各獎項，嘉禾公司的《精武門》得到了「優等劇情片」、「最佳剪輯」獎，李小龍也因此片得到了「最佳特別技藝獎」。由於身在美國，該獎項便由隨嘉禾公司代表團一同飛赴臺灣的苗可秀代為領取。

鄒文懷其實是很不願意李小龍成為國際巨星的，那意味著他將失去對他的控制。據說，他在邵氏工作時，從不看任何文件，頗有些「無為而治」的意味。但是對於李小龍那種強烈的要進軍國際市場的態度，就不能熟視無睹了。但他不能對李小龍說不，也無法阻擋李小龍成為國際巨星，所以利用李小龍對劇本要求極為苛刻的性格，採用「拖」字訣，也是無奈下的權宜之計。

李小龍看過劇本後，不是很滿意，覺得層次感不夠，要求華納方面對此進行修改。雖然華納同意由李小龍出演男一號，但是由於對劇本的嚴格要求，所以當李小龍回港時，雙方仍未簽約。

一九七二年十一月七日，《精武門》在紐約上映。這是嘉禾公司第一部在美國發行的李小龍電影。

沒能與華納簽約、好友時日無多，自己還要為《猛龍過江》安排檔期、做宣傳，這些事情都讓李小龍身心俱疲。讓他更為難的是，他不得不看在好友蔡和平的面子上參加TVB五周年台慶，並在事先安排下，藏在一個巨型道具蛋糕裡，當他走出來時，確確實實給了大家一個大大的驚喜。而當他強作歡笑錄製節目時，又有誰瞭解他此時內心的煩悶？

乘著「中國熱」的東風，港產影片開始在國外走紅。一九七二年十一月二十二日，邵氏公司所攝製的《鍾馗娘子》在法國上映，據當時報導記載電影很賣座，造成了法國電影市場的一股「中國電影熱」。同時，英國一份權威的電影雜誌也以專文形式介紹了邵氏三部二十世紀六〇年代舊作：《妲己》、《毒龍潭》和《餓狼谷》。

二十三日，華納寄來合約，同意與李小龍合拍《血與鋼》（Blood and Steel），該片將由美國華納公司與香港協和公司合拍，初定於一九七三年一月六日開拍，李小龍在各個方面都有著最終決定權。此時，李小龍終於心滿意足地在合約上簽了字，並開始和華納商量具體拍攝事宜，並準備為《猛龍過江》上映做宣傳工作。

道德陷阱

十二月一日，《唐山大兄》在加拿大上映。同日，罹患咽喉癌和長期胃病的葉問宗師於通菜街怡輝大廈居所內仙逝。得知消息的徒子徒孫們急忙彙聚到一起組成治喪委員會，由鄧生擔任主任委員，並於四日刊發訃告，聲稱將於次日舉行大殮。蹊蹺的是，李小龍在大殮那天並未露面，連花圈都不曾送來，而身為李小龍師侄、葉問徒孫的邵氏影星狄龍反倒與詠春門人，其他武術界前輩們一同現身，不免引起各界諸多揣測。媒體也乘機大做文章。

有人說，李小龍忙著拍戲賺錢；有人說，創立了截拳道的李小龍根本就是忘了立足之本是在詠春，連師父都忘了，就是忘本；指責最輕的言論也認為：無論如何，師父去世，李小龍這位詠春門內最著名的弟子居然毫無表示，這是無論如何也說不過去的……一時間，報刊紛紛以「葉問仙逝李小龍未有弔祭 遭受武術界人士大肆抨擊」、「葉問仙逝 親傳弟子『發達之人』李小龍竟未到祭」等類似標題做文章，大肆抨擊李小龍。李小龍被輿論推上了風口浪尖，他面臨著最大的形象危機和最嚴酷的道德審判。

總之，李小龍一時間成了「數典忘祖」、「忘恩負義」、「戲子無義」的負面典型。

雖然本著「清者自清」心態的李小龍不想就此事回應媒體，但作為「死黨」的小麒麟實在看不下去，立刻委託《新武俠》雜誌專門撰文，代為澄清，將家祭那晚的情況一五一十說出，並提醒道：

……說李小龍「以一派宗師自居」、「不知謙抑，狂妄自大」，能夠列舉出事實來嗎？……過去十年，李小龍曾經好幾次由美國返回香港，每次返港，都有訪謁葉問宗師，饋送禮物，跟老人家茶敘，某些別有用心的人說，李小龍創造了截拳道之後，便把葉問宗師教導之恩忘個一乾二淨，豈獨不確，抑且用意惡毒呢！……可見李小龍絕非「白霍沙塵」（粵語，驕傲、囂張之意）。人怕出名，樹大招風，盼望武術界人士能夠諒解，不要墜入被別人利用的圈套！

李小龍的大嫂林燕妮曾說李小龍是不看中文報刊的，這也從一個側面說明了李小龍為什麼會對這麼大的事視若無睹。

從李小龍與水戶上原的交談中至少可以看出，他不去參加追悼會完全是事出有因：

你知道，那些人（筆者注：此處指葉問的徒弟們），他們就住在香港，卻從未通知過我！該死的，他們對我實在是太過嫉妒了。當我得知消息時已是在三天後（大殮三天後）。我去參加了家祭，但這與參加葬禮完全不同。該死的，我真是既難受又失望。

早在《唐山大兄》一片上映後，李小龍就曾對記者泰德·湯瑪斯說：

所有的事我都是最後一個知道的。我永遠是從報紙上，記者口中意識到到底發生了什麼事。

如按照李小龍所說，那他得知死訊或大殮時間，最遲不會超過十日。按照以往，他完全會拋開一切，親自前去參加弔唁活動。但李小龍已是巨星，那時他正在熱火朝天地拍《死亡遊戲》。同時，按照葉正先生所說：

家父（筆者注：指葉問）去世時，李小龍並沒有出席葬禮。整個武術界都在批評他。後來，李小龍打電話給我，說他自己忙於電影，不知此事，問我為什麼不通知他出席葬禮。我們在一起討論如何解決現狀。我建議他不要對報界和雜誌說隻言片語，只等「三七」，也就是逝者死去二十一天後來參加家祭，屆時，子女、親友及弟子們都會參加。我建議他到那天來參加家祭就好，李小龍照做了。後來，這件事就被大家淡忘了。

但按照小麒麟對《新武俠》的說法，李小龍是二十日才從晝夜顛倒的拍片模式中脫身，連報紙都沒時間看，更沒有任何人通知他葉問死訊。從好友口中得知師父死訊後，立即以電話和師兄黃淳樑聯絡，並委託他致電詠春派各同門，這才知道了葉問老師的家人在詠春體育會家祭（三七）。正所謂「不知者無罪」。

一日為師，終身為父，拋開時間上的差異，以李小龍的性格，一旦知道葉問去世，無論如何也要參加恩師葬禮的。但從李小龍言論就可以反映出：從葉問去世、出殯，直到家祭，詠春門都沒主動通知李小龍。同時，不排除某些小報或與李小龍關係不佳的報紙為了炒作而對此事大肆渲染、興風作浪的可能。從葉準詭異的言論中可以看出些許端倪：

家父剛謝世，我（葉準）曾拿出電話簿想打電話給李小龍，但被人勸阻，我也就作罷。而實際的情況是：各位師兄弟奔喪，都不需要任何人通知。總之，我說出這些話，並不是想批評李小龍，因為家父葬禮未到，或另有別情，或恐怕會對他的「截拳道」及電影票房價值有所得失？舍李小龍外，無人可以明白。

《當代武壇》雜誌曾做過葉問宗師逝世的專題追蹤報導，在採訪的十一名武術界人士中有七位葉問弟子。令人大感意外的是，李小龍一向尊敬的師兄黃淳樑言語非常激烈，甚至語帶譏諷、醋意十足。

李小龍是詠春弟子，無論他本人做何表示，這是一件確確實實、無可質疑的事實。他與我同是葉宗師的門徒，我是他的師兄，少時我倆切磋武功，親如手足。他到美後，多年來仍與我通信，近年他自立門戶，我們才漸漸疏遠。也許他認為自己的武功確實有了相當的地位了。

返港後，只與我通過幾次電話。這趟師父過世，他未做任何表示，是非曲直，自有社會人士及武術界中人公論。但我覺得，一個人應該重視「本」，無論你今日有了多大的成就，也不應該忘本！因為，你今日開山立派，盛極一時，但你的武功基礎仍脫不了原來的範疇。

話說回來，李小龍這次的做法，或有他自己的苦衷和尷尬情況，不過若有本心，無論如何也應該到場的，他全然沒有表示，自是失禮於人。的確，一個人能做到富貴不矜驕是不容易的。

七名接受採訪的詠春門人中，值得注意的是古生的言論：

據我所知，葉師傅生前十分讚賞李小龍。葉師傅謝世，我相信李小龍也一樣感到悲哀。至於李小龍不到殯儀館奔喪，可能，他或覺得不便。我且聽到傳說，李小龍在家裡拜祭葉師傅。我認為，李小龍能有今日的成就，詠春中人應該感到莫大的榮幸，同時我認為他也帶給詠春中人不少好處。

在早就知道李小龍將陷入「道德陷阱」的情況下，葉準與黃淳樑的言論暴露了他們的人品，讀者可詳見第八章《一九七三年之後》。而筆者對古生的直言不諱，則心生敬意。

葉問與李小龍師徒情深，不是父子卻勝似父子，他對李小龍的偏愛和高度讚賞令許多詠春門人大為嫉妒。尤其是幾次回港，李小龍都能從葉問處學到一些其他學員難以觸及的祕技、心法。這些人在嫉妒心的驅使下，炮製出「李小龍與葉問不和甚至交惡」、「以房換技」等謠言，並在內部流傳開來。李小龍去世後，這些謠言更是擴散流傳至今。其實，李小龍先後四次請葉問到高檔茶樓喝茶，葉問皆立即欣然赴約。一次茶敘間，葉問非常開心地與李小龍、李國豪父子合照留念。還有一次，在金冠酒樓茶敘後，兩師徒並肩慢慢散步聊天半小時，最後，李小龍恭恭敬敬，請葉問上了那輛一直徐徐後隨的豪車，把師父送到家門口。李小龍也親自登門，拜訪了早已開館授徒的大師兄梁相，梁相還贈予李小龍一對八斬刀，以示鼓勵。

李小龍雖然不與詠春門發生關係，卻對自身狀況一清二楚。

> 我猜那些混蛋一定認為我應該固守詠春拳，看不得我創立屬於自己風格的新拳種。我認為他們對我現在成了香港的大明星而感到嫉妒，這些混蛋！

為了避開媒體，二十一日傍晚時分，李小龍與胡奀、小麒麟早早來到家祭現場，送了花圈，並與葉準、葉正及在場所有詠春同門握手交談。

李小龍站在先師遺像前，想起葉問生前往事，悲從中來，心中極為內疚，認為自己畢竟沒有見到師父最後一面，也沒有送他最後一程，怎麼說都是不應該的。上完三炷香後，立即跪下磕了三個響頭。在香港媒體鋪天蓋地的指責與師兄弟們在報刊上刊登的怨言的雙重夾攻下，他百口莫辯。雖然在場諸位同門並沒有過分言語，表面上客客氣氣，但他實在無法在這種虛偽又肅殺的氣氛下再多停留一分鐘，於是匆匆簽下兩百港幣奠儀，藉口自己每晚都要練習跑步，換上跑鞋，離開了這個是非之地。但《當代武壇》雜誌依舊不依不饒：

> 十二月二十日晚上，在大會堂「十大影視紅星」頒獎禮上「李三腳」手捧銀盃，得意揚揚，威風十足。據聞李小龍初時也不想亮相前來領獎的，後來回心一想，自己在大會上露面，對於正在上映的《猛龍過江》，有宣傳上的幫助，因而在前一天的下午才

通知嘉禾公司宣傳部人員，要出席參加頒獎禮……為名為利是應該的，但也要顧到人情禮義……難道演戲真的就是演戲？

……李小龍是個頭腦異常聰穎的人……他時時刻刻、分分秒秒都在關注著社會上的動態，尤其關心任何人對自己的反應，人家批評他未去拜祭師傅，他就立即前往補做功夫……李小龍算是跑過江湖的，他真會做人，悄然跑去拜祭師傅。恩師出殯那天，李小龍身在香港，竟未到祭，只是當時不知道會引起如此軒然大波，事後一看情勢不妙，立即補祭，多多少少帶有點敷衍了事、息事寧人的意味在內……。

丁珮風波

十二月二十日下午四點半，正在為《死亡遊戲》忙得昏天黑地，晝夜顛倒，連報紙都沒時間看的李小龍將拍攝告一段落，準備為之後的《猛龍過江》做宣傳。好不容易抽出空來，在香港大會堂參加了「十大影視紅星頒獎典禮」，從簡悅強爵士夫人手中接過了「一九七二年度十大影視紅星」的獎盃。

下午六點，在影視頒獎典禮結束後，丁珮就被送進伊莉莎白醫院洗胃，後轉至聖德肋撒醫院。

當時的報紙都刊登了「丁珮為情自殺」這一消息，但其母及其本人皆予以否認，稱只是貧血舊疾復發所致。儘管當時的報紙並沒有點明兩人關係，但僅以「吃錯藥」、「神情恍惚」、「武俠紅星男朋友」等半隱喻性描述，便是不言自明的事。更有報導指出，丁珮暈倒前幾天，曾「一輪萬金」；在昏迷入院前，斜倚在自家汽車旁狂歌痛哭。當時，演員朱牧發覺苗頭不對，就把她送回家中。幾個小時後，就發生了送醫的事件。在一九七三年一月十八日的記者會上，她全盤否認一切說法，但架不住記者的窮追猛打，最後只得承認自己是被鄒文懷和淩雲送進醫院的，這等於間接承認了自己是為情自殺。

李忠琛也曾對記者做過以下闡述：

……小龍生前曾為丁珮小姐的事情感到苦惱。為此，我在小龍到我家時曾與之談及此事，小龍當時用英語澄清：「我不否認我喜歡她，但我並不愛她。」小龍曾主動和她分手一段時期，當時，丁珮小姐曾屢次到小龍家去找他，並且曾見到琳達。當琳達憶述小龍的故事時說，她曾聽過一位小姐對她說：「我很愛小龍。」及後，丁珮小姐發生一次意外，這使小龍心軟，再跟丁珮小姐交往。

李小龍因為丁珮在性格、做派等某些方面和自己有些相似，從而對她有一定程度的好感，兩人算得上是好友，還互相開車去攝影棚探班，被傳出「過往甚密」的八卦言論。但李小龍用實際行動，徹底粉碎了被坊間、港媒傳得沸沸揚揚的「李小龍會因為丁珮而和琳達離婚」的流言。

痛失摯友

十二月二十二日，《猛龍過江》上映首個午夜場。李小龍強忍悲痛，與鄒文懷在影院擺出「V」字手勢，供記者們拍照。黃錦銘和赫伯・傑克遜也在此前後來到香港拜訪李小龍。多年後，黃錦銘回憶起此事：

一九七二年十二月，他邀請我、赫伯・傑克遜和嚴鏡海去香港看他。那時嚴鏡海病得很重，無法出行，所以赫伯和我去了香港，在他家住了幾個星期……我們在他家中過耶誕節和元旦。當時他說：「你們來得正好，這是我到這裡（香港）來以後最平靜最輕鬆的時刻。我忙於拍電影，放鬆、娛樂和聊天的時間很少。」我們在那裡參加了《猛龍過江》的首映會。很令人興奮，一直放到午夜。我很喜歡這部電影……有一件很有趣的事，小龍建議我們把訓練設備帶去，因為他那沒有可供訓練的器材。於是我們把行李箱裝滿了各種訓練設備，而沒有打包任何衣物和個人用品。我們認為這些生活必需品到了香港可以買到。

黃錦銘和赫伯．傑克遜在港期間替李小龍簽收了馬西牌迴圈訓練器，方便李小龍做進一步的訓練。

十二月三十日，嚴鏡海之子嚴萬法第一時間打越洋長途通知李小龍，嚴鏡海因肺癌不治，並告知了葬禮的舉辦地點與具體時間。獲悉噩耗的李小龍當時幾近崩潰，更讓他唏噓不已的是，同一天，他還收到了嚴鏡海寄來的最後一封信——一張生日賀卡，上面寫著：

像你這樣的朋友實在是太難得了。

水戶上原回憶道：

一九七二年十二月底的一個週六早晨，我接到了一個從香港打來的越洋長途。「鏡海死了，」李小龍哽咽著說，「我就是想讓你知道這事（停頓片刻），對不起，我要掛電話了……我實在是說不下去了。」他道了歉，顯然鏡海的死對他打擊很大。

短短的一個月內，李小龍接連痛失恩師、親友，這讓李小龍喪失了最後的一道心理防線——安全感，於是在一九七三年初及之後的二月一日，他為自己在不同的保險公司上了巨額保險。

一九七三年一月五日，嚴鏡海葬禮舉行，李小龍並未出席。六日，《龍爭虎鬥》開機。幾天後，李小龍好不容易抽出點時間給嚴鏡海的弟弟寫了兩封信表示慰問，表達對故友深切的哀悼和不舍之情。

我失去了一個寶貴的朋友……他是個男子漢，我愛他……我也失去了一個兄弟，他的優缺點都值得我去尊重……這個損失是無法彌補的。

一九七二年十二月三十日晚，《猛龍過江》首映，承受著雙重打擊的李小龍照例邀請哥哥嫂嫂來觀影。鑒於前兩部戲的空前成功，李忠琛對該片在藝術成就上的期望值更高，但在看完影片後有些失望。李小龍輕聲問哥哥：「覺得這部戲怎麼樣？」李忠琛只是說了句：「音樂還不錯。」一旁的林燕妮想去安撫李小龍，卻發覺他的手很冰冷，可見他失望、緊張、沮喪至極。李小龍雖然言行極為西化，但骨子裡仍然是傳統的中國人。哥哥在他的心目中有著父親、標杆般的崇高地位，而學習成績一向優異的李忠琛又是家中長子，俗話說「長兄如父」。儘管李小龍已是巨星，但李忠琛只把李小龍當成自己的弟弟，視為普通人。李小龍竭盡心血，努力想打造出一部精品，希望從哥哥這裡得到比市場反應更重要的心理支援，不料卻被當頭潑了一盆冷水，這種打擊在某種程度上比父親、師父、摯友去世更甚。

平心而論，如果刪去李小龍的幾場精彩打戲，打著 Techniscope 技術（一種當時較為先進的寬銀幕膠片攝影技術）與歐洲外景噱頭的《猛龍過江》就是一部結構鬆散、劇情生硬、前後矛盾、漏洞百出的爛片。說李小龍是打戲一流，編劇三流一點都不過分。這些缺點李小龍心裡比誰都明白，但這是他的創業作，他要向大家證明，自己不光是有著一身過硬本領的動作演員、思想家，還是一名全能電影人。如果他要在接下來的《龍爭虎鬥》中擔綱第一主演並有足夠的話語權，創業作便可視為風向標和重要籌碼。況且，被嘉禾公司列為一九七三年第一部A級大片的《冷面虎》正在緊鑼密鼓地宣傳中，岡田可愛演唱的《冷面虎》主題曲也已風靡日本，這讓即將出演《龍爭虎鬥》的李小龍很是不爽。於是他寄希望於《猛龍過江》一炮打響，也可視為對羅維這位「跟風大師」與《冷面虎》的一種威懾，以及對嘉禾公司此種安排的不滿。所以，我們便可以理解李小龍對外界媒體的批評試圖以各種理由搪塞、辯解，甚至稱某些細節為神來之筆這樣的「護犢」心切的各種自欺欺人之舉動了。

截至十二月三十一日，各大報紙宣稱，《猛龍過江》票房已達六十多萬。同時，嘉禾公司、協和公司與「雲絲頓」煙草公司達成合作，舉辦「暢遊羅馬幸運遊戲」，將由苗可秀在「歡樂今宵」節目中抽出中獎者，可獲得美國環球航空公司提供的來回羅馬機票兩張，並可獲食宿津貼四千港幣。李小龍更揚言《猛龍過江》將打破五百萬票房。有報紙甚至揚言「票房達到六百萬也不無可能」。但就在這一天，詠春門內部分搬弄是非者在《華僑日報》上再掀李小龍數日前「家祭師父」風浪，爆出「內幕」，可謂居心回測[9]。

最終，加映了《死亡遊戲》片花的《猛龍過江》上映二十六天，影片總票房真如李小龍所誇口的那樣，收了五百三十萬港幣。李小龍這才鬆了一口氣，起碼這部影片在商業上尚算成功。但有人注意到，放映前，各院線已經調高了各檔票價，漲幅平均為百分之三十左右。若刨去這些「水分」，該片實際票房應為三百七十萬左右，雖也超過《大軍閥》和《唐山大兄》，卻依舊低於《精武門》。於是有影評人撰文指出，李小龍已經江郎才盡，《冷面虎》即將取而代之。

一九七三年二月二日，《冷面虎》正式上映。雖然在《猛龍過江》下片後一週才公映，避開了正面衝突，岡田可愛也專程來港為影片宣傳造勢，但是上映十五天才邁過兩百萬大關，雖然也算是成績斐然，但比起《唐山大兄》十天超過兩百五十萬、《精武門》五天收得兩百萬、《猛龍過江》十三天便接近四百五十萬的票房成績，孰勝孰負，一目了然。

雖然李小龍憑藉此片真正成了影視巨星，但是煩惱也隨之而來。他接受採訪時無

9　筆者個人認為，雖然該篇報導未寫明作者真名，僅以「從武」筆名論之，但是從字裡行間可以看出，該篇報導明顯是以葉準、黃淳樑為首的詠春門人請記者代為撰寫。

奈地表示：

（事業成功）最大的壞處就是我再也沒有隱私了。真是諷刺，我們為了成功而努力奮鬥，但當真正成功時，等待我們的卻不僅僅是鮮花。走在香港的街上，就有行人盯著我，有人要和我合照。正因為如此，我把自己的大部分時間都用在工作上。現在，也只有我的家和辦公室是比較安靜的地方。

我不抽煙不喝酒，也不喜歡花費時間做無聊的事情。我不喜歡穿鄭重其事的衣服，希望藉此給人留下更深的印象。我並不是說自己很內向、很含蓄、很羞怯。我周圍有很多的朋友，我經常和他們在一起隨意談論拳擊、武術等事情。但當到飯店一類的公共場合中，我就想在未被發現之前趕緊躲起來。我會徑直走到最靠邊的桌子旁，馬上坐下，臉朝著牆，把後背留給眾人。吃東西的時候，我的頭一直低著。我必須這樣做，因為如果有人認出我來，我就慘了。我不可能一隻手給人簽名，一隻手吃飯。所以，這頓飯肯定會吃不成了。因為我不是那種能因為個人好惡而趕走別人的人。現在，我特別理解像史提夫．麥昆那樣的大明星們為什麼會拒絕到公眾場合去。一開始，我並不介意，但很快，我就無力招架了。沒完沒了地擺姿勢拍照，還要擠出一絲笑容，一遍又一遍地回答同一個問題，頭都大了。

我就像在監獄裡一樣，我就像公園裡的猴子，大家都在看著我。你知道，我的生活很簡單，也很喜歡開玩笑。但是我不能再像以前那樣自由地開玩笑了，以免我的話被曲解。

年羹堯

一九七二年十二月十五日，《明報》刊出一條爆炸性新聞：「李小龍、邵氏拍造型照。邵逸夫請吃午餐，方逸華陪同進廠，行藏神祕。」據說這次是邵氏主動向李小龍示好的。

更勁爆的是，劉永在採訪中承認，李小龍因與嘉禾公司不合，跑去邵氏影城拍了試妝照，而他自己當時就在隔壁房間裡。他更指出，李小龍當時拍的一組試妝照是年羹堯的造型！若此片能順利開拍，缺少李小龍的嘉禾公司就很危險了。

其實自李小龍加入嘉禾公司後，進入邵氏影城已經不是第一次了。早在一九七二年四月五日，李小龍就帶著愛子、好友小麒麟去邵氏影城探班好友楚原導演的《愛奴》，引得一眾記者大肆報導。當時媒體稱，邵氏已在全力爭取李小龍，而李小龍此時出現在這個敏感的地方，嘉禾公司高層總會有些頭皮發麻。於是，五月號的《嘉禾電影》就將李小龍不久前拍攝的《細鳳》古裝造型照刊登了出來，表示李小龍將繼續為嘉禾公司拍片，以此試探李小龍和邵氏的反應。

五月四日，李小龍又進入影城探班羅烈主演的《亡命徒》；八月二十二日與小麒麟探班陳寶珠主演的《壁虎》，姜大衛、狄龍主演的《刺馬》，並與這些邵氏演員、導演合照留念。另據《南洋商報》稱，李小龍在小麒麟的陪伴下見了邵逸夫。這樣一來，大家很容易聯想到李小龍很可能為邵氏拍戲。

更讓人大跌眼鏡的是，一九七二年六月間，李小龍、鄒文懷代表協和、嘉禾公司，與楚原代表的邵氏公司在某酒樓聚餐。席間，楚原代邵逸夫「擬請」李小龍為邵氏拍《年羹堯》。據說片酬為兩百五十萬港幣，當時坊間也有一部戲三百五十萬港幣的傳聞。琳達更於回憶錄中爆料，稱財大氣粗的邵逸夫給李小龍準備了一份「開口契約」——你說多少就是多少，片酬隨便填。而對於李小龍即將與邵氏合作的消息，邵逸夫並不承認，也不否認。但是，協商談判是一回事，有沒有談妥又是另一回事。畢竟，白紙黑字才是最強而有力的憑證。

李小龍與鄒文懷彼此都離不開對方，這是人所共知的事。但是李小龍做出如此舉動，就像是一個向父母撒嬌要糖吃的孩子：

李小龍有個大孩子的脾氣，逢上稍有不如意之時（例如有事而找不到鄒文懷），就在嘉禾公司辦公室裡大聲叫道：「我要到『邵氏』去拍戲了！」

李小龍甚至將《年羹堯》相冊給鄒文懷看，但鄒文懷依舊笑嘻嘻地說拍得不錯，這讓李小龍很是沒趣。因為鄒文懷知道，李小龍吃軟不吃硬，也清楚他喊著要去邵氏拍戲不過是對嘉禾公司的一種施壓，只要滿足了他的要求，自然一如往常。

大約在一九七三年三月間，邵逸夫在臺灣的某個記者招待會上明確說出：「李小龍是一定要為我拍戲的！」並稱已經有幾個專門為李小龍寫的劇本供他挑選。但精明老練的邵逸夫卻並未明確指出李小龍何時會為其拍片。於是有人猜測，兩人之間見過面是事實，但只是口頭協議。李小龍本人更在一九七三年六、七月間左右寫信給邵逸夫，聲稱將把九至十一月的檔期空出，還曾與方逸華合照，更在《龍爭虎鬥》拍攝期間帶著約翰·薩克森去邵氏片場探班程剛導演的電影《天網》，並比出「V」字手勢與邵逸夫合照。據說邵逸夫還在《龍爭虎鬥》拍攝前後專門請李小龍和薩克森吃飯。但李小龍此舉更多的是想借此向嘉禾公司討價還價，爭取更高片酬或更多的優惠待遇。熟知內幕的張徹認為，李小龍與邵氏合作，其實是「政治」大過「商業」，更爆料說，合約其實一直都在洽談中，但從未簽署過。至於拍造型照，不過是李小龍向嘉禾公司示威而已。

李小龍回港兩年，開始變得世故圓滑起來。有報紙雜誌刊登出他與鄒文懷不和的消息，他便立即借《猛龍過江》慶功宴的機會，在記者面前與鄒文懷雙雙舉杯互敬，打破謠言。

第七章　最後的歲月

《龍爭虎鬥》

一九七二年十二月底，曾為美國哥倫比亞電視廣播公司擔任攝影師的菜鳥導演羅伯特．克勞斯[1]、編劇麥克．阿林、製片人弗雷德．溫楚布先行抵港。鄒文懷、安德魯．摩根等高層人員前往迎接。緊接著，攝影師吉爾．霍布斯、演員約翰．薩克森、吉姆．凱利及安娜．卡普麗等美方劇組演職人員也陸續就位。

在緊張的選景後，一月六日，這部投資五十萬美元的影片便正式投入拍攝[2]。

1 導演羅伯特．克勞斯，除了拍攝過兩部短片，在電視影集《無敵鐵探長》第五季執導過一集外，只在一九七〇年執導過兩部電影。但李小龍很欣賞這位導演在某部短片中的格鬥場景，於是雇用了這位菜鳥導演。而除了克勞斯，沒人願意來執導《龍爭虎鬥》。

2 五十萬美元在香港是一筆鉅資，自然可視《龍爭虎鬥》為一部大製作，雖然後期增加投資到八十萬（不算特效和音樂的五萬美元），但是在好萊塢，這個數字的投資仍然屬於小成本。

但是在開拍的第一天，劇組就出了一件大事，弗雷德．溫楚布回憶：

電影拍攝的第一天，李小龍就走開不幹了，因為他和鄒文懷大吵了一架。這部影片其實是聯合制作，包括李小龍的協和公司和鄒文懷的嘉禾公司，我和海勒的紅杉公司，還有華納兄弟公司。但媒體卻說是嘉禾公司獨家製作。所以，李小龍和鄒文懷大吵一架，走開了。

在第一天的拍攝中，李小龍沒有出現在現場，第二天他也沒有出現。第三天、第四天、第五天也沒有……

李小龍是這部影片的核心人物，缺少了他，電影就無法完成。大家找了他將近兩到三週的時間，並在李小龍缺位的情況下先跳拍其他戲份，讓克勞斯和霍布斯外出拍攝香港街景，同時對華納公司駐香港現場代表聲稱「一切順利，一切都不能再好了」來敷衍過去。弗雷德急得快瘋了，這點從二月一日，從香港發給華納的電報內容就顯示出事態非常嚴重——差點就要「終止拍攝」了：

一、弗雷德．溫楚布帶著「額外的拷貝」離開香港

二、終止與石堅的合約

三、停拍已完成百分之二十的鏡頭

四、停拍茅瑛所出演的動作戲

五、停止將美方款項繼續匯入協和、嘉禾公司帳戶

……

那時，《冷面虎》午夜場反應頗佳，第二天便是正式上映，一旦《龍爭虎鬥》停拍，不是讓外界看笑話？

據弗雷德的回憶，正在此時，琳達介入，她說：「李小龍因其他事務忙得脫不開身，他現在正在忙著武打場面的設計。」時常來探班的鄒文懷也一直對他說：「放心，李小龍會出現的。」

在琳達和美方製作人員的勸說下，李小龍終於回到劇組，開始拍攝自己的戲份。但是，拍攝並不順利，他的第一個鏡頭不過是轉過身來和扮演「美玲」的鐘玲玲對話，卻NG了二十七次才勉強過關——他太緊張了，劇組人員甚至可以從監視器裡看見他在顫抖。

李小龍太想成為國際巨星了，面對這樣的一個好機會，自然要展示出最完美的自我，以證明自己無愧於巨星稱號，卻無形間給了自己太大的壓力。於是，李小龍選擇了

短暫的逃避，這在心理學上是典型的「約拿情結」[3]，拍攝時，由於心理壓力，無法發揮出平時的正常演藝水準，這又是心理學上的一個著名論斷——「瓦倫達心態」。[4]完美主義者對自我要求到了一種近乎自虐的苛求地步，因此，極端的緊張與焦慮是無可避免的。完美主義者的問題正是在於害怕令人失望以及避免感到內疚。這也就是一些完美主義者追求完美的內在動機。而李小龍完全符合以上所有條件！

不過李小龍到底對心理學有過研究，加上琳達也不時勸慰，於是，在短暫的「冬眠狀態」過後，那個熟悉的李小龍重新在片場「完美滿血回歸」。

李小龍的「歸位」，使電影的拍攝看上去一切開始變得正常，但是，拍攝進度依舊極為緩慢。除了語言不通外，雙方的思維、工作方式迥異也是一個大問題，琳達在回憶錄中如此寫道：

一個助理道具師某一天早上忘了帶道具，他感到非常慚愧，因此失蹤了三天。有時，需要花費幾個小時的時間向三百多名群眾演員講解他們的站位和接下來的走位及動

3　所謂的「約拿情結」簡單來說就是：我們希望成功，但是面對即將到來的成功，又會覺得自己會失敗，結果往往親手毀了近在咫尺的成功。而絕大多數人都擁有這種心理障礙，這就解釋了為什麼大多數人一輩子碌碌無為，而成功的人永遠是少數人，因為這些人克服了心理障礙，勇於承擔責任和壓力，最終抓住機會並獲得了成功。

4　「瓦倫達心態」指的是太想成功，太專注於事情本身，太患得患失，反而會因此而壞事。

作。一天拍攝結束後，還要對這些群眾演員簡單解釋一下明天的要求。結果，第二天，只來了一半人，而且，這一半人也不是按時來的……還有，總有人生病或受傷。

《血與鋼》的劇本是由寂寂無聞的美國年輕編劇麥克．阿林通過對東方的膚淺理解及偏見東拼西湊而成，內容不倫不類，李小龍自然很不滿意。雖然他並未見過編劇本人，但是他不停地與美方交流，提出自己的想法及建議，美方也非常尊重他的意見，劇本改了又改。弗雷德對於劇本的頻頻修改記憶深刻：

影視製作總監約翰．凱利終於認識到這個身高一百七十三公分的中國動作片英雄是個非凡的人物，於是他寄了另外一個版本的劇本給李小龍。不是《龍爭虎鬥》的增補，而是替換！凱利想製作一部完全與眾不同的電影。這就是我當時所需要的，用這些東西來分散對李小龍的注意力。

華納兄弟公司把《龍爭虎鬥》所有的改編劇本都寄來了，希望我們挑出一本李小龍喜愛的。我們試鏡兩天，好萊塢又寄來另一種版本。我給他們打電話說：「我受夠了——我現在在回美國的路上。」

在勘察外景期間，劇組偶然發現大潭灣碼頭是個不錯的外景地，拾階而上便是好幾處小型私家網球場，便想借此地拍攝比武大會戲份，於是副導演張欽鵬與導演克勞斯與旁邊一位正在修砌碼頭的老人家進行交談，但是老人對此二人所提出的意願不置可否。此時，李小龍走下車，與老人攀談起來。兩人一番寒暄後得知，原來面前這位已七十八歲高齡的老人是大律師羅文錦的三弟羅文惠。羅文錦娶了何東爵士長女何錦姿，而李小龍母親何愛榆是何東爵士的侄女，所以，羅文惠是李小龍的遠房親戚。由於這層特殊關係，羅老先生便口頭答應將網球場及碼頭等私人產業借給劇組拍戲。於是，嘉禾公司派了一些人打掃已經長滿了荒草的網球場，開始進行場景佈置。

二月十七日，當李小龍在修葺一新的網球場拍攝大戰奧哈拉的戲時，他的手被道具玻璃瓶割傷了。在美國，道具玻璃瓶是用糖漿製作而成，不會對人體造成任何傷害。但是當時的香港沒有這種技術，也買不起這種道具玻璃，只能用真的玻璃瓶，這就對時機的掌握和演員之間的配合有很高的要求，絕不能出現時間差。在前六次拍攝中，一切都很正常，偏偏在第七次拍攝時，羅伯特．沃爾右手在被踢中後並沒有及時扔掉拿著的碎玻璃瓶，李小龍踢腿後的轉身動作又太快，做一個順勢的揮拳動作時，右手的大拇指、食指、中指被恰好刺來的玻璃瓶誤傷，血流不止。胡奀與張欽鵬立即與李小龍乘坐汽車，到山下的赤柱救護站，由一名女性護理人員做了簡單的消毒處理後，隨即開往港安醫院進行進一步的治療，結果縫了十二針，休養了一週才重新回來拍戲。

拍攝動作場面受傷是常有的事，李小龍對此毫不在意，但就在當天，克勞斯對弗雷德說，李小龍認為沃爾是故意弄傷他的，所以要在下一場戲——大力側踢時殺了他。弗雷德嚇了一跳，連忙打電話告訴沃爾，但是沃爾相信，與他有多年情誼的老友兼師傅的李小龍絕對不會那麼做。

消息被散播出來，李小龍立即出面對媒體澄清，聲稱他不會殺死沃爾，因為他需要沃爾來完成這部電影的拍攝。一週後，李小龍很順利地完成了這次拍攝。並在踢飛沃爾的那一幕開拍前，與沃爾進行了多次排練。當李小龍將穿戴有輕型護具的羅伯特·沃爾踢出四米開外時，事先安排好擋在沃爾身後的多名特技演員和多把椅子無一例外被掀翻。這一幕結束拍攝後，李小龍將沃爾扶起，兩人笑著緊緊擁抱，「李小龍想殺沃爾」的謠言也隨之煙消雲散。多年後，沃爾在接受《黑帶》雜誌記者採訪時始終表示：

任何所謂的爭執都是克勞斯自己一手炮製的，他曾經造謠說李小龍想殺了我。李小龍說他從來沒有說過這句話，因為他很清楚，那場戲我們在前六次排練中都很順利。因此我們發現是克勞斯造的謠。李小龍休息了一週後，我們拍攝了李小龍大力側踢我的那場戲。他踢我的力用得恰到好

李小龍與鮑勃沃爾拍攝《龍爭虎鬥》時的劇照。

處，這是理所當然的——關於所謂的謠言就這麼多了。任何問題都是克勞斯弄出來的。他不喜歡也不尊重武術家，這完全是他的過錯。

……李小龍只要過來踢我的臉或脖子，那我可就麻煩大了，但他顯然沒那麼做，所以我們之間其實沒有問題，只是在當時和二十年後的現在，我對他那次受傷都很過意不去，但那絕非威脅性命的傷勢，只是一場不幸的意外。

李小龍總是有很多主意，總會找時間與導演和製片人一起討論那些新的想法，並考慮是否能恰當地運用到影片中去。李小龍也是這部戲的動作指導，有時他會事先將打戲中的招式以火柴人的形式畫出來，讓大家一目了然。雖然美方劇組工作人員有安德魯·摩根和張欽鵬做義務翻譯，但是克勞斯還是沒有足夠的能力控制住那些特技演員和臨時演員們，而這些人都只聽李小龍的差遣。李小龍或許本無意「奪取帥旗」，但是他的能力、影響力，甚至對影片品質的關切程度，都不是克勞斯所能比擬的。大家之所以都說克勞斯是個「好脾氣」的導演，實則是因為他實在是平庸無能，只能聽命於李小龍。因此，克勞斯實際上成了李小龍手下的執行導演兼攝影師，這讓他心有不甘、不滿，甚至憤恨，才捏造出這個謠言，來滿足自我心理的發洩。

在與奧哈拉的比武中，李小龍那個後空翻接前踢的高難度動作是由特技演員元華所完成，但是依然有人認為是李小龍親自完成的，只是攝影師和導演水準太差，沒能拍攝到李小龍的正面鏡頭，才導致「替身」一說流傳開來。時至今日，經大量的照片對比，薩克森、大衛．弗里德曼的畫冊及元華的親身回憶表明，當時確實是元華替李小龍做的這個經典動作，暴露出了很多人對李小龍技能的過度信任，對美方工作人員的拍攝、剪輯手法不滿所導致的偏執。

影片中，李小龍還有過兩個翻跟頭的動作，分別是影片開頭與洪金寶對戰時；以及與洪金寶對戰完畢後，側手翻接後連續後翻飛騰過人牆的鏡頭。早在網球場拍攝間歇時，李小龍與元華便已設計出這兩個動作，電影拍攝時，完成動作的也都是元華。元華也在採訪中表示，李小龍只會側手翻。一九八七年，在舞臺劇《東方禿鷹》上，元華在舞臺一側以側手翻出場後，緊接著以連續四次同樣的後空翻躍到舞臺另一端，這是《龍爭虎鬥》的經典動作，他以實際行動證明了自己的技藝並非浪得虛名，他確實是李小龍的替身。

李小龍的腰傷其實並沒有痊癒，後空翻等高難度動作尤其強調腰腹力量，有著腰傷的李小龍做不到這些。即便沒有腰傷，沒有接受過類似的訓練，李小龍也很難做出來這種花哨而又不實際的動作。而剛從京劇學校畢業出來不久的「七小福」在翻騰跳躍等動作的觀賞性上勝過李小龍，其中公認最強者就是元華，綽號「跟鬥王」。基於安全和觀賞性的整體考慮，無論是華納、嘉禾公司還是紅杉公司，都絕不會冒險讓自家的當紅明星去做這麼危險的動作，相信李小龍本人也是如此考慮。此外，李小龍也能體諒其他龍虎武師的苦衷，他曾說過：「找一個替身，可讓他們也賺一點嘛。」

健康透支

被去除毒腺的眼鏡蛇咬過、排練時誤中石堅重拳、拉傷大腿肌肉……即便如此，李小龍也要事無巨細地參與其中，對每場戲、每個鏡頭都力求盡善盡美，每日與劇組人員工作十幾個小時，每週工作七天，如此滿負荷運作了三週，將所有的外景拍竣。對於李小龍的工作態度，《龍爭虎鬥》的剪輯師科特．海斯切勒說：

李小龍讓我受益匪淺，他在影片中的連續鏡頭值得我學習。他的速度像閃電一樣快，所以，他的一切動作都很完美。他在開始進攻前幾乎沒有任何信號，也沒有任何暗示。他擁有一種令人難以置信的能力。有時，一個動作需要拍攝十至十五遍，但他卻從沒表現出疲倦。我剪輯時，看著他一遍一遍地做動作，我都覺得累了。

故此，為了此片殫精竭慮、憔悴萬分的李小龍在結束拍攝前，體重已驟減二十磅，精神面貌也較開拍初期出現了巨大的變化。喬宏回憶起李小龍當時的狀態時說：

……公司的麵包車送我們回家。李小龍住在九龍塘，我住在沙田。因為這樣，她們會先送他，然後才送我。途中李小龍說：「喬宏，你從沒到過我家，不如來我家，讓我招待你，我會送你回沙田。」我說：「可以啊！」而他也告訴我一些其他的事。他說：

「我訂了一輛勞斯萊斯敞篷車，它會在年底到港。到時我們會到處去兜兜風。」等到我們到他家門口時，他在睡覺，太累了。有個人把他叫醒說：「喂，你到了。」他轉過身，以困倦的眼神和聲音對我說：「喬宏，改天好嗎？我實在很疲倦，我不認為我可以好好招待你。不如改一天？」我說：「好的，沒有關係。」

琳達也回憶起當時李小龍的健康狀況令人擔憂：

悶熱潮濕的天氣，神經高度緊張，體力嚴重透支，再加上背部的傷——李小龍脫水失重，已經到了警戒線，令人擔憂……他一連多日拍片勞累，身體的各項指標已經到他所能承受的最大限度了。還有，他的食品攝入量看起來是很充足，但他卻像火爐一樣散發著自己的能量……我們在洛杉磯居住的早些年間，他就開始對健康食品和高蛋白質的飲料感興趣。他還喝大量的自製混合果汁，是我用榨汁機把蔬菜和水果裡的汁榨出後，他自己配製的。他吃所有可以食用的維生素藥片，幸虧他及時認識到大量服用藥劑可能會導致不良和危險的結果，才有所減少。在香港，他喝蜂蜜和新鮮橘子汁，因為他出汗太多，尤其是工作時。

當美方人員回酒店用餐時，李小龍依然在片場與工作人員一起吃便當。三月六日，全體劇組還為導演過了生日。為了影片的品質，一向守時重諾的李小龍也不得不在聖芳濟書院校際運動會結束將近半個月後才匆匆趕來作為頒獎嘉賓為獲獎者補發獎盃與錦旗。

儘管有關李小龍與人打鬥的傳言有很多，但他毫不在乎，大多數的所謂「挑戰」的流言都是無中生有。李小龍曾在《龍爭虎鬥》片場接受了一位臨時演員的挑戰，這也是李小龍在港期間唯一一次承認的公開比武。對於這次比武，後來出現眾多衍生版本，已無法查證，以下摘舉的是當時作為目擊者之一的沃爾的說法：

……那傢伙最後（從牆上）跳了下來，他的塊頭比李小龍大，相當魁梧，兩人開始過招，一看就知道這傢伙有兩下子，他動作很快又很強壯，但他顯然想要傷害李小龍，李小龍也毫不留情，他把對方踢得七葷八素，痛扁了一頓，把他逼到他跳下來的牆邊，用手臂鎖喉，用膝蓋扣住對方，繼續把他打得滿臉是血，讓那傢伙知道誰是老大。等到他收手，對手也不想再戰，然後李小龍說就當沒發生過，你回去牆上吧，所以也沒把他解雇，他沒有惡意，但是顯然讓那傢伙知道誰是老大。

根據時任華納公司幕後花絮攝影師的黃埅對克勞斯說，他向華納上交的二十多盒花絮膠片中就錄有這段，但是在華納片庫內已經找不到這些影片了。

在拍攝期間，李小龍也曾與沃爾以「寸止」規則切磋過，每次都是李小龍以點數獲勝。而當沃爾看到李小龍近身時便忙不迭地急速後退，依然被李小龍打到或踢到。

沃爾曾遵照李小龍的指令，飛赴洛杉磯，帶領一班黑帶弟子拍攝薩克森在黑森林裡的打鬥場面。不過這段戲之後被李小龍在香港重新拍攝。

李小龍與洪金寶在片頭那極為超前且極具隱喻性的比武，被後人極盡溢美之詞。

在青山寺，李小龍扮演的李先生與喬宏所扮演的師傅關於武術的哲理性經典會話折射出了李小龍當時所達到的武學境界。

劇情的結尾處需要有一些海軍陸戰隊隊員參演，當時正好有一艘美國船隻停泊在香港，於是經過交涉，其中一些海軍經允許持真槍參與拍攝。

進行內景拍攝時，佈景非常有東方特色，保羅．海勒也運用他的專業美術知識，在演員的背上繪上了許多說不清到底是否含有東方元素的絢麗圖案。為了趕進度，李小龍一度住在自《猛龍過江》拍攝時期就從東英大廈特意搬遷至此的辦公室裡。最令人敬佩的是，石堅扮演的大反派韓先生在不中不西、不倫不類的宴會大廳說

李小龍與洪金寶在《龍爭虎鬥》中比武。

著一口並不流利且斷斷續續、節奏感極差的英語，這對已經六十歲的他來說是一個挑戰，而他一句句地練，最終很好地完成了拍攝任務。

影片中，最為詭異的佈景當屬韓先生的玻璃迷宮。克勞斯夫婦在淺水灣的一家餐廳用餐時，忽然受到了餐廳中鏡子的排列啟發，從而設計出這個「玻璃迷宮」的經典打鬥場面。拍攝時，一共用了七千塊鏡子，整個攝影棚被佈置得好像在異次元空間裡一樣，詭異的氣氛令人極度壓抑，工作人員拍攝幾個鏡頭後便要跑出攝影棚，回到現實中來緩緩神，呼吸點新鮮空氣才能繼續工作。

李小龍在影片中還展現了他對傳統武術器械的精準掌握。在潛入韓先生製造毒品的地窖偵查時，李小龍被守衛發現，在對付這些守衛時，他先後接連用上了長棍、短棍、雙節棍，令人嘆為觀止。而在與韓先生的連場打鬥戲裡，他的面部、軀幹被韓先生右手那只可更換兵器的假手所安裝的虎爪、排刀「劃傷」多處，留下道道血痕。翹起手指，身上佈滿血痕，這也成了李小龍的經典造型之一。

李小龍如此賣命工作，是想拍出一部高品質的電影。他並非完全是為了錢而拍戲，他永遠都不會忘記那段在美國的艱難歲月，所以，他決定不能讓家人再面臨經濟上的不穩定狀態，這是他生活的目標。

隨著影片拍竣、上映日期的迫近，李小龍越來越顯得焦慮萬分，他也不知道《龍爭虎鬥》在美國上映後的反響會怎麼樣，他把自己的前途全都押在了這部影片上。他在封鏡後依然忙於《死亡遊戲》劇本的修改；還被不負責任的港媒所報導的那些真真假假的傳聞所困擾；他上街時，總會受到圍觀；他很沒有安全感，他覺得在香港，誰都不能相信了。他無法使自己平靜下來，琳達說：

他很喜歡《當我死去時》（And When I die）這首歌，尤其是在死亡中才能尋找到平靜這一部分，那就讓日期來臨吧。他提到過一兩次「可能死亡才能讓我真正平靜」。

弗雷德．溫楚布認為：

李小龍很強壯，但同時也很孤單，他和別人都保持一臂的距離——你無法上前一步認識真正的李小龍……那時候在香港，他沒有找到

《龍爭虎鬥》中的經典場景「玻璃迷宮」。

這麼一位可以推心置腹的朋友。我認為，如果你想認識真正的李小龍，只有一個時刻，那就是他和兒女們玩耍時……在這個世界上，除了琳達，他不相信任何人。琳達是李小龍唯一的談話、信任和愛護的對象——她就是李小龍的一切。

一九七三年四月十一日，英語配音的《唐山大兄》在美國首次首輪上映，首輪放映影院主要是大城市，拷貝一百五十個。隨著影片的熱映，到了二十八日，第二輪放映時，包括所有次要影院在內，一共有四百五十家影院放映。也就是說，在沒有「跑片」制度的美國，每家影院一部拷貝！

這對於李小龍、嘉禾公司甚至是當時的國產片來說，絕對是個值得紀念的大日子。這一切，還要從黎巴嫩的熱映說起。本來，大家都對該片不抱太大希望，院方只是暫定播映兩週。但四週過去了，依舊盛況空前。為了能如約讓《教父》上映，不得不忍痛將《唐山大兄》下檔。此時，另一家黎巴嫩影院看到商機，與嘉禾公司洽談，取得播映權，繼續播放，盛況依舊。結果，《唐山大兄》的總票房超過了《教父》！另外，配上義大利語的《唐山大兄》在羅馬上映十二天，收穫四十萬美元，相當於當時港幣兩百多萬，也算不錯的成績。這一切，都應該歸功於嘉禾公司與國泰在倫敦開設的發行公司。美國製片商自然不甘落於人後，毅然引進該片，配上英語，將此片在全美做首輪公映，無意間改變了中國電影只能在唐人街上映的現狀。同時，全美八大電影公司中的五家公司——華納、米高梅、二十世紀福斯、哥倫比亞、聯美競相邀請李小龍拍戲。華納公司看好《龍爭虎鬥》一定大賣，便趁著近水樓臺之利，已著手為李小龍準備下一份合約：為華納拍攝五部電影，每部片酬十五萬美元。當時已經在寫《神龍》，這部戲將由華納與嘉禾公司聯合攝製。但因李小龍辭世，於是嘉禾公司在一九七四年將其改編成《鐵金剛大破紫陽觀》，由喬治．拉贊貝和茅瑛主演。

在此之前，李小龍就片酬問題與泰德在越洋電話中爭論了四個小時，他認為自己每部電影應該拿到一百萬美元，但泰德認為，好萊塢只有屈指可數的幾位頂級男明星才有資格拿到這個數目的片酬。

四月十七日，科本作為二十世紀福斯代表飛赴香港，與李小龍對《無音簫》劇本進行洽談。李小龍、鄒文懷、何冠昌等人前往機場接機。科本在港的短暫期間，與鄒文懷、李小龍進行了洽談，李小龍最終拒絕了科本的建議。他的理由是，《死亡遊戲》尚未拍竣，需要先拍完才能做決定，但是什麼時候拍完自己也不知道；八月份，《龍爭虎鬥》就要在全美上映，華納已經為他安排了盛大的記者招待會，自己還要主持首映禮，五月份就要飛去美國做宣傳，無暇脫身。但他表示，保留與二十世紀福斯合作的可能性。同時，李小龍準備在五月份赴美時，與華納討論幾個劇本，回港後再決定下一步的動向。

大約在此時，李小龍打電話給在美國的姐姐李秋源，讓她回港當他的經紀人兼會計。正在照料生病的老母的李秋源則表示，等到母親病情穩定後就回香港。沒想到，這是兩人最後一次通話。

琳達看見丈夫如此忙碌，曾試圖勸說李小龍休息：

當他等待《龍爭虎鬥》一片的發行時，他又去為《死亡遊戲》劇本而忙碌，並開始考慮那些報價。那時，我試圖讓他放輕鬆些……事實上，我的勸說對他毫無用處。在這段時間裡，他堅信自己在工作時就是在放鬆。我相信他太全神貫注於工作，他非常享受他在工作時做的事。薩克森看見小龍的生活時形容說「他忙得像陀螺」。他像旋風一樣忙碌，當他原本所制定的目標完成後，很快又被更高的目標所替代。

死亡預演

五月十日下午，嘉禾公司配音室內，李小龍正在為《龍爭虎鬥》做緊張的英語配音。為了避免雜音被錄製進去，工作人員把空調關了，室內變得異常悶熱潮濕。李小龍此時已精疲力竭，他起身走向隔壁的休息室，卻一下子癱倒在地。聽見有人靠近，他便裝作在地上尋找丟失的隱形眼鏡，但當他剛回到配音室門口時，又一次暈倒在地，同時開始嘔吐、全身劇烈地抽搐。大家拼命按住李小龍，為了防止他將舌頭咬掉，在他嘴裡塞了一把金屬調羹。

工作人員立即來到鄒文懷辦公室，告訴他李小龍出事了。鄒文懷立刻派人打電話通知郎福德醫生，自己隨即飛奔到配音室。隨後，鄒文懷親自駕車，將李小龍送往香港浸信會醫院急診室，交由朗福德醫生進行急救。同時通知琳達，讓她火速趕來醫院。

送入醫院時，李小龍已處於昏迷狀態，血壓降低，眼球快速轉動，呼吸困難，渾身高熱，不斷冒汗，四肢強力抽搐，瞳孔渙散，對光線沒有反應，喘氣時發出巨大的呼吸噪音。從理論上來說，此時的李小龍已經是處於瀕死邊緣了。經過兩個半小時的搶救，李小龍仍未脫離危險，依舊不時伴有持續抽搐，搶救過程中曾兩次嘔吐。由於李小龍雙臂太強壯，使得搶救工作很難施展開。郎福德醫生與鄔顯庭醫生等神經系統專家會診後，推測是由於腦水腫而引起的癲癇大發作，決定給李小龍注射甘露醇來縮小腦部腫塊。此時，接到劉亮華電話通知的琳達也趕到了醫院。

甘露醇很快就起效。大約半小時後，李小龍逐漸甦醒，郎福德醫生在庭審時對陪審團稱：

這太戲劇化了，剛開始，他稍微能動了，然後就睜開了眼睛，嘆了口氣，但還不能說話。他認出他的妻子，發出聲響，但仍然說不清楚。後來，他能說話了，但卻是模糊不清的發音，和他平時的說話方式大相徑庭。

琳達回憶起李小龍恢復神智時的情景：

小龍恢復知覺後對我說的第一句話，事實上，感覺非常接近死亡——他依然可以用意志來告訴自己——「我要去戰鬥，我要完成我的目標，我不會放棄。」因為他明白如果用其他的辦法，他會死的。

很快，李小龍被送到醫療條件更好的聖德肋撒醫院。在轉院途中，李小龍已經能和救護人員開玩笑。送入醫院兩小時後，李小龍已經完全清醒，但是說話依然很快很急。血液檢查結果顯示，李小龍體內尿素值過高，這說明腎臟出現了問題。除此之外，一切正常。

第二天，李小龍已經恢復正常，腦部也無溢血現象。經過二十四小時的觀察期後，醫生們並沒有發現任何異常，但導致腦水腫的原因始終不明。鄔醫生經詢問李小龍本人後得知，其在發病前極短時間內曾服食過大麻，懷疑是大麻中毒，便勸告李小龍不可再服食大麻，以免進一步損害大腦。同時，他決定在十四日為李小龍做腦部血管造影術，可惜李小龍已於十三日出院。

這次事件被嘉禾公司完全封鎖，沒有一家媒體知道。但是李小龍嚇壞了，他的情緒變得極不穩定。他對妻子說：「我不知道還能活多久。」正因如此，在出院後兩天，他在某電視臺內，向一名未經他許可而擅自拍照的記者惡語相向，如果不是旁邊有人拉著勸著，那位記者真的有可能「出事」。事後，多家媒體不明就理地譴責李小龍的「蠻橫」行徑。

李小龍決定回美國徹底檢查一下身體，找出昏迷的根源所在。他曾不無擔憂地對薩克森說：「如果體檢報告結果很糟糕的話，世界上就不會再有李小龍這個人了。」

二十五日，李小龍和琳達回到洛杉磯，去見了自己的母親和弟弟，向她說了自己這次來的目的。當何愛榆看見眼前虛弱、憔悴的兒子時，很為他的健康擔憂。但李小龍很有信心地認為，自己會活到一百歲。在保羅．海勒的安排下，以大衛．瑞斯博多為首的一個醫療小組給李小龍做了腦部掃描和腦部流量研究，也做了全身檢查和腦波檢查，並未發現大腦有什麼異常，他們驚訝地說他的身體棒得像一個十八歲的小夥子。他們認為昏迷是由於過度工作和過分疲勞所引起的，他們開了抗癲癇藥苯妥英鈉，規定李小龍要按時服用。當李小龍得知自己身體健康的消息後非常興奮，將結果告訴了正在醫院大廳等待的母親和弟弟。他還告訴何愛榆，千萬別相信任何自己「死亡」的消息，因為那些小報刊登這些消息已經不是一天兩天了。

儘管李小龍重新點燃了生活的希望，但是他的一些朋友都隱隱覺得當時他的健康狀況著實不妙：

羅伯特．沃爾：……他那時住在比弗利山飯店的別墅，我進去看到他臉色一面灰白，像是體重掉了二十磅，很輕，他說著重複的話，在電話上跟我說過的又再說一次，好像他忘記和我說過一樣，我一看到他就說，「天啊！李小龍你這是怎麼了？」

水戶上原：在他最後一次來美國時，我去享有盛名的比佛利山酒店中的一間別墅中拜訪了他……他被告知，經過四天嚴格的健康檢查後，他的身體處於最佳狀態。但在我看來，他虛弱得可怕。就以往我所見到過的他而言，我從未見過他如此憔悴。

「你看上去氣色並不好，」我告訴他，「你太瘦弱了，你現在有多重？」

「我的體重已經下降到了一百二十磅，」他告訴我，「是的，夜以繼日的工作讓我的體重減輕了很多。自從有了自己的公司以後，我花了很多時間學習如何處理電影業務。不光是表演，還要學習如何寫劇本、做導演以及做製片人。我真的是在拼命工作。早上，我在攝影棚拍戲，晚上我要為下一部電影寫劇本。我又要看書又要忙著處理電影製作方面的業務。是的，我樂在其中並全神貫注於此，很多時候甚至到了廢寢忘食的地步。」

在洛杉磯短暫停留期間，弗雷德．溫楚布和保羅．海勒邀請葛萊美獎得主、曾獲得過六屆奧斯卡最佳音樂提名的音樂家拉羅．雪福林為影片編曲。李小龍與之會面並共進午餐，席間，李小龍提及雪福林所創作的《不可能的任務》（Mission Impossible，美國電視影集，一九六六——一九七三年，共八季）的主題音樂，並稱自己在武館練武時經常播放這首曲子。兩人發現，他們彼此有一個共同點：一個熟知歐洲古典音樂，一個精通傳統武術，兩人都是把各自的專業知識融會貫通後打破了傳統的框架而自成一派。雙方相見恨晚，頗有「高山流水遇知音」的喜悅。

小龍還計畫在八月的時候回美國為《龍爭虎鬥》做宣傳，並出席一系列的宣傳活動，其中包括約翰尼．卡森的節目。他決定在《死亡遊戲》拍完後全家便搬回美國居住。他覺得在美國的生活更簡單，機會也更多。

交鋒華納

李小龍返回香港後，將《猛龍過江》的拷貝寄給了泰德，討論該片在美國發行的可能性及發行方案。不久，他又給科本修書一封，聲稱自己將把拍攝《無音簫》的重心放在一邊。同時，就《龍爭虎鬥》的英文片名問題繼續與華納交涉。拍攝期間，華納的內部電文使用的項目標題就是ENTER THE DRAGON，但是始終沒有落實。

六月七日，泰德給李小龍的信如此寫道：

在和我們的宣傳部副總裁迪克．萊德勒花了整整兩個小時討論後，決定將片名改為HAN'S ISLAND（韓先生的島），這個片名對宣傳有許多有利因素。ENTER THE

DRAGON 這個片名也沒有被否決。

致以最熱烈的問候

泰德・雅士利

雖然華納已經決定不再使用 BLOOD AND STEEL 這個俗不可耐的名字，但是 HAN'S ISLAND（韓先生的島）這個片名更不入流。每到關鍵時刻就會出現的這套虛情假意的官僚口氣令李小龍極為失望和惱火，他按捺下火氣，立即回信給泰德：

親愛的泰德，

寫這封信只是要提醒你，「十八歲的我」已然安全抵港。

請仔細考慮一下 ENTER THE DRAGON 這個片名。

一、這條「獨特」的龍（龍代表了中國人、神明等）可不是香港那些流於表面的垃圾功夫電影。

二、只要宣傳得當，我們可以說，這條龍能不斷地在銀幕內外打破紀錄，就像你所說的「極具說服力」。

我說了，我完全認為這是個極好的片名，請認真考慮一下，因為「ENTER THE DRAGON」意味著一個極具才能的人出現了。

時間很緊迫，泰德。

請給我寄兩份劇本來，這樣我可以開始研究了。

最誠摯的敬意

李小龍

既然一個被美國人公認為極具才華的中國人能在好萊塢電影裡扮演男主角，為什麼要在能反映出東方文化的片名上糾纏不清？這和當年《無音簫》需要一個東方人做主角，最後卻以李小龍「太中國化」為藉口否決有什麼兩樣？

在《猛龍過江》上映後，李小龍已經坐穩了香港功夫片明星的頭把交椅，成了真正的巨星，香港之王，即便王羽依然在拍戲，卻已交出寶座，風頭銳減。那時，索菲亞·羅蘭的丈夫卡洛·蓬蒂是義大利一位著名的獨立製片人，他給李小龍拍了一份極具誘惑力的電報，李小龍完全有可能再赴義大利拍攝跨國巨作。早在四月二十二日，《龍爭虎鬥》剛殺青不久，李小龍便在給泰德的一封信中寫道：

泰德，如今邀請我拍電影的合約已經多到讓你吃驚的地步，從效率和實用的商業角度來講，我希望我們能公正公平，互相信任，對彼此有信心——我在香港和一些人拍電影時曾經有過很不好的經歷。換句話說，我被耍過，我不喜歡這樣。

沒有李小龍，我相信華納兄弟也不會有什麼損失，反之亦然。因此，我真誠地希望，人與人之間，不管是做生意還是別的，在我們的見面中能成為真誠的朋友，泰德·雅士利。

作為朋友，我相信你也同意，畢竟，品質、刻苦工作、職業精神是電影所需要的。以我二十多年的武術和表演經驗，我在舞臺上作為一個真誠、高效和極具藝術表現力的演員遊刃有餘。總之，就是這樣，沒有人比我懂得更多，請原諒我的直白，這就是我。

在這樣的情況下，我真誠地希望你也能敞開心扉，在我們的合作中公正公平。因為我們的友誼，我放著其他掙錢的時間——十來個電影製片人的合約在等著我——來和你見面。泰德，請原諒我的表達，你知道，我想要拍的是有史以來最厲害的電影。

總而言之，我會和你交心，但請不要只對我做表面文章；作為報答，我李小龍會打心底裡感激你做出的所有努力和付出。

信中提到的這些等著簽合約的製片商們，就包括了華納在內的美國八大電影公司中的五家，但是李小龍依然抽出時間寫信給泰德，並優先選擇了與華納再合作一部新片，所以他要先看劇本，這充分體現了李小龍的誠意。同時，信中暗示，如果華納一意孤行，那李小龍或許會選擇和二十世紀福斯拍攝《無音簫》——那本來就是被華納束之高閣的，李小龍、斯特林、科本三人的心血結晶。若真是如此，那華納就真是有苦說不出了。

華納高層自然明白李小龍此時的影響力，也一定感受到了一旦失策將會給自己帶來巨大的壓力和麻煩。六月十三日，經過琳達從中斡旋，一向高傲的華納公司經過多番權衡利弊，終於同意採用 ENTER THE DRAGON 作為《龍爭虎鬥》的英文片名。

親愛的小龍：

根據你的要求，我們對片名做了進一步的深思考慮，同時也已經最大限度地考慮到了你的文化偏好。因此，片名將是ENTER THE DRAGON。

愛你和琳達

泰德·雅士利

羅維報警事件

早在一九七二年底，李小龍就有為李俊九拍攝一部跆拳道電影的想法；四月底，李俊九與導演黃楓在韓國拍攝《跆拳震九州》外景，之後飛抵香港拍攝內景。李小龍幾乎每天都等他收工後一起去中式飯店或韓國料理店用餐。兩人多時未見，有著說不完的話題。七月四日，李小龍在啟德機場目送好友踏上了返美的航程。七月十九日，李小龍特意給李俊九打來越洋電話，恭賀由他主演的《跆拳震九州》全部剪輯完成。這是李俊九最後一次聽見李小龍的聲音。

《冷面虎》、《海員七號》、《唐人鏢客》等三部由王羽主演的影片先後在香港上映，只有《冷面虎》在兩週內取得了兩百多萬的票房，看上去對李小龍的功夫片霸主地位構成不了任何威脅。但就在五月底，《唐人鏢客》在歐美國家上映後廣受好評；加上七月四日，《一條龍》（羅維導演，後更名為《龍虎金剛》，一九七三年十二月二十一日上映）劇組拍完外景高調回港，這讓承受著巨大心理壓力的李小龍更是惱火。七月五日下午三點左右，心態完全失衡的李小龍與羅維在嘉禾公司試片室內發生激烈衝突，據說李小龍曾拔出刀來威嚇羅維，羅維隨後報警。警方來到後，李小龍否認持刀威脅過羅維，只說自己罵了羅維。當時的具體情況真可謂「羅生門」，每個人都有不同的說法，羅維的說法也有出入，而琳達在回憶錄中對這件事的憶述是這樣的：

> 一天，小龍在嘉禾公司電影製片廠和鄒文懷談論《死亡遊戲》的一些事情，突然聽到走廊一邊傳來羅維在放映室裡說的話。羅維正在談論華語片中的問題，而小龍的名字不斷地被提及。本來，那一天小龍就不太順利，心情煩躁，一聽到羅維在批評他，他就衝到放映室，大聲地說出他的想法。小龍發洩完，心滿意足地回到了鄒文懷的辦公室。事情應該就這樣結束了，但是，羅維的妻子突然怒氣沖沖地出現了。可想而知，此時聚集了很多人。羅夫人回到丈夫身邊，只剩下小龍怒火中燒，一般情況下，他會很快冷靜

下來，但這次，他又跑到放映室向羅維大發雷霆。而處在眾人中間的導演羅維卻突然辱罵小龍，說他威脅了自己的人身安全，並開始報警。和往常一樣，員警到達不久，就來了一群記者。羅維要求小龍寫下不傷害他的保證書。被整件事情攪亂頭緒的小龍為了讓記者快點離開，同意簽字。後來，小龍後悔了，因為這份文件的簽署很明顯會讓他受制於人。

琳達對李小龍動刀隻字未提，可能是出於維護李小龍形象的考慮。總之，「李小龍的皮帶中有刀」、「李小龍持刀威嚇羅維」已坐實，而那張所謂的「保證書」卻始終沒有出現過。但那條由李鴻新一手打造的「皮帶刀」確實存在，二〇〇五年，他對這條皮帶做了真品鑒定並簽字確認。

二〇〇三年七月的《看電影》雜誌《李小龍誤讀三十年》專刊上，原嘉禾公司集團資訊總監黃握中就此事對記者說：

由於當時我不想這件事過分張揚，就跑到片場門口，對員警說，裡面沒有什麼事發生，是一場誤會。就打點他們一下，可是他們收了禮物之後說，有人打九九九，不能你說沒事就沒事，於是一大群的員警跑到片場裡來搜查。結果什麼也沒找到，羅維只能說李小龍恐嚇他，其實是我們把他的小刀藏在了檔案櫃的下面，員警找不到這把小刀，後來就不了了之了。

更令人驚訝的是，黃握中在接受採訪時還說出了一件在他身上發生的類似的事情：

……當時我出版一本《銀河畫報》……裡面有一篇文章言辭有批評之意，他於是非常不高興，非常衝動。他不是來找我，而是找鄒文懷。李小龍說：「我和黃握中是同事，為什麼他出版的書對我有批評？」當時鄒文懷先生也替我向他解釋了一下，並不是惡意的批評，說不定是善意的，但李小龍一定要我來見他，然後鄒先生就打電話給我，我到了他的辦公室，李小龍馬上很大聲地叫：「你坐下！」我也不曉得發生什麼事情，就坐下了。他馬上又從他的皮帶裡抽出他的小刀，擺在我的脖子上，說：「你們寫東西的筆就等於我這把刀，弄得不好可以把人殺掉。」當時我不曉得怎麼回事，我就說，小龍兄不要衝動，請把你的意見講出來。到底有什麼地方得罪你，你慢慢講。他說：「你這本書呢，講我怎麼樣怎麼樣，這篇文章對我很不好。」我趕忙說：「你慢慢看，這本書不是罵你的，其實它是一種善意的批評，因為我們大家都是朋友，都是同事，絕對不會中傷你的。」鄒先生也幫我講好話，李小龍的氣才慢慢消下去，然後和我握手言和，我走出門後才曉得害怕。萬一他剛才一衝動，我就沒有命了。

張耀宗在接受電臺訪問時，做了如下憶述：

羅維那一次是他（李小龍）故意那樣做的，李小龍告訴我說「我嚇唬嚇唬他（羅維）而已」。我問他：「你怎麼發這麼大的脾氣啊？」他說：「不是！我故意嚇唬他（羅維）的。」他覺得羅維成天「刻薄」員工。

對於這次事件，許多人看法不一，有認為羅維小題大做的，也有力挺羅維的。而李俊九聞之則嗤之以鼻，認為李小龍只需一拳就可以解決羅維，根本用不著用刀。

當晚，TVB與麗的電視搶先對該事件做了報導。稍後，李小龍便接到蔡和平電話，應邀出現在「歡樂今宵」節目，試圖在訪談中對該事件做出「澄清」。開播前，李小龍事先與何守信說好，將會對他做一個動作，但毫無危險性。但就是這個看似平常的動作，引來輿論對李小龍的一片批評。琳達在回憶錄裡對此事的回憶也頗為無奈：

當晚，李小龍應約定做客香港電視臺，結果這件事又被提起……為了表明羅維聲稱他對羅維的人身威脅有多麼可笑，他打算演示一下當時推肩膀的動作，採訪者同意了。

非常不幸，第二天早上的報紙，關於這件事情的報導題目仍然是充滿了感情色彩，內容極不客觀。我重提羅維的這件事只是想告訴大家，在李小龍的生活中，總會出現這些亂七八糟的事。本來不算什麼大事，但媒體卻不斷誇張、放大。據我觀察，李小龍身邊的這些媒體記者，只關心自己報紙的銷售量，於是，任何一個名人的瑣碎小事都會成為報紙的大標題。

第二天，報章、電視都對此事做了報導，輿論對李小龍在節目中的舉動十分反感，譴責其為「武牛」，而蔡和平與「歡樂今宵」節目組也因此遭到池魚之殃，被報章作為譴責攻擊的對象。蔡和平接受採訪時表示，他不在乎人家的譴責，他認為李小龍是文藝界名人，觀眾們還是較為喜歡李小龍的言論的，所以才致電李小龍在節目中接受訪問，並表示對李小龍在節目中的言論事先毫不知情，拒絕對李小龍在節目中的表現及言論做出評價。同時，他聲稱，歡迎羅維來「歡樂今宵」大談李小龍與他在試片室內交惡的私人感想。

當時，香港正在如火如荼地展開「反暴力運動」、「撲滅罪惡運動」。這或許也就能解釋為什麼《猛龍過江》、《唐人鏢客》需要刪去部分打鬥鏡頭才能上映了。這股風氣之盛，從葉問去世事件後已經開始閱讀中文雜誌和報紙的李小龍不可能不知道，而他居然自己撞在槍口上，真是不知道怎麼解釋了。果不其然，李小龍事後也很後悔自己的行為，曾對好友說，不知為什麼就鬼使神差地上了電視。從心理學的角度來分析，當時李小龍的情緒已經惡劣到了精神崩潰的邊緣，他自己也已經開始控制不住自己的行為了。導致情緒失控的原因或許是壓力太大又沒有足夠的時間適當發洩。

或許李小龍覺得自己已經無法在嘉禾公司與羅維相處，不久後，他寫信給邵逸夫，提及自己將把九至十一月的檔期空出來。言外之意，他將為邵氏拍一部電影。這其實不是新聞，早在一九七二年夏天，李小龍就對媒體說，他不會只為一家公司拍片，只要劇本合適，可以為任何一家電影公司拍片，他認為用這樣的方式可以推動國產片的發展。但在去世前，他曾對好友表示，香港不適合自己居住，香港人對他不好，他想回西雅圖。琳達甚至認為全家應該儘快回到洛杉磯居住，香港無法提供給孩子們正常、健康的生活。

成龍曾回憶起李小龍在逝世的六天前，曾主動和他一塊去打保齡球：

一天，我從公司出來，他（李小龍）對我說：「喂，你去哪兒？」我說：「去打保齡球。」於是他說：「我和你一起去。」我們就一起去了保齡球館。可他根本沒玩，就我一個人打，他只是坐著看。我不知道他在幹什麼。他就坐在那裡看，眼神怪怪的，好像在望著很遠的地方，好像在製訂什麼計畫。他在想事，好像在抉擇下一步何去何從。

撒手人寰

七月二十日上午，李小龍在家中寫了幾封信，一封給自己在美國的私人律師阿德里安·馬歇爾，為八月間的《龍爭虎鬥》宣傳造勢，並與華納商討新片劇本。另一封是寫給沃爾的，但是始終沒有寄出。同時，他還接到了琳達·帕爾默從美國打來的電話，稱院線經理們在特別審片室內看過樣片後讚嘆不已，還規劃了很多專案給他，這讓李小龍很是高興。琳達·帕爾默同時還表示，他們夫妻二人想來香港玩上幾天，李小龍對此很高興，表示自己準備帶他們去參觀一些地方。

中午時分，李小龍在書房看書，琳達出去和朋友一起用餐、購物。兩人吻別時，李小龍對她說，自己下午要和鄒文懷一起去和第二任詹姆士·龐德的扮演者喬治·拉贊貝（曾主演過 007 系列電影第六部《鐵金剛勇破雪山堡》）討論《死亡遊戲》的劇本以及他將扮演的角色，可能不回來吃晚飯了。誰能想到，這竟然是李小龍留給妻子的最後一句話。

下午兩點左右，鄒文懷來到李小龍家，兩人一起談論劇本到下午四點，決定邀請丁珮在劇中出演角色，這是李小龍認識丁珮後唯一一次給她安排角色[5]。

於是兩人隨後一起驅車，於下午五點左右到達筆架山道六十七號碧華園 A3 號二樓丁珮寓所內討論劇本細則。三人決定一起去金田中日式餐館赴約，於是丁珮早早換好衣服，隨時準備出發。討論劇本期間，李小龍只喝了一罐汽水。

大約晚上七點半，李小龍忽感頭痛，於是丁珮給李小龍服用了一片她的私人醫生朱博懷給她開的強力止痛藥。服藥後，李小龍對鄒文懷說了句「回頭在餐館見」，便進了丁珮的臥室關上門休息，於是鄒文懷便先行赴宴。八點，離開寓所之前，鄒文懷來到臥室，見李小龍側臥著，一切正常。之後，丁珮一直在客廳看電視。

5　丁珮對中國媒體採訪時曾說：他答應給我做三部戲，《死亡遊戲》中我演他太太，如果《猛龍過江》不是早已經確定了苗可秀，我就會是那部戲的女主角了。筆者認為，看看李小龍四部戲中的「龍女郎」，從衣依、苗可秀到鐘玲玲，無不是清新脫俗，氣質優雅，很難想像一個極為妖豔的女星出現在李小龍的電影中。

鄒文懷駕車在尖沙咀接到喬治後，便一同來到金田中日式餐館等候李小龍與丁珮。期間，約在晚間八點四十五分與九點十五分，丁珮曾兩次致電鄒文懷，稱李小龍睡得很熟，可能要晚些前來，讓鄒文懷與喬治先行用餐，鄒文懷稱將在晚餐後再前來其寓所。晚上九點半左右，快用餐完畢的鄒文懷見李小龍仍未赴約，便致電丁珮，丁珮稱其曾試圖叫醒李小龍，但是李小龍卻始終沒有反應。鄒文懷於是急忙趕往丁珮寓所。

不久後，鄒文懷便來到丁珮寓所，對李小龍推、拍多時，仍未見有所反應。於是，鄒文懷先後打電話給兩名醫生，卻無一接通，丁珮只得打電話給正在浸信會醫院值班的朱博懷醫生，並在朱醫生到來之前，親自在樓下等候。朱醫生於晚間十點十五分左右抵達，經檢查，發現衣著整齊的李小龍躺在床上，並無掙扎跡象，但已陷入不省人事狀態，對外界刺激毫無反應，無脈搏，無呼吸，但瞳孔尚未完全放大，且還有體溫，便打電話叫救護車。

在等待救護車期間，正在家中與子女們一起看電視的琳達接到了鄒文懷的急電。

我回到家的時候大約四點，在進行了晚間運動後，我、國豪、香凝在小龍的書房一起看電視。小龍並沒有打電話回來，這讓我覺得有點反常。儘管他告訴過我他可能會外出吃晚餐，通常總是會打電話回來確認。相反，大約在十點的時候鄒文懷打來電話，我從他的聲音中感到了事情有些緊急。

「琳達，你現在趕緊到伊莉莎白皇后醫院來，小龍在這——在救護車上。」

「出什麼事了？」我急忙問。

「我不知道——看上去他快死了。」

晚間十點半左右，A43號救護車負責人彭德生與三名隊員接指揮中心派遣，由救護車站駛往丁珮寓所。抵達現場後，彭德生發現李小龍面朝上平臥在床，沒有呼吸與脈搏，於是立刻派人由救護車上拿取呼吸器材對李小龍施以人工呼吸，但是未見效果。而當朱醫生得知李小龍兩月前曾有過類似狀況，且經浸信會醫院長時間搶救方脫離生命危險時，便指示救護人員將李小龍送往較浸信會醫院設備更為齊全的伊莉莎白醫院，只鄒文懷一人陪同前往。為了避免引起麻煩，驚慌失措的丁珮被留在家中。在驅車前往伊莉莎白醫院途中，鄒文懷曾向彭德生說起過李小龍兩月前的癲癇發作，並在抵達醫院前透露了李小龍的身分。這一路上，李小龍的情況始終沒有改善。

琳達到達醫院的時間比救護車早十五分鐘，當問及前臺人員李小龍的情況時，卻被告知他們對此一無所知。晚上十一點，救護車終於抵達醫院，鄒文懷與琳達護送李小龍進入急診室，曾廣照醫生為李小龍進行檢驗時，發現病人已無任何生命跡象。雖然認為病人已經死亡，但仍然為其做了心肺復甦術，並安排病人進緊急病房[6]。參加搶救的

6 資料顯示，警方記載的李小龍被送入急症病房時是晚上十一點二十四分，也就是說，在急症病房內，醫生們對李小龍的搶救只進行了六分鐘便證實其死亡。

麥海雄醫生為李小龍做了心肺復甦術，同時打電話通知在緊急救治組值班的鄭寶智醫生前來協助。鄭醫生在對病人進行檢查後，認為病人已經死亡，但依然按照程序，為其做了心外壓，注射腎上腺素、強心針並施以電擊等搶救措施，但是依然沒有任何效果。晚間十一點半，麥醫生宣布李小龍回天乏術，並在有關文件上批寫及簽名。守在急診室門口的琳達聽聞此噩耗，痛哭失聲。她在回憶錄中寫道：

……我注意到心電圖儀器上，小龍的心跳記錄是一條直線，這表示小龍的心臟停止了跳動……我問醫生，我沒有用「死」這個詞，對小龍不能用這個詞。我問的是：「他還活著嗎？」醫生搖了搖頭。醫生們離開了小龍，我待在他的身邊，那時我才確信自己真的已經無能為力了……我記得鄒文懷打電話給他妻子，讓她到這來接我們。我記得醫療小組的負責人來問我是否需要做屍體解剖以及驗屍報告，「是的，我想知道他的死因是什麼。」我記得大批的記者和攝影師湧入醫院，閃光燈亮成一片……。

為了應付記者，也為了照顧好琳達的情緒，維護好李小龍的名譽，在徵得了琳達的同意後，鄒文懷便向蜂擁而至的記者們說出以下各報章於次日一早口徑一致，但細節各有出入的「官方消息」。

紅透半邊天的李小龍，昨晚十一時三十分突然在伊莉莎白醫院殞命。

李小龍是於昨晚深夜十一時，由鄒文懷及李小龍之外籍妻子，以私家汽車送入伊莉莎白醫院急救，當時李小龍已陷入昏迷狀態，情況嚴重，醫生動用氧氣緊急搶救，但經過約半小時後仍回天乏術。

……李小龍昨日本來約鄒文懷於下午七時，一同在尖沙咀金田中飯店吃晚飯，但因較早時感到不適，在家中睡覺，鄒文懷以李小龍逾時未到，致電李小龍美籍太太琳達，才發現李小龍在住所睡房中昏迷不醒。

約於下午八時許，鄒文懷及李小龍太太琳達，以私家車將李小龍送往浸信會醫院，但浸信會醫院乃私家醫院，因發覺似屬急症，不能收容，迫得轉送政府公立之伊莉莎白醫院。

經過了一段時間轉折，送抵伊莉莎白醫院時已是深夜十一時了。

……李小龍之美籍太太琳達，一直在病房中守候，直到十一時三十分證實不治，哀傷欲絕。當時大群記者在醫院門前等候消息，但琳達不發一言，氣氛沉重。

李忠琛、俞明夫婦及影視界多人聞訊後急忙趕到醫院探視，之後，遭遇到沉重打擊而神情恍惚的琳達由鄒文懷駕駛著妻子開來的私家車送回「棲鶴小築」家中。

就在官方宣布李小龍死訊的同時，警方也著手介入。七月二十一日淩晨十二點三十分，以黎遠榮督察為首的十餘人來到丁珮寓所，向丁珮詢問當時情況，當時寓所中除丁珮外，還有其母及其弟。隨後警方帶走了四粒藥丸、兩個尚存液體的汽水瓶和三個使用過的玻璃杯，場面極為混亂，此時的丁珮意識到出了事，但是還不知道李小龍已死。

第二天，李小龍暴斃的消息如同晴天霹靂般傳遍了整個香港。這個消息對香港人而言，遠比葛柏貪污案、剛過去的颱風黛蒂，以及發生在白宮的水門事件來得震撼得多。大家都很驚訝：這個堪稱地球上最健康、最強壯的男人，怎麼說死就死了？是不是在為《死亡遊戲》製造噱頭做宣傳？李小龍的弟子們聞訊後紛紛致電琳達，得到的消息始終是：李小龍真的去世了。

誰都不會也不願相信李小龍的死訊，但這是事實。蔡和平得知消息，整個人都傻了：「李羅事件」當晚，李小龍還和他在一起吃晚飯，還答應他會在十一月去新加坡參加一個慈善晚會……這一切都已經不可能了。為了紀念李小龍，**TVB**製作部已著手進行「李小龍紀念特輯」的拍攝工作。當晚九點三十五分，**TVB**新聞部搶先報導了李小龍的死訊，採訪了鄒文懷、邵漢生、劉大川三人，時長五分鐘。

居住在洛杉磯的李振輝和何愛榆從電視新聞上得知消息後簡直不敢相信這是真的，李振輝急忙致電琳達，證實了消息的真實性，何愛榆得悉噩耗後當場就昏了過去，經搶救才醒轉。由於時差的關係，在倫敦，七月二十日正是《精武門》的首映會，當李小龍逝世的消息傳來，場內外觀眾皆集體默哀，場面甚是淒涼。邵逸夫聞之長嘆一聲，謂電影界少一人才，張徹也為李小龍的死而感到可惜。而一向與李小龍不和的羅維在惋惜的同時，表示死者已矣，兩人的恩怨也隨之一筆勾銷，自己將親自到祭。邵氏「雙子星」狄龍、姜大衛親自到李小龍寓所向李小龍家人致哀。華納公司總裁泰德．雅士利，《龍爭虎鬥》製片人弗雷德．溫楚布，史提夫．麥昆，新加坡、曼谷和臺北的電影界人士紛紛發來唁電慰問。正在菲律賓拍戲的小麒麟聽聞噩耗，急忙於二十一日晚間趕回香港。

死後亂象

緊接著，「練功過度說」、「假死說」、「毒斃說」、「被多人毆打致死說」、「腦溢血說」、「風水說」、「算命說」等不實流言開始充斥著香港的報章輿論。李翰祥在評價李小龍的死時說「他生前光明磊落，死後撲朔迷離」，可謂一語中的。這些光怪陸離的死因揣測中最為荒謬的，當屬李小龍死亡次日，媒體發表的黃淳樑的「電刺激說」：

李小龍生前師兄弟，詠春派拳師黃淳樑，昨日下午在伊莉莎白醫院殮房談及李小龍最近練功情況。他表示，別人對李小龍之死感到驚奇，他不覺得這是突然的事。

……黃淳樑透露，李小龍在半年前由美國買來一部練武機器，體積如答錄機，練武時綁在腰間，加電壓後可產生靜電，通過人的大腦，控制肌肉收縮或擴張。這種練武機器對人的體力消耗很大，帶這種機器練武，兩三分鐘即相當於平常劇烈運動四十分鐘。

黃淳樑表示，他也用過一次這部機器，感到身體支撐不住便放棄。

嘉禾公司宣傳部經理杜惠東在多年後也對《看電影》雜誌記者有更為詳細、如同身臨其境的闡述：

……那個震盪機很厲害的，用電線連到身體上，開機就震肌肉，速度很快，他震十分鐘，就像平常練十小時一樣，所以後期李小龍的肌肉非常漂亮，力度非常好。但顯然是太強迫自己練，以致失去了和諧，他也和我們說過，你們這麼練有什麼用，你們這樣操練十個鐘頭，都不如我練十分鐘……李小龍既弄西藥，又弄這種機器，他的死亡也就成為不意外的事情了。

荒謬的是，黃淳樑的先河一開，便有許多人跟風，衍生出眾多版本，如楊斯、元華的說法便與黃淳樑類似；而「香港先生」周劍和則乾脆把「電刺激治療儀」改名為「電椿機」，除形狀外，內容描述則與黃相仿。

能被李小龍請來參觀豪宅的，當然是與他交情非同一般的。而能得到李小龍本人獲准參觀書房和練功室的人，則是少之又少。連琳達也不能隨便進書房打擾李小龍看書，練功室的鑰匙只有管家胡奀夫婦有。

周劍和說李小龍玩的是「電椿機」，完全是瞎編；楊斯是在一九八七年，克勞斯和張欽鵬採訪他的時候說到這臺機器的，與黃淳樑的描述還有一些出入；杜惠東在二〇〇三年對中國媒體如是說；元華則是在二〇〇九年左右才在電視紀錄片中提及這臺機器。這些人是否真見過這台機器？又是否瞭解這台機器的功能？為什麼在李小龍死後才說出這個故事？其動機、真實度均值得商榷。

據筆者查證，這種被描述得神祕至極的機器其實是現如今極為普通的「神經肌肉電刺激儀」。據香港報紙記載，最遲香港已在一九六五年開始販售日本生產的「電子健康器」，並逐漸開始自行研製開發新款同類型產品，後更開發出按摩椅、靜電健康毛毯，功能以按摩為主，可改善體質，治療失眠、神經衰弱、風濕性關節炎、高血壓、頭痛、胃病、記憶力衰退等慢性疾病。一九七一年起，經過改進的「電子靜電健康器」引起香港各大醫院重視並被採用，通過二至一百六十赫茲的低頻可調節脈衝電流來減輕疼痛症狀（如關節痛、肌肉痛等）以及減輕肌肉緊張度；增強肌肉，改進肌肉的總體外觀，並能提高體育鍛煉效果；對病變神經及肌肉進行刺激，促進局部血液循環，引起肌肉節律性收縮，改善代謝和營養，從而延緩病肌萎縮，抑制肌肉纖維化，防止肌肉萎縮。還可以刺激組織再生。現如今，電刺激已經成為現代運動訓練的重要訓練、物理治療手段之一。儘管二〇〇〇年後，多篇相關醫學論文指出該機器的種種不科學之處，但依然不能將此與死因畫上等號，最多算加速死亡的一個次要因素。李小龍用這種機器來治療腰傷，緩解腰部疼痛，防止腰部受傷的肌肉萎縮，提高鍛煉效果，減少脂肪，美化肌肉群無可厚非。但如果按照黃淳樑所說，那生產這些治療儀的廠家都要吃官司、倒閉了。如果說元華不明白其中的原理，有此一說尚屬情有可原；但作為始作俑者的黃淳樑就屬於信口開河了，而那些跟風者如果不是愚昧無知，就是為了出名而胡說八道，真是無恥之極！

而王羽也不甘寂寞跳將出來，他的言論更是讓人笑掉大牙：

王羽認為李小龍之死，是每日吃的維生素太多所致。他說小龍每天一吃就吃二三十粒，並說小龍已經吃了二十年。

「吃維生素能死人」這種言論在幾十年後依舊存在，嘉禾公司宣傳部經理杜惠東就對《看電影》雜誌記者說過：

……最後幾天他脾氣很暴躁，人也很瘦，一定是受了藥物的影響，他一天吃一百多顆藥，維生素ABC的亂來，香港醫學界後來才感覺到，當時他的身體很棒，身上一點脂肪都沒有，吃的可能就是後來體育界的禁藥類固醇。當時類固醇是剛剛發明的新藥，他吃的份量就不合標準了，因為當時大家對於這種藥還處於摸索階段。

二十世紀三〇年代就出現的類固醇在六〇年代初被應用於體育界、健美運動。李小龍的訓練計畫裡也包括了肌肉訓練，但服用的是自己研製出的混合蛋白質飲料，其中所摻的奶粉不含類固醇。李小龍也不像那些服用了類固醇而擁有大塊肌肉、體重增加、脂肪減少的健美運動員，他的肌肉非常自然，體重也保持在一百三十五磅左右，這完全是依靠十幾年如一日，不懈的訓練得來的。

香港民眾們熱衷於探討李小龍的死因，同時等待著最終的驗屍結果。七月二十三日下午兩點，法醫在高度保密的情況下對李小龍的屍體進行了解剖，但是死因要等到法庭研究後才能公布。此時鄒文懷與李家人忙得不可開交，他們與李小龍生前好友共二十九人組成了治喪委員會，並在各大報紙發表訃告，寫明將於七月二十五日在九龍殯儀館大殮，並由琳達擇日護送靈柩回西雅圖安葬。二十四日上午十一點十五分，李小龍的遺體由其兄李忠琛含淚領出，緊接著，九龍殯儀館專車將遺體運至殯儀館。據稱殯儀館為李家傭人所開，還特地為李小龍的遺體準備了一間化妝間，加強冷氣，除親屬外任何人不得入內。當日十二點二十五分，琳達、李忠琛、鄒文懷、俞明進入化妝間，下午一點左右才離開。

香港的《星報》在追查李小龍死因時，突然發現李小龍的真實出事地點是在丁珮家！文章刊出後引發了軒然大波，媒體、民眾紛紛將矛頭指向了鄒文懷，直斥其說謊。鄒文懷極力否認自己曾對媒體說起過李小龍是在自己寓所出的事；而丁珮也對媒體力證自己清白，並口口聲聲稱自己將於二十五日親自弔唁李小龍。但是寓所看門人對媒體透露的「消息」對鄒文懷、丁珮、李小龍極為不利：

筆架山道六十七號的大廈之日間守衛，昨日向本報記者透露其於星期五下午三時左右目睹李小龍偕一男士進入該大廈，其後該男士於下午四時左右離去，但未見李小龍一同離去，直至他於當晚八時下班為止。

如果守衛所言屬實，那鄒文懷走後，李小龍當時和丁珮在幹什麼？當時還有誰在場？是否當時李小龍就已經出事？如果是的話，為什麼要等到十點多才把已經死亡的李小龍送入醫院急救……？一連串無法解答的問題接踵而至，「陰謀論」也就因此傳開來。對於滿天飛的謠言，琳達曾做出如下解釋：

小龍死後，鄒文懷在電視節目中談論此事，由於我的過錯引起了部分混亂。

鄒文懷對我說與其說李小龍死於丁珮家中，不如說是死在自己家裡更為合適。我說這對我來說並不重要——這是他所能想到的最好的主意。我們都明白小龍和丁珮的名字被放大後刊登在報紙的頭條是一件多麼引人關注的事情。我不在乎，況且現在我也管不了那麼多——這些都已經不重要了。那時我要照看我的孩子們，還要安排葬禮。鄒文懷並沒有很確切地說出小龍死在家中，但是他在話語中暗示了這點。當真相大白後，大家都覺得鄒文懷是在撒謊。為什麼他要這樣說？結果，大量突如其來的謠言開始四處擴散。

而鄰居們說，經常看見李小龍造訪丁珮家，而且常常是在夜間。孤男寡女共處一室，這讓想像力極為豐富的娛樂記者和港媒們立刻就製造出了「性猝死說」、「丁珮謀財害命說」等不堪入目的下作流言。稍微客氣一些的媒體則以「自古英雄難過美人關」來暗示。不少八卦雜誌還將苗可秀、丁珮的照片與李小龍放在一起作為封面，極盡污蔑之能事。魯迅就在文章中寫過：

一見短袖子，立刻想到白臂膊，立刻想到全裸體，立刻想到生殖器，立刻想到性交，立刻想到雜交，立刻想到私生子。中國人的想像唯在這一層能夠如此躍進。

顯然，大家對於這位三級片豔星的關注度遠超尋常，不少報紙紛紛將陳年舊事挖出來：

……李小龍對本港一女星甚依戀，曾以十一萬元購買一新型汽車送給她 ，作為禮物，這手筆可算大矣。

李俊九聽聞該桃色豔聞後，大笑不止：

李小龍會給一名女演員買車？你我都知道李小龍對於金錢的態度。除了琳達或他的直系親屬，他不會給任何人買車。這些報導真是胡扯。

四十年後，丁珮在做客香港電臺節目《舊日的足跡》接受主持人車淑梅訪問時承認：

李小龍當天的確在我家，我也有去給警方錄口供，也上了法庭。（對於鄒文懷為何隱瞞真相）那已經沒關係了，因為都過去了，鄒先生這麼說的話必定有他的道理。（問鄒文懷在宣布消息前是否有和她商量過）我的地位是不是值得別人跟我商量呢？換作是你，你會找我商量嗎？要是當時找我商量的話，我也不知道該怎麼辦。那時候還有很多人質問我，外國的記者、超級李小龍迷……（浸信會醫院這麼近怎麼不送，為什麼要送去伊莉莎白醫院？）可我沒有權力做主啊。

---

7 丁珮的家世顯赫，家境殷實。她一九六七年入邵氏，兩週後便購買了一輛豪車代步。一九七二年，丁珮就斥鉅資購置了一輛金色賓士車，報紙上多有登載，但在李小龍死後卻依然被某些人說成是李小龍買了送給她的，實在讓人哭笑不得。

一家報紙甚至在李小龍死後派出兩名記者潛入殯儀館太平間，偷拍李小龍遺像並刊登於報紙上。

李小龍死後，丁珮在報刊上發表了一篇由她口述的「自白書」，摘錄如下：

我記得李小龍生前，我沒有沾過他一絲一毫的光，不管是名，是利。死後，所有不幸的事，我都沾上邊了。

我是一個不愛管閒事的人，別人的話，別人的生活，我從來不去注意。可是，別人卻注意我的一言一行，尤其是在李小龍死後。我的確過了一段比坐「牢獄」更不如的日子！

為了避開那日夜不停的電話鈴聲，為了避開那充滿責罵的影迷信，我只有採取唯一的方法，把自己祕密地封閉起來，我唯一需要的，只是清靜，讓我疲乏的身心得到休息。

在李小龍生前，我從來沒有利用他的名氣出過風頭，死後，我也不想這麼做……我每天把自己關在房子裡，自怨，自嘆。對著電視，不知螢幕上在放映什麼。對著書本，不知其中含意。對著描寫得稀奇古怪的報紙，腦裡一片空白。我的淚已流乾，感情已麻木。我想，這大概才是真正的「非人生活」！

李小龍死後，丁珮除了拍戲，一直鬱鬱寡歡。為了避免不必要的麻煩，她甚至一度搬去愛德華王子道二一一號四樓居住。據當時報紙雜誌記載，鄰居們發現，李小龍死後，她就避免與記者接觸，窗門都用白紙封上，極少出家門。有時會溜出去買些食物，更多的時候是託鄰居或公寓守衛代為買煙。更在客廳抽煙解愁，看上去頗為疲倦。

某報記者兩次致電丁珮，問及她與李小龍是否有「超友誼」關係時，丁珮以「什麼好事都輪不到我，什麼倒楣事我都攤上了。」這樣的話來回應；當記者問她會否參加李小龍追悼會，她信誓旦旦地說一定會去，結果李小龍舉殯當日，記者們苦等半天，除了一個花圈外，不見丁珮其人。相比更為年輕就被冠以「李小龍緋聞女友」的苗可秀，自稱深愛李小龍的丁珮此舉不過是盡了禮數而已。當時，香港著名演員伍秀芳曾在《明報週刊》撰文，不指名地痛斥丁珮：

……如果有一個男人死在我家裡、懷裡、為我而死；我的歉疚將一輩子都沖洗不掉。我可以一言不發，不承認、不否認，為了死者的聲望，自己的名譽等等，然而不可不到靈堂去看他最後一面，即使那會受萬人唾罵。一別將天上人間，那個人曾經如此輝煌過、相愛過，一切成為陳跡了，「人生得一知己，死而無憾」，對得起知己，又何必以明哲保身，怕萬人不諒？倘若得一萬人諒解，但愧對知己，又能心安理得嗎？

兩次葬禮

儘管有關丁珮的話題不斷湧現、升溫，但是最讓香港民眾關心的依然是李小龍的葬禮。

李小龍的臨時靈堂已於七月二十四日下午兩點於殯儀館二樓一號房內佈置妥當，靈堂中間放著李小龍的巨大遺像，供奉著李小龍生前愛吃的牛脷酥、鹹煎餅、柳丁、蘋果、叉燒包與葡萄等。遺照上方寫著「典型尚在，藝海星沉，哲人其萎」的字樣。遺像下擺放著琳達的花圈，上書：「小龍愛夫，緣續來生，妻琳達泣獻」。兩旁的輓聯為：「魂散淒清齊奠萬錢空入夢，鸞輪縹緲靈前灑淚賦招魂。」其他花圈、輓聯也已堆滿整個靈堂。嘉禾公司紀錄片攝製組人員的燈光將靈堂照射得如白晝一般，現場鏡頭一個也不放過。至下午六時許，已有不少圈內好友前來致祭。最為引人注目的是苗可秀，一身黑色素服，戴著太陽眼鏡，帶來了李小龍生前最愛吃的釋迦。行禮時因觸景生情而數度哭泣。她本想親自陪著李小龍的靈柩回美國，但由於檔期問題而無法成行。這番舉動，被報紙稱為「戴了孝的半個未亡人」。

下午三點左右，靈堂的佈置全部轉移到禮堂。四點，邵逸夫派代表送來巨型花圈一個，以白黃劍蘭與菊花滿綴，上題「小龍先生千古」，下署「邵氏公司邵逸夫暨全體同仁鞠躬」的字樣，正中寫著「痛失英才」。約四點半，嘉禾公司送來一個同樣大小的花圈，以紅玫瑰與粉紅劍蘭組成，上書「小龍先生千古」，下署「嘉禾公司電影（香港）有限公司全體同仁敬輓」，正中題寫「天妒英才」，與邵氏送的花圈一左一右擺放在靈前。深夜，影視界好友及生前好友到祭者仍眾。「歡樂今宵」全體成員在節目完成後，由蔡和平親自帶領，夜祭小龍。當晚，小麒麟為李小龍守夜。

七月二十五日一早，便有三萬多名李小龍影迷在九龍殯儀館門前爭睹小龍遺體，一時間秩序混亂，後由警方抽調百餘男女警員架起拒馬以維持秩序。殯儀館內，嘉禾公司的幾十名龍虎武師戒備森嚴，以防影迷湧入靈堂。

而邵氏全體影星或感尷尬而無一人前來，至於武術界人士，只有一名署名關培基的詠春門人、葉準、黃淳樑、王仕榮、詠春體育會、漢生康樂研究院等以個人或組織名義送來花圈。

羅維八點半便來祭奠，停留一段時間後離去。八點五十分，丁珮花圈送到，卻不見人影。上午九點過五分，一身白衣，頭戴白花，戴著茶色太陽鏡的琳達強忍悲痛，在鄒文懷夫婦及何冠昌等人陪同下抵達殯儀館，並由鄒文懷一路攙扶著匆匆步入靈堂。在向亡夫三鞠躬後，便由親友為其披麻戴孝，神情麻木地端坐在靈堂左側，由李忠琛夫婦、李小龍表姐李秋鑽、許冠傑夫人琳寶·弗萊明及小麒麟、胡奀等陪同。由於悲傷過度，對於友人的安慰也充耳不聞。一早便來到殯儀館的苗可秀神情哀傷，在其他嘉禾公司影星及工作人員到場後方才進入靈堂，不時以手巾掩面。不久後，喬治．拉贊貝、鄭君綿夫婦、李錦坤、石堅、曾江、張清、魏平澳、蕭芳芳、劉家傑、關南施等一一到祭。十一點十分，一身白色素服的國豪與香凝在傭人及生前好友陳炳熾的帶領下進入靈堂行禮，緊接著便換上中式喪服，與母親跪坐在一起，向前來祭奠者還禮。

十一點二十分左右，裝著李小龍遺體的銅棺被抬進靈堂，供大家瞻仰遺容。此時各方人士蜂擁而上，場面極為混亂。殯儀館外對面馬路仍然有兩處拒馬被狂熱影迷撞翻。

李小龍神態安詳，身著一套唐裝衣衫，棺木內圍有白色絲綢，只露出臉部。臉部及頸部略顯浮腫，頸部還套有以純K金項鍊串起的小黑玉墜，是李小龍同年的紀念品。李小龍的臉色因遺體保存欠妥而呈紫黑色。棺木上安裝了一層玻璃，以防被人觸摸遺體。雙眼已哭至紅腫的琳達看著亡夫的遺體泣不成聲，兩名子女被親屬抱起瞻望，卻不知道他們與父親已陰陽兩隔。

七月二十六日早五點，裝載有李小龍的銅棺從九龍殯儀館運出，裝入一個木箱，經過多重嚴密保護措施，由多位搬運人員小心地搬入西北航空公司004號波音747型機艙內。琳達偕子女在鄒文懷及蔡永昌陪同下，於啟德機場辦理登機手續。此次前往美國，除琳達母子三人外，還有嘉禾公司經理安德魯．摩根，攝影師陸正、許冠傑妻子琳寶及李小龍嫡傳弟子兼好友秦彼得等人。鄒文懷因要事在身，無法陪同前往。

在機場餐廳，琳達打破多日來的緘默，召開了一場簡單的記者會，宣稱自己堅信丈夫是「自然死亡」，並向在場記者宣讀了一份書面稿，報紙譯文全文如下：

我深願香港報界及社會人士不再猜測我丈夫死亡前後的情況，雖然我們還未收到最後的驗屍結果，但我個人則深信他是死於自然，也不認為任何人應對他的死亡負責。

命運的安排是我們無法改變的，唯一重要的是，小龍已經離去，永遠不再回來，但是他在我們的記憶及在他的影片裡繼續長存。請各位在懷念他的時候，想起他的天才、他的藝術和他的魅力，對我們跟他熟識的人而言，他的言論和思想，會永存於世。

我知道香港人士愛護小龍，對他替香

一九七三年七月二十五日，李小龍遺體在香港九龍殯儀館出殯時的情形。

港揚名世界的成就感到驕傲，所以我懇請你們讓他平靜地安息，不要讓他的靈魂受到干擾，我本人和他的至親好友都是這樣的想法。

記者會後，琳達一行便登機離開香港。運輸途中，由於壓力差的關係，李小龍的靈柩破了，保存遺體用的液體漏得到處都是。按照中國傳統的說法，這意味著他不能安靜地休息——他還有很多事情沒有完成[8]，這更添加了一絲悲壯的意味。當到達西雅圖的時候，他們發現液體從小龍的藍色唐裝滲透到了靈柩的白色絲質內膜，於是琳達決定重新換一口新的棺材。

七月二十七日，飛機降落在西雅圖國際機場，李小龍母親何愛榆、李小龍胞姐李秋源、弟弟李振輝及琳達母親、妹妹、周露比等人前來接機。琳達與何愛榆一見面就禁不住抱頭痛哭，李俊九、木村這些李小龍生前好友也只能對琳達稍加安慰。但是，再多的話語也無法撫慰琳達那顆破碎的心。

七月三十日，在西雅圖的巴特沃斯殯儀館舉行了一場小型的私人追悼會，參加者只有一百八十人，包括李小龍在美國的明星弟子及《龍爭虎鬥》部分原創人員。現場氣氛十分凝重。靈堂中，除了那幅巨大遺像，在李小龍的銅棺旁還放置了一個由紅、黃、

8　李小龍生前曾對好友提及過，他想當電影製片人，帶著林正英、陳會毅、元華等特技演員闖蕩好萊塢，每年回香港拍攝一到兩部電影，並夢想著能拍攝一部類似《陳查理長子》的電視連續劇。

白三色花所組成的截拳道圖案。葬禮上沒有播放傳統的悼念音樂，而是播放了四首李小龍生前最喜愛的歌曲：MY WAY（我行我素）、THE IMPOSSIBLE DREAM（不可能的夢想）、AND WHEN I DIE（當我死去時）、LOOK AROUND（環顧四周）。

牧師做完禱告後，木村武之以他特有的方式——向著李小龍的遺體施以振蕩禮後走向小講臺發言。之後，華納總裁泰德·雅士利、李小龍遺孀琳達分別發了言。琳達發言前，向安躺在棺內的小龍遺體三鞠躬，在小講臺發言時神情非常鎮定，她以一段極富李小龍式哲理的語句結束了她的簡短致辭。

李小龍始終相信：靈魂是軀體的胚胎，死亡之日便是靈魂甦醒之時，精神永遠存在。我們甦醒之日，便會與他相逢。

大家一一排開瞻仰遺容，而伊諾山度剛走近銅棺便無法忍住內心的悲痛，轉身離去……何老夫人在眾人攙扶下緩步走向銅棺，最後一次觸碰並親吻了兒子的臉龐，抓住棺木不肯放手，開始哭天喊地，大家想把她帶走，但她又昏了過去。場面氣氛壓抑，令人不忍目睹。在子女們看了自己的父親最後一面後，儀式便告結束。由詹姆斯·柯本、史提夫·麥昆、丹·伊諾山度、木村武之、秦彼得和小龍的弟弟李振輝將銅棺抬上靈車，運往湖景墓地安葬。從湖景墓地可以俯瞰平靜的華盛頓湖水面，風水極佳。雖然琳達不懂風水，不過她相信如此漂亮的景色也是李小龍喜歡的。

眾人跟隨靈車來到墓地，聚集在搭建了臨時頂棚的小龍墓地前，由詹姆斯·柯本致最後的悼詞：

別了，兄弟。此時此地我們與你分享榮耀。作為兄弟和老師，你將精神以及心理上的自我一起賜予了我。謝謝你，願你安息。

隨後，扶靈者紛紛將手中的白手套拋入墓穴。何老夫人與李小龍的親人們早已泣不成聲。琳達上前與大家一一致意，葬禮便告正式結束。每個人都往棺木上撒了些土。傑西哭得像個孩子，他和李小龍的其他親傳弟子們都不願意見到他被陌生人埋葬，於是從工作人員手中拿過鐵鍬，將墳墓弄好。雖然悲痛，卻覺得這是應該為李小龍做的。斯基普還抓了一把土放在西裝外套的口袋裡，將它放在自己家中的「李小龍房」內的一個特製瓶子裡。

李小龍在美國湖景墓園的墓碑。

琳達為李小龍在義大利訂製的褐色大理石墓碑就豎立在這片寂靜的墓地之中，上面鑲著李小龍的遺照，刻著李小龍的英文名、中文名和出生年月日：

BRUCE LEE 李振藩

1940.11.27—1973.7.20

創造了截拳道

墓碑前的那本翻開的大理石書本上刻著這樣一行字：

你的在天之靈依然指引我們走向個性解放之路。

死因揭祕

正當李小龍在美國入土為安之際，香港媒體卻還在為李小龍的死因、丁珮與李小龍是否有關係、李小龍的銅棺價值幾何、李小龍有多少遺產、遺產如何分割、保險受益人是誰等問題上吵得不可開交。

正所謂「一人得道，雞犬升天」，李小龍死後，自稱是李小龍生前好友兼弟子的秦彼得也與泛亞公司簽約；羅伯特·沃爾也參加了臺灣影片的拍攝並在全美影壇走紅；吉姆·凱利和約翰·薩克森也因參加《龍爭虎鬥》的拍攝，新作倍受關注。

見錢眼開的港臺片商們看準《龍爭虎鬥》尚未上映的空檔，將李小龍遺作重映，但反響極差。星海公司更將李小龍參加《獨霸拳王》（《麒麟掌》原名）記者招待會、

《麒麟掌》開鏡典禮及為該片做武術指導的片段剪接在《大天二》中播映[9]。無線電視臺也不甘示弱，於八月九日下午五點半重映了《人海孤鴻》。有消息稱，嘉禾公司欲將《死亡遊戲》補拍完畢以饋觀眾。不久後，隨琳達一同赴美拍攝紀錄片的嘉禾公司外景隊返回香港，將前後所拍得的鏡頭與李小龍生前珍貴資料影片剪輯在一起，命名為《李小龍的生與死》，於十月十日上映。

八月三日，苗可秀主演的《黑夜怪客》上映，同場加映「李小龍哀榮紀錄片」，但是影評認為，該紀錄片無法反映出悲哀淒涼的氣氛。而該片播映午夜場時，苗可秀因害怕自己觸景生情，會在觀眾面前失態而拒看午夜場。

八月十五日，鄒文懷飛往美國，一來是為了接琳達與何愛榆來港，二來是與華納洽談《龍爭虎鬥》在東南亞上映的情況。原本應於二十四日回港的鄒文懷，因琳達需要將一切安排好才能啟程而延後回港，同時他也得到了四部影片在美國上映的機會。自八月二十四日起，舊金山十六家影院上映《龍爭虎鬥》，影迷們成群結隊去觀看，每家電影院的票房都很不錯。而在洛杉磯中國戲院優先放映時，接連三天打破該戲院紀錄，週六與週日也打破了該戲院週六與週日的紀錄。

---

9 這個短片以李小龍葬禮為開頭，拍攝不少丁珮在《大天二》片場帶妝接受訪問的鏡頭，丁珮所坐的椅子底下，全是與李小龍有關，或以李小龍為封面、標題的報紙、雜誌。短片也拍攝了丁珮家中陳設，床頭櫃上是李小龍的照片，床上擺著兩本以自己做封面的雜誌。

李小龍死後，便有各種其生前練武逸聞在坊間、媒體流傳開來，最為荒誕的當屬「精武指」，《當代武壇》曾有過如下報導：

根據熟悉李小龍的親友透露，李小龍生前曾苦練一種神祕指功，且已接近爐火純青的階段……據傳李小龍所練的指功，初期擬定名為「精武指」……在他的練武室內，據說現仍吊著一個用鐵絲捆成的四方框，框上放有玉扣紙，而紙上佈滿用手指插穿的痕跡，估計是李小龍在生時鍛煉指功所留下……。

梁挺與香港某空手道武師還演示了詠春派的「標指」與空手道的「鐵指」技術，一位不願透露姓名的洪拳高手也發表了自己的意見。但縱觀全文，詠春派的圖片與訪談占了極大版面，梁挺做了「標指」示範，並對記者長篇大論。文章結束的空餘版面還印上了「詠春梁挺拳術館」的位址與電話。

滿嘴謊言的杜惠東又對中國記者大肆渲染了一下這門「獨門祕技」：

他說正在研究一個「精武指」，他的寸勁與你距離半尺不到就可以發力，如果這個精武指練成以後，他一插就可以插進你的胸膛，就等於手槍的槍彈一樣，他說他現在可以練到戳穿一筒啤酒罐……他把啤酒罐放在酒吧桌上，握著拳頭運了有半分鐘的勁，然後啪地一戳，但是沒有戳進去……我們拿這個啤酒罐來看，雖然沒有戳穿，但已經被戳進去有半寸多深……[10]。

李小龍死因極為複雜，為謹慎起見，新上任的律政司司長何伯勵任命德輝為李小龍死因研究的檢察官，將在荃灣第二法庭舉行「死因研究」聆訊會，任何與此事有重要關聯的人物都將出庭作證，這意味著琳達也將會出庭作證。

九月一日晚間十點左右，琳達抵港，頭戴白花，身穿杏色外套、花格襯衫，面露笑容，頻頻向到場迎接的李忠琛、李秋鑽、鄒文懷家人及嘉禾公司工作人員揮手致意。之後，在警方護衛下，琳達與鄒文懷坐上一輛計程車前往棲鶴小築，自始至終一語不發。而鄒文懷在回答了記者保險費等問題後便稱無可奉告，駕車離去，李忠琛等人也隨後抵達，該處整晚燈光閃亮，歡笑之聲不絕於耳，一反月餘靜寂情況。

琳達這次回港，一方面是參加李小龍死因研究法庭並出庭作證，另一方面則是來處理相關遺產。

九月三日上午十點二十分左右，李小龍死因研訊在荃灣第二法庭舉行。琳達在鄒文懷及其他一男一女陪同下，於十點左右抵達法庭，等候傳喚，她請的律師是羅德丞

10 李小龍生前照片揭示，這不過是他日常的「標指」訓練，絕沒有杜惠東說的那樣離譜。那些門派之所以如此誇張、煞有其事，無非是炒作。同時也反映出媒體人對李小龍其人及武技的認識極為膚淺。

（羅文錦幼子），後更換為布萊恩・戴斯德。

董梓光法官宣稱，經過驗屍，發現死者腦部與其他器官有腫脹現象，在胃部與小腸發現有大麻，但並未發現酒精或嗎啡等。大腦有水腫現象，但未發現有其他自然疾病，腫脹原因無法解釋。同時，列舉出七大死因推測：

一、謀殺

二、誤殺

三、合法被殺

四、自殺

五、自然死亡

六、意外死亡

七、死因不明

連日審訊的證詞過於煩瑣及冗長，筆者只將供詞中疑點列出：

一、鄒文懷說自己與丁珮通話一共三次；但丁珮作證時只說兩次。

二、鄒文懷與丁珮都作證稱，是鄒文懷叫來朱博懷醫生。但朱醫生卻稱是接到丁珮電話後趕到其公寓。

三、鄒文懷對抵達伊莉莎白醫院後是否對急診室值班醫生曾廣照，告知李小龍既往病史表示「當時場面太混亂，已不記得了」；曾廣照醫生也說，從未有人提及過李小龍「發過癲癇」；但彭德生稱，聽到鄒文懷在急診室內將此事告訴其中一位醫生。

四、鄒文懷、朱博懷都說是朱博懷醫生指示救護車前往伊莉莎白醫院；但救護車負責人彭德生說是自己做出的送院決定。

五、朱博懷醫生作證說，曾找到一個印有EQUAGESIC的錫紙包；但刑警劉樹作證時稱，在事發現場，曾搜尋過該錫紙包，但未找到。

六、鄒文懷稱，自己與李小龍是於一九七二年初合作。

七、鄒文懷稱，自己並未向任何報章發表過有關李小龍「出事」的消息。（事實是，鄒文懷向報界發佈過李小龍在家中昏迷，家人送醫院後不治的消息。）

八、琳達稱，李小龍因一九六八年的背傷需要服用止痛藥。

去除翻譯問題，以上疑點均指向鄒文懷、丁珮、琳達等人彼此作偽證、串供。

九月二十四日，董梓光法官做出案件總結並分析重點，並強調此次研訊著重於醫學方面的供詞，完全認同利賽特醫生、林景良博士及迪爾教授的專業見解，相信李小龍是因丁珮所給予的Equagesic止痛藥中的阿斯匹靈及安寧混合後的併發作用導致腦水腫而死亡。這種病例極為罕見，因此，考慮選擇判決為「死因不明」。

董梓光法官陳述完畢後，陪審團便退庭，商討最終裁決。五分鐘後，董梓光法官根據陪審團成交的決議，當庭宣布李小龍的死因裁決為「死於不幸」。

琳達在審結全案時，與律師頻頻交談，笑容可掬，一洗往日數次聆訊時默默無言及面容憔悴的神情。鄒文懷在審結全案時，與他人交談甚歡，以往局促不安的情緒一掃而空。

丁珮第一次作證後便被法官宣判無需出庭，法醫又宣布未檢測出催情藥，法庭內座位便大多空著。這哪是旁聽，分明是八卦獵奇心態！

李小龍的死隨著法庭裁決而告一段落，但是李小龍的遺產問題卻是困難重重。雖然李小龍生前保險數額巨大，但是被投保之一的友邦保險公司以「未獲申請賠償通知」為由拖延辦理賠償，稱該問題仍在討論中，將在不久後做出決定，但也不是短期內能辦妥的。直至琳達將寓所出售、傢俱裝箱返美時，遺產問題仍未得到解決。後又以李小龍胃中發現大麻為由拒付保險費。直到一九七六年，琳達才被批准獲取高達六百七十萬美元的李小龍遺產。同年，她又起訴另一家保險公司，要求償付四十萬英鎊的意外保險。有了這兩筆遺產，琳達便真的成了港媒所報導的「富孀」了。

裁決一出，媒體、民間便傳出「李小龍是癮君子」、「靠針藥維持肌肉」等流言。法庭審訊期間將近一個月，開庭六天，傳喚了十數位證人，居然在證詞相互矛盾、漏洞百出的情況下如此快速地裁決，總覺得蹊蹺，似有隱情。於是，「陰謀論」便甚囂塵上。

其實，以今天的醫學眼光來看，當時的裁決是有問題的，起碼也是有很大的商榷餘地。首先要鄭重申明的是，李小龍的確是腦部出了問題，他的死在筆者看來，其實是一個再自然不過的過程。

琳達：一九七三年初的那段日子，他一直很忙，談論劇本、開會，有時一個電話打上幾個小時。最後，他的腦部終於出問題了，開始失眠，於是，他醒著的時候，就特別憂鬱，情緒低落，喜怒無常。

為避免損害健康，小龍曾限定自己每天工作不可超過十二小時，並於晚飯後，停止處理一切公事。無奈此僅屬奢望，因為美國方面來電、片務洽商及員工諮詢意見，總迫使小龍放下心愛的訓練器材、按停新購置的答錄機，拿著電話談個不停。而正當思索先前問題之際，那些接踵而至的來電，往往又替他帶來新的疑難及構想。

喬恩·本：在拍攝現場，他不停地訓練。他會出拳五百次，一直在動，就沒有停下來的時候。他會做俯臥撐，做柔韌性訓練，偶爾他會因為偏頭痛而躺倒在地上。他會說：「天啊，我頭痛。」十分鐘後他說：「很抱歉。」便又投入拍攝之中。這樣的事發生了很多次了。

陸正：我們在片場拍的那場戲，只打一會兒，他就叫：「停停停，我要休息。」而常常NG。他想停下來。他說：「我不行，必須休息。」石堅擔心，說：「啊，你最好小心一點。」他說「也許我們明天再拍」或什麼的。有時，我說：「你為什麼不停下來？你可以拍其他的東西，拍一些細節。」從那時起，大家都擔心，我們拍了一些照片，你可以看到他的臉，真的很不同。

保羅．海勒：他說他有次去餐廳男廁，突然昏倒，我猜測有過一次，不太肯定，而他來找我問意見，推薦醫生，我帶他去看我的醫生，很知名的心臟科和內科醫生，檢查過後，他沒有破壞醫病保密協議，只說了李小龍的身體和青少年一樣，健康得不得了。

喬治．拉贊貝：那天下午我和李小龍談論一些事情，他抱怨說自己頭痛，我記得他問起過我是否知道關於頭痛的任何事，我開玩笑說所有的澳洲人在頭痛後都會喝上一晚的酒。他說這讓他很痛苦。因為我第二天就要去倫敦，聽說他身體不舒服，我就提議當晚的會晤延期。但是李小龍堅持要和我會晤。

以上言論，無論是否有誇大之嫌疑，都明確地指出，李小龍的腦部早就出問題了。或許李小龍已經意識到了自己的身體出了問題，他曾對身邊親人朋友說起過極為消極、晦澀的話語，現在看來幾乎是對自己的死亡提前做了預言。

琳達：有幾次當他的身心處於低潮的時候，他會說「也許我會出事」，他意識到一切都是那麼脆弱——他必須保持身體健康。當他談到這方面的時候經常會嚇到我，因為我對他的身體比他的格鬥技術更有信心。

……這幾個月小龍不止一次地提到過死亡，他確信自己不會活到老年，他也不希望那樣。在最後的那些日子裡，他和大家說他討厭自己又蒼老又虛弱的樣子。

「我不會活得像你那樣長。」有一天他對我說。

「你怎麼會那樣想？」我問，「看在上帝的份上，你的身體比我強健得多。」

「我現在還不敢肯定。事實上我不知道我還能這樣保持多久。」此時此刻，他很糾結。

石堅：有一天，我正在化妝，他從我後面走過來，坐在這裡，忽然說：「堅叔，我不會活得像你那樣長。」我很奇怪，我說：「年輕人，以前你要練武，現在是演戲，做的事應該少一些，多花點時間去休息。做這行當然是睡眠不足了。」他說：「拍戲不過是我的副業。」那我還能說什麼呢？

其實，如果李小龍注意休息，並且抽空練習、研究一下太極拳，或許不至於英年早逝。

李愷：小龍師父當年非常非常著迷太極拳，家中藏有大量有關太極拳的書籍。此外，還曾拍攝過我演練太極拳的錄影。他當時十分希望能夠學好太極拳，有時他還問我，「嗨，李愷，你看這個白鶴亮翅、手揮琵琶，對不對？」後來他選擇以電影來作為自己的事業發展方向，以此來向大眾傳播其對於武術的理解。也正因此，使得他愈加忙碌，無暇再就太極拳繼續深入研究。可即便如此，他仍表示在其事業發展到一定階段，或他四五十歲以後，他一定去學太極拳。對於這些剛柔、陰陽之理，他非常喜歡和瞭解。可是為了事業，他一定要以剛為主，他的英年早逝，導致他未能再續太極拳之緣，很可惜！

莫非真的應了那句「自古名將如美人，不許人間見白頭」？

李小龍之死在筆者看來，絕對不是某種藥物的直接偶然結果，而是多重因素疊加的必然結果。李小龍腰傷一直要吃止痛藥，止痛藥吃多了會導致昏昏欲睡、胃潰瘍，甚至影響肝腎排毒功能，或許這就是李小龍體內尿素過高的原因。而大麻對緩解疼痛是有著很好的效果的，所以李小龍服食大麻也是為了更好地緩解腰痛。

李小龍在拍攝《龍爭虎鬥》期間，脫水就到了一個警戒線。人一旦處於脫水邊緣，再喝大量碳酸飲料，脫水的概率就更高了。曾有記者親眼見過李小龍遺體，並做出如下描述：

……本報記者有機會進入殮房看到李小龍的遺體時，發覺並無異樣。

李小龍遺體上帶赤紅色，全身肌肉緊縮，青筋外現，看似臨終前有抽筋跡象，不過樣子頗為安詳，沒有特別的地方。

黃淳樑也見過李小龍遺體，描述與之相同。

這裡說的「抽筋」便是指「癲癇」。通常說的癲癇指的是渾身抽搐，喉內發出怪叫，四肢僵直。除非在發病時周邊環境極度危險（如爬山時、車輛經過時、攀登高處、海邊游泳等），否則絕對不會致人於死，發作後數分鐘到半小時左右便會恢復正常。引起癲癇的病理原因至今尚未查明。

在《龍爭虎鬥》配音期間，由於空調被關閉，室內悶熱，李小龍本身也累得精疲力竭，可說是身心俱疲，人已經過度透支了，身體很虛弱。在這樣的情況下，脫水隨時可能發生，所以相比其他人更容易發作癲癇症。而服食大麻後便有癲癇發作、昏迷，完全是時間上的一種巧合。

李小龍第一次緊急送院後注射甘露醇就恢復正常，這說明甘露醇對於降低顱內壓力、分流腦室內液體很有效，同時甘露醇將過量體內毒素——尿酸儘快排出，但是也帶走了一部分體內電解質，此時進行的腳踝內側輸血也很好地調整了人體內水、電解質並使之趨於平衡，李小龍才得以保命，所以這是一樁成功的搶救案例。

在法院口供中，李小龍當日飲用了七喜汽水或薑汁啤酒（或者兩樣都喝了），這兩種都屬於碳酸飲料。以李小龍當時的身體狀況，結合香港炎熱的天氣，喝下碳酸飲料後或可導致電解質紊亂而感到不舒服和頭痛是完全可能的。至於李小龍是不是像當年香港媒體說的「遺傳性癲癇」就不得而知了。

李小龍曾飛赴洛杉磯做全面體檢，醫生給他開了抗癲癇藥苯妥英鈉，雖然琳達「相信」李小龍會每日服食該藥，但在驗屍報告中完全沒有提到體內有苯妥英鈉的成分，專家證詞中也不認為李小龍當日曾服食過該藥。同時，驗屍報告中也沒有提到腦血管有阻塞或破裂。

時隔多年，美國芝加哥庫克縣死因研究辦公室專家詹姆士·菲爾金斯研究李小龍的驗屍報告後，認為李小龍是死於罕見的癲癇猝死症，而不是藥物過敏引致的大腦水腫，原因是藥物過敏只會令患者頸部腫脹。這種病症於一九九五年才被醫學界所發現並承認。「Equagesic 止痛藥中的阿斯匹靈及安寧混合後的併發作用導致腦水腫而死亡」，這種理論也僅僅在理論上有一定的可能性。況且該藥物殘留在屍體內的分量極微，更不可能致人死亡。

癲癇猝死症會令人出現癲癇症狀，致使心臟或肺部停止運作，此病每年在英國導致近五百人死亡，而受影響的主要是二十至四十歲男性，缺乏睡眠和壓力大會增加患病的機會。而李小龍的個案正符合有關條件，事發時他正值壯年，且身心承受很大的壓力。這和「工作過勞死」是一個道理。

菲爾金斯醫生提到過因此病而導致的心肺驟停，全身大量血液正處於各種不同程度的充血中突然凝固，所以才會出現異常充血現象，尤其是大腦和肺部最為嚴重。全身大部分血管異常充血，青筋盡顯，而手指甲和嘴唇也由於缺血、缺氧而發青。就這樣的一種常見現象，有人便質疑為「中毒而死」。雖然近幾年有人用「布魯格達氏症候群」這樣一種遺傳性心臟病來解釋李小龍猝死，卻無法解釋李小龍全身異常充血，全身呈赤紅色，肌肉緊縮，青筋外現，腦部高度腫脹的原因。

許多人質疑遺體腫脹，筆者個人認為，除了異常充血的原因外，人死後，肌肉鬆弛，屍體多少會有些腫脹，加上李小龍死前肌肉已經開始有所鬆弛，在浸泡、注射防腐劑後也多少會產生一些這方面的問題，這也許就是為什麼驗屍報告裡沒有提及頸部腫脹的原因。英國倫敦大學法醫學及毒藥專家迪爾也認為，屍體腫脹未必是由過敏症所引起。如果聯想到癲癇猝死，則一切便能合理解釋。

屍檢報告上說，李小龍神態平靜，沒發現任何搏鬥跡象，身上也無任何傷痕。前文曾多次提及，李小龍很多時候每天只休息三至四個小時，每天工作十幾個小時，還要練武……不吃抗癲癇藥，頭痛還要繼續訓練、拍戲、看書、思考、洽談業務，這完完全全是不愛惜自己的身體。李小龍生前最厭惡香港電影界日夜顛倒，超負荷的工作方式，但最終自己也陷入這個環境中無法自拔。

由於不注意飲食、睡眠，拍戲、練功導致過度勞累，精神壓力大產生的心理問題，又加速了病情的惡化，於是頭痛、失眠、精神障礙、癲癇發作隨之而來；癲癇引起了病情急速惡化。這一切可在極短時間內發生。所以，朱博懷醫生在丁珮房中見到的李小龍其實已經死亡，甚至可能在丁珮打第一個或者第二個電話時，李小龍就已經死亡。因此，理當認為是「自然死亡」。

綜合種種觀點，筆者的結論是：李小龍完全是勞累致死，而絕對不可能是被人害死的。這個「累」，一半是外部社會生活、工作環境所迫，即便如李小龍，也不得不妥協或屈服；一半是他的完美主義性格所致。令人唏噓的是，李小龍曾寫過一篇名為《中國哲學——陰陽論》的哲學論文，看得出來，李小龍深諳中國古代哲學智慧。而在中國海關出版社翻譯出版的《功夫之道：李小龍中國武術之道研究》中，李小龍曾做以下闡述：

極度的熱與極度的冷都會導致死亡，極端的都不可能長久，適度方可持久……當一個人極度地工作，就會開始感到疲勞，必須休息（從陽轉變為陰）。獲得足夠的休息之後，他又可開始工作了（從陰轉變為陽）……。

第八章　影響深遠

倍受尊崇

一九七三年十月六日，琳達現身九龍麗聲戲院[1]，欣賞《龍爭虎鬥》午夜場。當日的午夜場，預售票在不到一個小時內便告售罄，創下新紀錄。其他觀眾便即刻購買次日票。在此之前，琳達得知播映午夜場的戲院早已告滿，心情很是愉快。並在返美定居前，從警局取回李小龍生前購買的兩支不能發射的、有著合法槍照的古董長槍，並表示自己將不再婚，首要任務是將孩子們拉拔長大，以慰亡夫在天之靈[2]。

十月十日，《李小龍的生與死》上映，影片較為全面地展現了李小龍的一生，更將李小龍寓所的佈置、練功器材，包括那個一九七二年底才運抵寓所的馬西牌迴圈健身器首次曝光於觀眾眼前，滿足了大家的好奇心。雖然只有不到四十萬的票房，卻巧妙地為在十月十八日正式上映的《龍爭虎鬥》做了極佳的心理鋪墊。

《龍爭虎鬥》在港上映後，由於受到李小龍去世的影響，上座率只有六成。許多

1 麗聲戲院於一九六〇年開辦，一九九〇年停止營業。原址上建立了徐克的電影工作室。

2 琳達之後結婚兩次。

觀眾、影評家批評這部「007」式的電影不中不西、不倫不類，雖然打戲精彩，但是除李小龍外，約翰．薩克森和吉姆．凱利的性格特點都不甚明朗。情節老套不說，院方又抬高票價，讓人不免失望。觀眾們則把這一切都歸咎於庸才導演克勞斯和編劇艾倫。不過，該片屈居年度票房亞軍，奪得三百三十萬的票房也還能接受。《龍爭虎鬥》一片在李小龍死後還能取得如此佳績，可謂餘威尚存。

值得注意的是，該年度票房排名第一的電影是由楚原導演的市民生活粵語喜劇片《七十二家房客》[3]，票房五百六十二萬，是香港本地意識日漸覺醒的一個信號。一九六九年到一九七二年，香港股市連續三年股價大幅上漲。許多人眼見炒股有利，紛紛辭職，開始全職炒股，其中不乏教師、行政助理。非理性投資和盲目樂觀滋生了人們的投機心理。但從一九七三年三月九日起，香港恒生指數就從一千七百多點開始急劇回落，到九月中旬，只有五百多點。傾家蕩產、精神失常甚至跳樓自殺者不在少數。終於，港人明白，生存還是要靠自己的踏實工作以及積極拼搏的精神才能獲得，這種生活態度最終變成了全港市民的共同意識，也即本土意識的甦醒。此時，已經衰落的粵語片開始復興，七〇年代初，是香港青少年人口的膨脹期。和上一代不同，他們不是移民，

3　《七十二家房客》最早是根據上海大公滑稽劇團同名舞臺劇改編，一九六三年由導演王為一在香港拍成同名電影。一九七三年，楚原受到啟發，根據同一劇本重新翻拍。二〇一〇年，香港影片《七十二家租客》以楚原版為藍本進行再次創作，被看作是對前輩電影人的致敬。

沒有家鄉故土的懷念，因此較易對香港產生歸屬感。可以說，他們是粵語影片、歌曲、電臺節目等的受眾基礎。或許楚原看到了這一點，才想到將影片全部採用粵語對白。據說，邵逸夫為了做出這個決定，一個晚上沒有睡著。正是因為這個決定，讓該片打敗了《龍爭虎鬥》，登上票房冠軍的寶座。

李小龍的影片在臺灣上映之前，臺灣影壇處於真空狀態，但在上映後反響極為強烈，多次打破當地票房紀錄，排入臺灣年度賣座影片前三。李小龍死後，片商們硬是將已上映的電影拉了下來，再度上映《唐山大兄》，票房也有一百六十二萬，連《李小龍的生與死》這樣的紀錄片都有近三百萬的票房。因此，對於《龍爭虎鬥》一片的引進事宜，臺灣自然不會放過[4]。臺灣有關電視臺專程派出外景隊拍攝李小龍出殯的影片，訪問了不少電影界名人、李小龍生前好友，進行了街頭訪問，向嘉禾公司借取了幾部電影的片段，剪成一個紀念特輯，播出後成為全臺灣收視率最高的節目。

日本很少上映外國影片。有鑒於《龍爭虎鬥》在海外的影響力，日本東寶公司對此極為重視，引進此片後，特別加強了宣傳力度。此外，影視界不斷派遣外景隊來港，拍攝李小龍的故居、辦公室與遺物等，訪問李小龍生前友人。電影雜誌也一期期地以李小龍為封面，介紹李小龍的事蹟與電影。時至今日，以李小龍為封面形象的電影、武術

4　臺灣省電影製片協會（現改名為中華電影製片協會）對該片審評後指出，該片由美國華納公司所攝製，因此不能算本地影片，直到一九七四年才上映，票房高達九百六十八萬新臺幣。

雜誌在日本仍是層出不窮。一九七五年底，李小龍的銅像矗立於富士山上，李振輝出席該儀式並剪綵。

《龍爭虎鬥》在美首映後連破票房紀錄，連《教父》所保持的紀錄都被打破。各位影評人對該部影片及李小龍的表演讚不絕口。有影評人稱李小龍的動作「如同致命的芭蕾」。在對該片進行了評估後，《洛杉磯時報》曾將其形容為「窮人版」的詹姆士·龐德式電影。

最終，該片北美票房達到了前所未有的兩千五百萬美金。之後，該片不斷重映，時至今日，全球累計票房已經達到了二點三億美元。在《龍爭虎鬥》上映二十五週年紀念日時，新聞媒體對此片再次做了評估，並將其稱為《亂世佳人》的動作版。

一九七四年，《黑帶》雜誌將已故的李小龍評為「年度武術家」，這是李小龍第二次被列入「黑帶名人堂」。

一九七五年，華納公司舉辦了一場向全世界公開招募「李小龍」、別開生面的電視大賽。尋找長相、神韻、武技都類似李小龍的人來籌拍《李小龍傳》。那天一早，在華納公司伯班克製片廠門口聚集了五百多名不同種族的男女青年。評委有琳達、羅禮士、克勞斯等人，李振輝與芭芭拉·史翠珊作為嘉賓到場助陣。

《死亡遊戲》是李小龍未竟之遺作，嘉禾公司在經過一年多的籌畫及重新編劇後，仍然請來克勞斯作為導演，由洪金寶任武術指導，並覓得岑岳柏、金泰中（一說金泰靖）、元彪等三名替身來扮演劇中的「盧比利」，他們的穿著、打扮、髮型、打鬥都極力接近李小龍本尊。這部影片於一九七七年九月五日正式在港開鏡，由李小龍原來出演的部分電影鏡頭與演員們的表演胡亂拼湊而成。在半年多的拍攝、製作後，於一九七八年三月二十三日在港公映。在十四天的映期裡，票房收三百四十三萬，除了塔內的打鬥戲，影片中的所有情節、韻味都可被視作另外一部電影。

武俠片也好，功夫片也罷，都隨著李小龍的去世而逐漸衰弱。或許由於《死亡遊戲》票房反響還算不錯，不少廠商便紛紛跟風效仿。香港興起一股模仿李小龍熱潮，只要長得有點像李小龍，或是言行舉止模仿李小龍、有著不錯的功夫格鬥技巧，便會有片商邀請拍攝有著強烈李小龍風格的電影，但因不是李小龍本人出演，故本書稱之為「仿龍片」。這些長髮墨鏡男子藝名都是「X小龍」——黎小龍（何宗道）、呂小龍（黃健龍）……他們模仿著李小龍的一舉一動甚至是吼叫，故事情節也多仿照《精武門》橋段，更有一些影片摻雜了不少色情鏡頭以博取關注。但是李小龍終究只有一個。而呂小龍更是因為英文名與李小龍極為相似而在法國被投訴。

在這些「仿龍片」裡，筆者認為較有價值的當屬一九七六年，由吳思遠拍攝的《李小龍傳奇》。雖然該片依舊是由其他人扮演李小龍，且故事情節與真實情況相去甚遠，不過飾演者何宗道不僅功夫了得，也極富李小龍神韻，堪稱「李小龍第二」。為求真實感，還請來了葉準飾演葉問，小麒麟扮演自己，有幾位在李小龍影片中出現過的演員也在該片中出現。其餘的演員，如「琳達」、「鄒文懷」、「丁珮」等，也找的是特型演員。吳思遠也率組親赴羅馬競技場、美國西雅圖華盛頓大學、唐人街、湖景墓地、長堤、洛杉磯、曼谷等地取外景，甚至在拍攝戲中戲時，也用到了丁珮筆架山道寓所、大潭灣、李小龍九龍塘故居等香港本地外景，可謂誠意十足。同時，將民間幾種流傳得最廣的死因搬上銀幕，看得觀眾唏噓不已。

一九七九年六月八日，《死亡遊戲》在美國洛杉磯好萊塢大道的派拉蒙劇院首映時，數千名忠實粉絲身著傳統武術服裝站在街上，琳達偕李國豪、李香凝出席首映會。何愛榆、伊諾山度、路易斯及幾位片中主要演員作為嘉賓出席。那天，洛杉磯市長湯姆·布蘭得利當眾宣布六月八日為該市的「李小龍日」，人群中爆發出熱烈的掌聲與歡呼。

一九八〇年，配成粵語的《精武門》在港首次以全本重映，盛況一如當初。觀眾們便是在此次放映中第一次見到李小龍一腳將外灘公園那塊「華人與狗不得入內」的木牌淩空踢碎的場面。

李小龍當年所許下的四大宏願一一達成，只是他意想不到，在他身後，還能獲得如此多的獎項與榮譽：

一九八〇年，被日本《朝日新聞》選為「七〇年代代表人物」。

一九八六年，被德國漢堡大學選為「最被歐洲人認識的亞洲人」。

一九九三年，美國好萊塢名人大道鋪上李小龍紀念星徽。

一九九三年，獲香港電影金像獎大會頒發「終身成就獎」。

一九九八年，獲中國武術協會頒發「武術電影巨星獎」。

一九九八年，被《時代雜誌》評為「二十世紀英雄與偶像」，是唯一入選的華人。

一九九八年，獲美國演藝同業公會「終身成就獎」。

二〇〇四年，英國傳媒協會特為李小龍頒發「傳奇大獎」。

二〇〇五年，獲香港電影金像獎大會「世紀之星獎」。

二〇〇五年，入選《人物》「電影百年十強人物」之一。

二〇〇五年，獲「中國電影走向世界傑出貢獻獎」。

二〇〇五年，當選「中國電影百年百位優秀演員」。

二〇〇五年，獲國家「中外文化交流突出貢獻獎」。

……

以上僅僅是李小龍身後所獲得的榮譽、獎項的一小部分，再多的榮譽，李小龍也當之無愧。只不過，這些獎項是不是來得太晚了些呢？

其他演藝界、體育界名人，也紛紛表達了對李小龍的崇敬、仰慕之情：

他是許多人的偶像，他激勵了數以百萬計喜歡他的孩子們願意追隨他的足跡。他們想成為武術家；他們想拍電影。為此，他們每天要訓練上好幾個小時。李小龍提供了大量的靈感；他曾幫助世界上許多的孩子。他對世界的影響巨大而又深遠，我認為在很長的一段時間內，他會被世人頂禮膜拜。他是獨一無二的。

——阿諾．史瓦辛格

我從他這學到了許多。他的知識極為淵博；他的全部生命就是武術……再也找不到像他這樣優秀的人了。

——查克．羅禮士

李小龍是個偉大的人。他確實是獨一無二的。現在我希望能與他見面，因為我真的很喜歡他的風格。他超越了他所在的時代。

——穆罕默德．阿里

搖錢樹

一九七四年，李小龍去世後不久，美國便有一本李小龍傳記《李小龍傳奇》（The Legend of Bruce Lee）出版，作者是曾採訪過李小龍的美國作家、記者、影評人阿歷克斯·班·卜洛克，這是全球第一本李小龍傳記。但是其中許多內容純屬杜撰，對很多事件也進行了過分誇大，今天的許多流言，有相當部分來源於此。

琳達是一個很細心的女性，早在香港時，她就擔任了李小龍的「秘書」：

儘管小龍很早便借用錄音器材來記錄構思，回到香港拍片後，他更在書房、客廳、辦公室及汽車裡放置多部卡式錄音機，以方便隨時使用。從眾多卡式錄音帶中翻查資料實在艱難，為免資料外泄，一待國豪、香凝上學後，我便花上三四個小時，逐一整理錄音內容以免積壓，當然還要處理一大堆照片、劇照、剪報、文件、便條和信函。

回到美國後，她將李小龍的遺物更仔細地加以整理，尤其是武學筆記。還於一九七五年授權出版了《截拳道之道》（Tao of Jeet Kune Do）一書。她在回憶錄中如此闡述自己對出版這本書的想法：

儘管這段受傷（注：指的是一九七〇年夏天李小龍的背傷）的時間令人沮喪，這加重了我們的財政憂慮，他在這段時間內經歷了個人和武術家的成長期。小龍從不為了個人的利益而對吸取知識感到滿意，他強調將個人的思想付諸行動。最後，他寫了八本筆記，約五公分厚，他覺得這些筆記遲早有一天會出版的。後來他決定不出版這些書，因為他覺得讀者們會把「他的方法」變成「他們的方法」。就我來說，在他死後我有很多想法，我把他的那些筆記濃縮成一本叫作《截拳道之道》的書，由奧哈拉出版集團出版。我只是覺得他所寫的被埋沒了，而這些太有價值了。

她與李小龍的弟子們、編輯們一起將這些資料加以歸類整理，以《李小龍圖書館系列》出版了五本專著、四本思想類圖書。在創立了李小龍基金會後，還以基金會的名義出版了不少有關李小龍的圖書。

一九七五年，琳達出版了自傳體回憶錄《我所知道的李小龍》（Bruce Lee : The Man Only I Knew），薄薄的書中簡略地講述了李小龍的一生，披露了不少鮮為人知的故事和細節，在海外多次賣出版權，並多次重印，港臺還出了不少中文譯本，並於雜誌連載。十餘年後，再婚的琳達與作家丈夫湯姆·布里克合著了更為詳細的《李小龍的故事》（The Bruce Lee Story），比之前的書更受歡迎。一九九六年，與琳達離婚的布里克根據各種來源不明的資料與道聽塗說簡單整理後，出版了一本《李小龍祕聞》（Unsettled Matters : The Life and Death of Bruce Lee）。荒謬之處，俯拾皆是。

自從李小龍傳記興起，至今已有不計其數的相關中外書籍問世。但魚龍混雜，良莠不齊。

《黑帶》雜誌原主編水戶上原自二十世紀八〇年代起也在琳達的授權下，編輯、出版了幾本有關李小龍的書籍：《李小龍技擊法》（Bruce Lee's Fighting Method）、《李小龍：傳奇》（Bruce Lee：The Legend）以及《李小龍：無可比擬的格鬥家》（Bruce Lee：The Incomparable Fighter）。第一本為根據李小龍武學筆記整理出的武學專著，後兩本多以故事為主，且有不同程度的爆料，仔細看來也有不少錯謬，但是瑕不掩瑜，深受讀者歡迎並多次重版。而《李小龍技擊法》也由原來的一套四冊裝，在二〇〇八年修訂成數位修復版合訂本出版，二〇一三年，由後浪出版公司出版該書的中文譯本。

一九八〇年，《大眾電影》破天荒地撰文介紹了李小龍和他的電影。一九八一年，《少林寺》享譽全國，李連杰一夜成名，《中華武術》也對影片做了報導，同時，「李小龍」的名字出現在了《武林》雜誌上。此後，陸續創刊的各大武術類雜誌也開始報導李小龍的相關文章。一九八一至一九八四年，《霍元甲》、《陳真》、《霍東閣》等劇在中國熱播，但此時幾乎沒人知道，這些電視劇是以李小龍的《精武門》為題材翻拍、衍生出的電視劇。九〇年代，隨著錄影機的普及，李小龍的電影開始以錄影帶形式傳入中國，李小龍因而被廣大群眾所熟知。在此前後，中國有關李小龍技擊法、生平的書籍也開始逐漸湧現，但內容大多粗陋淺顯。

李小龍的形象自二十世紀八〇年代起，先後被應用於動畫、廣告創意、電子遊戲、手機、T恤等各個領域，凡此種種，數不勝數。李小龍收藏家們的藏品也因此而與日俱增。

一九八一年五月，由於版權問題，數以千計的原版照片、底片、絕版書刊、印刷電版、剪報、小龍親筆信箋便條、紀念品，以及琳達的訪問錄音、李國豪申請加入「李小龍截拳道研究學會」的往來函件，均統統在香港西環焚化爐中付諸一炬。但筆者始終堅信，被「焚燒」的那些「資料」其實早已被大量消息靈通的日、韓、臺灣地區及歐美人士以重金全數購去，被燒的不過是「替代品」而已。

一九九三年起，琳達開始逐漸將李小龍的部分遺物拍賣。琳達解釋道：

也有很多小龍的東西我是永遠不會拍賣的，包括所有他寫給我的信、文章和送給我的衣服、珠寶。我之所以舉辦這個拍賣會，是為了讓仰慕和喜愛李小龍的影迷們有機會擁有屬於他們的英雄的東西。

話雖如此，但仍然惹來不少爭議。李香凝曾當過歌手，她在一九九三年的《龍：李小龍的故事》一片中出鏡並演唱過《加州之夢》（California Dreaming），也曾做過武術節目主持人，參演過一些影視劇，並有不少打戲。一九九八年，她應邀為嘉禾公司拍攝過動作片《渾身是膽》，事先接受過長時間的截拳道與跆拳道訓練，她在片中與「噴氣機本尼」（本尼．尤奎德茲）的動作戲、眼神被影評家譽為「仿若李小龍再現」。後來退出娛樂圈，與母親一起創建李小龍基金會，將「李小龍」作為一個版權、一個品牌來打造、經營，並由她的丈夫專職在全球範圍內追討版權。二〇一四年，「Bruce Lee」品牌打入中國市場。

掌握話語權者，總能得到更多的關注，也因為此，許多「知情人士」便在不同時間、不同環境通過不同媒體及管道大放厥詞，以提高自身關注度。例如克勞斯，其於一九八七年來港，遍訪李小龍生前好友及同事，寫了《龍爭虎鬥製作特輯》（Making Enter The Dragon）和《李小龍傳》（Bruce Lee：Biography），部分訪問已由張欽鵬、羅振光合編的《他們認識的李小龍》刊出，筆者看過後只覺錯謬百出，荒誕不經，除收藏外已基本沒有太多研究價值。

又如黃淳樑，李小龍死後，他便第一時間對媒體發表「李小龍用電練功說」，之後，元華、杜惠東等人也發表過類似言論；而後，黃淳樑又炮製出「密室切磋練武說」，自一九七三年起，切磋時間從「數小時」一直到了十二小時[5]，切磋細節也被他顛倒黑白，稱李小龍「力度遠遜當年、處於下風」並被其「一指封喉」，而自己疏於練功兩年，搏鬥經驗比對方好，切磋時不覺得有壓力感。但其弟子溫鑒良於二〇〇〇年、

5 從一九七三年七月二十一日面對媒體說的「數小時」，到一個多月後在《新武俠》雜誌上說的「八小時」，到《永恆巨星李小龍的一生》、《李小龍技擊術》中的「超過十一小時」，在國內某些不入流的傳記中，便順理成章地湊夠了「十二小時」的數。

二〇〇八年先後兩次爆出切磋真相：時間不過四、五分鐘，兩人過了幾招而已，切磋時李小龍主要用腳。事後他回武館給黃淳樑擦藥酒時才發現師傅手臂上全是瘀青，像皮蛋一樣。溫鑒良承認「現在公平地說，如果李小龍真拳拳到肉打下去，我師傅很難頂得住」。

正因為黃淳樑與李小龍有過交集，中國獲取資訊管道又較為單一、狹窄，於是，與李小龍「有過交集」的詠春門人說的話都成了金科玉律，外界才會對其言論如此「深信不疑」。

除黃淳樑外，葉準、盧文錦、梁挺，也是詠春門中頗有名氣的。由於與李小龍同是葉系詠春傳人，便沾了李小龍和葉問的光，有了足夠的話語權來為自己造勢。不可否認，他們的詠春拳造詣頗深，但是明眼人也看得出，他們對於李小龍的認識也僅限於坊間的道聽塗說，或僅僅是數面之緣，甚至對李小龍有著莫名的嫉妒。為此，不惜詆毀、貶損李小龍。但到了需要宣傳詠春拳的時候，又把李小龍這個可能是詠春門內名氣最大的徒弟抬出來，作為招牌來招覽學生；一旦達到目的，便把李小龍拋諸一邊，肆意踐踏。葉准便是以反復無常而「著稱」，在各種書籍、採訪中對李小龍的生平、與葉問的關係信口雌黃，隨意顛三倒四，讓人實在不敢相信其言論真實性[6]；葉問外甥、臺灣詠春拳大師盧文錦在中國節目中自稱是李小龍的「三師兄」[7]、說「李小龍沒學詠春之前逢打架必輸」；自稱是葉問「關門弟子」的梁挺更是將自己捧成「全球詠春王」，抹黑李小龍武道思想及其武技的言論不勝枚舉，其醜惡面目清晰可見。

---

6 葉准的言論反復可從以下兩例窺見一斑：（一）在其於一九八一年出版的英文版《葉問一百一十六式詠春拳木人樁》一書中，親自提到葉問不喜歡李小龍，也不喜歡別人在他面前提到李小龍；而在二〇一三年七月二十日，香港亞洲電視（ATV）直播的《李小龍逝世四十週年》特輯上，葉准現身視頻，又說：「很多人說我父親和李小龍關係不好，這是錯的，他們關係一直很好。」（二）在八〇年代與九〇年代的言論互相矛盾：……家父在李小龍離港赴美前，曾叮囑他不要隨便教功夫，特別是傳授外國人，而李小龍在答應後，卻於美國開館，並不問國籍地授徒。此舉確令先父驚訝及失望……（八〇年代言論，選自《葉問一百一十六式詠春拳木人樁》一書）……李小龍前往美國讀書，臨行前家父帶著他培養的一些徒弟學黐手，其後李亦在美開班授徒……李小龍自創截拳道，曾向先父徵詢意見，並獲得家父同意創立新拳，當時我也在場……（摘自《李小龍：神話再現》）

7 盧文錦說自己是葉問到港後第一批學員，是李小龍的「三師兄」，而在《葉問宗師百年誕辰紀念特刊》一書中，也不過是排在李小龍前一期，根本就不在梁相、駱耀、徐尚田、葉步青等第一批學員之列。而作為葉問宗師來港後收的第一期學員的徐尚田師傅於回憶文章所述及的第一期學員名單裡，也壓根沒有提到盧文錦的名字。

李小龍的美國弟子們在李小龍死後依然低調授徒，遵守著「不將截拳道公開化教授」的諾言。但眾多李小龍迷、截拳道愛好者需要一個精神支柱，不希望看到截拳道因為李小龍的去世而一同消逝。他們都知道，眾多李小龍弟子中，只有伊諾山度與李小龍拍過電影，並與同樣是菲律賓裔的李小龍弟子理查．巴斯蒂羅合作開設了菲律賓功夫學院。而李小龍的其他弟子或學生都有自己的工作，業餘時間各自授武極為低調而不為人所熟知。媒體對這個話題也很感興趣，在不遺餘力地大力報導、渲染、追蹤下，使得大家誤以為世間懂得截拳道的李小龍弟子僅伊諾山度一人，因此他們輾轉找到伊諾山度，要他教授截拳道。伊諾山度初始為了遵守諾言，並不願教授，但是迫於無奈且騎虎難下，便提出「截拳道概念」一說，如果按照這個概念，人人都可以混合各種武技而發展出屬於自己的拳術。同時他將自己從李小龍處所學到的振藩功夫與自己的菲律賓武術、馬來武術及其他國外武術混合起來，作為「截拳道」來教授給大家[8]。或許他認為，這麼做便是沒有違反當初許下的承諾——因他教的其實並非李小龍所傳授的截拳道，只是

8　李小龍死後，他的弟子們便去伊諾山度家繼續進行訓練，但是隨後便發現，伊諾山度所教授內容多為菲律賓武術，截拳道內容少之又少，便一一離開此地。李小龍生前就曾對他說過：「不要因為你是菲律賓人就過多地加入菲律賓武技。」日後，伊諾山度還想創立「馬菲尼道」，但沒有成功。

屬於自己發展出的一套混合武術。但因為大量的截拳道愛好者錯將只屬於伊諾山度的個人武術作為真正的截拳道來學習，真正的李小龍功夫反而幾乎被取代、埋沒了。

面對這種愈演愈烈的亂象，李小龍其他的親傳弟子們實在坐不住了。一九九〇年，一向低調得幾乎令人遺忘的黃錦銘出現在了公眾視野中，並接受了《黑帶》雜誌的獨家專訪。一九九六年，振藩截拳道核心成立，仔細看名單便會發現，這些核心人物都是李小龍當年「振藩功夫」或「振藩拳道」的親傳弟子或再傳弟子[9]。也就是在此時，「原本截拳道」一詞被提出，與伊諾山度的「截拳道概念」針鋒相對。估計這也是伊諾山度自核心創立伊始便退出的原因。雖然伊諾山度在一九九七年也借《黑帶》雜誌就「截拳道概念」做出大量解釋，但全文矛盾重重，邏輯不通，始終無法自圓其說。李愷認為，截拳道在前後期雖然有所區別，但是一脈相承，不應該被分成派別，應當好好傳承發揚。而傑西和馮天倫則堅持認為，截拳道只屬於李小龍，因此，隨著李小龍的去世，截拳道早已消失。而馮天倫更是認為，那些吹噓自己教的是截拳道的所謂教練其實根本不懂截拳道的內涵，是騙子。

其實，以「截拳道」為幌子的何止伊諾山度或那些騙子？李小龍早就預見自己的

---

9 振藩拳道核心初建時，有許多李小龍早期弟子並未能及時加入。不過在此之後，許多原先未列入名單的弟子也以技術顧問的頭銜陸續參與其中。

武術將會被利用並成為一種固定僵硬的門派而喪失活力：

在沒有研究截拳道之前，讓我們先切實討論一下「傳統武術形式」是什麼……所謂「形式」，都是由一位首創者的「人」組織成功的。所以「形式」絕對不可以視作萬古不移的定律或經典，因為人類乃是一種具有創造力的生物，「人」永遠比「形式」重要得多。

譬如這麼說：在很久以前，有一位武術家發現了一種原理，而在他一生之中，自然就會根據這條原理來鑽研他本門的功夫。但等這個「人」死去之後，他的門徒承接了他的設想、他的規矩、他的意向以及他的方法，而把這些都化為「定律」。於是，嚴格的教條訂立了，莊重的儀式形成了，硬性的姿勢規定了，終於組成了一個門派，把原來是具有流動性的個人直覺，演變成為一種牢不可破的固定方式。

如此做來，他們非但神化了這項知識，而同時也埋葬創始者的智慧，這絕不是那個「人」在最初時的意圖，我敢相信另外更有許多的「人」，也發現了自己的原理。於是就有對立派的出現……他們也建立了自己的門戶，規定了本門的律條與方式，而且每一派都自認為是具有最高「真理」的，因此，人類對於武術的知識與智慧，就此永遠不能集中，從而逐漸淪為今日四分五裂的局面。

當然，與李小龍有交情、賞識李小龍的詠春門人或許也不在少數，如葉問次子葉正師傅，在公正評價李小龍的同時自己默默授武，不願意與上述沽名釣譽者同流合污。

電影《一代宗師》的詠春顧問、葉問「第一私家門徒」梁紹鴻師傅就說過：「葉問之所以是一代宗師，是因為他教出的李小龍成就比他還高。」

MMA之父

李小龍曾在《龍爭虎鬥》片頭與洪金寶的打鬥中展示了其全面的武技，尤以獨特的地面技最為吸引人眼球。二〇〇〇年後，以地面技為主的UFC比賽大行其道，總裁達納·懷特（昵稱白大拿）則從李小龍的訓練方法和現代MMA技術的相似性入手，肯定了李小龍是MMA之父的歷史地位，大多數武術家及MMA格鬥家持相同看法，但仍有一些人懷疑李小龍的實際戰鬥力是否有如傳說中那樣神乎其技，他們的依據則是李小龍從未參加過任何擂臺比賽，體格瘦小，實戰紀錄幾乎找不到。他們甚至揚言李小龍上了拳臺會輸得一敗塗地，讓我們看看那些成名已久的拳臺老將們是怎麼說的。

喬·路易斯：直到一九七〇年，美國才正式出現全接觸式搏擊比賽。李小龍是全接觸式訓練和搏擊的宣導者……我把第一場職業踢拳（Kickboxing，又譯自由搏擊）比賽的勝利歸功於李小龍，也正是李小龍讓我對拳擊產生了興趣。我早期和李小龍一起訓練，雖然當時我只是一個受訓者，但我在一場比賽中三分鐘內就將對手擊倒。

查克·羅禮士：不論我的想法對或不對，總之我覺得他是個強人，是個值得自負的人，也是世界上武功最好的人！這是我個人的想法。

蘭迪·庫卓：MMA那時還不存在。最主要的是，他從大量不同風格的武術和相關文章中提出了創立一種比傳統武術更為有效的武術體系的概念，並且提出了混合型武術風格的想法。這就是他做事的方式。他是一位先驅，他所改進的分指拳套我們使用至今。我覺得他應該去和一百四十五磅重的對手比賽。當然，他知道自己的重量級別，而且成績會非常不錯，這是毫無疑問的。

弗蘭克·沙姆洛克：我認為他是第一個明白什麼是混合格鬥的人……是的，他是MMA之父。我認為他可能是最適合這項賽事的選手之一，他在那個時代擁有非凡的實力、影響力以及統治力。他是一名武術家，也是一名久經訓練的世界級運動員。大多數人是格鬥家而不是武術家。而實際上像李小龍這樣的人，他更多的是以武術家的身分出現的。我可以舉出一大堆理由來告訴你，李小龍是不可被複製的，再也沒有像他那樣的人了。

舒格·雷·倫納德：我曾向全世界宣告，李小龍是我的偶像之一。主要是因為他那鍥而不捨的精神。他所做到的比任何體格的人做得都更好。我不認為有人能接近李小龍的境界。李小龍是世界範圍內的一個偶像，他的名字已經進了字典，當你要找「最偉大」一類的詞語時，「李小龍」這個名字就一定會跳出來。事實就是如此。他是如此傑出，是無法被取代的！他簡直就不是這個星球上的人。

喬治．福爾曼：我認為如果你去認真看待李小龍與穆罕默德．阿里所做的貢獻，你就會認為他們是對競技體育領域影響最為深遠的兩個偉大人物。我不認為任何運動員能在毫不模仿李小龍的情況下獲得成功，更別提與李小龍對抗了……李小龍是個優秀的運動員，他會是個很棒的拳擊手。他能對付所有人，在他的體重級別裡他會贏得冠軍。

大家所不知道的是，李小龍生前曾想將截拳道比賽制訂成類似於UFC那樣的比賽：哈特塞爾曾向一名記者透露：其實大家都不知道，在李小龍去世前，他曾計畫給截拳道制訂類似UFC那樣的規則，並用在踢拳（也譯作自由搏擊）裡，不允許認輸。但是這一切都無法實現了。

李小龍曾與多名柔道家、柔術家交流過武技，這些人包括謝華亮、吉恩．勒貝爾、海沃德．西崗等。看看他們對李小龍當年練習柔道技能的評價。

謝華亮：我認為他在西雅圖時進行過一些訓練。我從未說過他熟知一切摔法，但是他的確能夠使出其中的一些技術。他的擒鎖技基礎並不是太好。我們和嚴鏡海會一起在我的道場進行練習。我的兒子經常看見李小龍在週六的時候在我屋外等我，他經常在我工作的時候打電話給我，說工作完後哪兒也別去，因為李小龍在這。

海沃德．西崗：李小龍對柔道非常精通，有很強的摔投能力。他不做太多的墊上練習，他對於地面格鬥所知並不算多，因為這需要花費大量的時間去練習。事實上，在一次練習課上我問他：「你覺得還有什麼缺點嗎？」他說：「可能有。」於是我問他：「如果我躺在地上，你如何對我進行攻擊？」他轉過身瞟了我一眼，嘴角下撇，他說他會直接走開，不予以理睬。後來他再次轉過身，並伸出一根手指指著我說「不過你最好別起來」。

勒貝爾：我始終使用著他給我演示過的那些技術，主要用在電影裡。小龍同樣從我這裡學到了很多柔道和擒鎖技。我經常在他所出演的電影裡扮演他的對手。小龍在好幾部電影裡使用了我給他示範的技法，有些是我教他的擒鎖技。在他的最後一部電影，未完成的《死亡遊戲》裡，他對賈霸使出了勒頸技法。有時我會在一部電視劇中和他一起工作，他接受了我提出的一些關於動作的建議。

MMA 極重視地面纏鬥，用在一對一的比賽中尚可，如果那些 MMA 冠軍們也希望用這種方法來對付歹徒，那就死定了。所以，李小龍雖然練習柔道，卻並不熱衷於此道，他的解釋是：

如果我和一位像他（西崗）那樣優秀的柔道選手在地面上纏鬥時，我不會有任何機會。但我要告訴你，沒有人能讓我躺倒在地，因為，無論你的地面技多麼棒，你無法同時與一個以上的人格鬥。我才不在乎你有多優秀，當你的移動受限制的時候，你不可能在兩個及以上的人的格鬥中有任何贏的機會。

李小龍熱

一九八八年，鐘海明、徐海潮先生將四卷本的《李小龍技擊法》彙集成一本，略作刪節，精心翻譯。出版後，讀者反應熱烈。一時「洛陽紙貴」，成了截拳道愛好者們的入門必讀之書。二〇一四年，衝破重重阻礙，終於購得該書美國版權，以二〇〇八年美國數碼修復合訂本為準，重新翻譯，以簡、繁體在中國和香港特別行政區出版。同年，簡、繁體版《截拳道之道》也以二〇一一年的美國數碼修復擴展版為準，重新校訂翻譯後出版。

一九九二年起，河北昌黎的石天龍先生、湖南婁底的郝鋼先生，分別在河北和湖南開辦了以弘揚李小龍截拳道為旗幟的武術學校和研究會，並走出國門，積極與國際截拳道界合作。一九九五年，陝西的高鴻鵬先生開創了「武道研修總會」，為截拳道在國內發展做出了不可磨滅的貢獻。其他眾多所謂的「武校」見有利可圖，也紛紛在武術雜誌上打出「截拳道」的幌子招攬學徒，一時間大量假冒的「截拳道」班在國內「興起」，令不少截拳道愛好者上當受騙。

與老外極端崇尚武力不同，一九九五年成立的香港李小龍會，著力於李小龍文化的傳播與發揚，更注重各種資料的搜集與龍迷的參與度。可惜的是，中國的順德李小龍研究會副會長黃德超除了與李秋勤出版過幾本有關於李小龍童年的書籍外，花十年時間籌建了大而無當的李小龍紀念館並成了館長後，卻再沒有聽說過其參與出版任何李小龍書籍、組織過有關李小龍的活動。

著名的李小龍雕像已於二〇〇五年十一月二十七日，李小龍誕辰六十五週年之日借「香港文化節」揭幕，矗立於維多利亞港的「星光大道」上。後因星光大道擴建而關閉三年，李小龍雕像被遷往尖東海濱平臺花園。香港特區政府曾宣布將對李小龍位於九龍的故居「棲鶴小築」進行修復，並改造成紀念館，但是這個計畫因與業主余彭年產生糾紛而未能實施。

二〇〇八年，經李香凝授權的五十集央視電視連續劇「巨作」《李小龍傳奇》播出，主角為香港李小龍會會員陳國坤，因長相酷似李小龍而被周星馳招入自己的星輝公司旗下。陳國坤的演出不可謂不努力，但該劇情節架構完全脫離現實，與一九九三年李截所主演的《龍：李小龍的故事》同屬瞎編亂造，對認識真正的李小龍毫無價值，反而起到了混淆視聽的負面作用。事實證明，沒有人演得了李小龍，因為李小龍只有一個。

同年，秉持「求同存異，共同發展」的理念，鐘海明、郝鋼、石天龍、朱建華在長沙歷史性地發起創立了中國截拳道國際聯盟（CJIF）。由鐘海明擔任主席，郝鋼、石天龍擔任共同主席，朱建華擔任副主席兼秘書長。並同時聘請到李小龍師祖親傳第一代弟子、國際截拳道導師李愷，國際著名武術家、歷史學家馬明達擔任榮譽主席，李小龍第二代傳人麥克．魯特爾（美國）、湯米．克魯瑟斯（英國）擔任副主席。二〇一五年十一月二十七日，「首屆中國截拳道文化節」李小龍文化展暨李小龍學術研討會在江蘇南通順利舉行，筆者作為嘉賓及活動策劃者之一應邀參加了此次活動。

對李小龍的爭議持續了四十多年，全球性的李小龍熱卻始終沒有降溫。相反，認識他的人越來越多。在俄羅斯，李小龍的名氣甚至超過阿里。在很多人眼裡，李小龍就是「功夫」的代名詞，成了一個符號化的全球性偶像級人物，包括拳王泰森、李連杰、甄子丹等眾多世界知名武術家、功夫片名人在內。現在的功夫片就是沿襲了李小龍當時所創建的電影風格。李小龍為這些後輩們鋪好了一條捷徑，他們才得以在較短時間內得到功夫片名人的光環。更有不少演員將「陳真」、「加藤」這些虛擬人物翻拍成各種影視劇，各種李小龍元素不斷加入影視劇中，在娛樂的同時也延續著李小龍的傳奇。

對於日久不衰的李小龍神話，林燕妮做了如下深刻詮釋：

> 他雖然少用中文，但也不是寫不來，他從來不是自詡不會說中文的人，中國的文化和哲學，給了他很大的影響。李小龍神話之所以形成，根源在於他對自己生為中國人的

驕傲。

李小龍墓始終是湖景墓地最熱鬧、遊人聚集最多的地方。每年都有無數龍迷前來拜祭，墓碑也因為龍迷們的狂熱舉動而數度遭到毀壞，甚至鑲嵌在墓碑上的照片都被人冒著觸犯法律的危險撬走。現在看到的李小龍墓碑已經不是最初的那塊了。

新一代的龍迷們或許不再僅僅關心李小龍的武技有多麼不可思議、生平有多曲折或是死因有多離奇，但他們無一例外都能從李小龍這個創造了奇蹟的普通人身上得到啟迪，通過對生活的理解，對自身的探索，將自己的身、心、靈合而為一，最終成為一個完整的人，這正是李小龍創建截拳道的本意所在，也是生活的真正意義所在。

最後，筆者以李小龍對截拳道的一句評價來對本書做結尾：

截拳道並非傷殘之法，而是一大道，朝向生命真諦追尋的坦蕩大道，我們只有在瞭解自己時方足以看透旁人，而截拳道則是朝瞭解自己之道而邁進。

附錄

大事記

一九四〇年　十一月二十七日早上七點，李小龍出生於美國舊金山傑克遜街東華醫院，原名李振藩，族名李源鑫，英文名 Bruce Lee 為接生醫生 Mary Glover 所起。

一九四一年　二月，三個月大的李小龍生平首次登上銀幕，被父親李海泉抱著在關文清編劇、伍錦霞導演的粵劇影片《金門女》中亮相，扮演幼年王萊露。

一九四一年　五月，隨父母一起回到香港。

一九四六年　進入香港嘉諾撒聖瑪麗書院念書。

一九四七年　轉入德信學校念書。

一九四八年　十一月二十四日，《富貴浮雲》上映。這是李小龍的首部粵語影片。藝名「李鑫」，廣告用「新李海泉」。俞亮導演，秦劍編劇，羅品超、小燕飛、李海泉、半日安、胡美倫主演，李小龍參演。

一九四九年　五月六日，參演的《夢裡西施》上映。藝名為「小李海泉」。編劇、導演蔣愛民。羅麗娟、李蘭、廖俠懷、謝君蘇、紅光光主演，李小龍參演。銀鷹影業公司出品，四達影業公司攝製。

一九四九年　十一月二十四日，參演的《樊梨花》上映，藝名為「新李海泉」。畢虎導演，秦小梨、陸飛鴻、少昆侖、林家儀主演，李小龍參演。興隆影片公司出品。

一九四九年　十一月二十七日，李小龍九歲，在生日晚宴上結識張卓慶。

一九五〇年　二月二十日，《花開蝶滿枝》公映。藝名為「李敏」，廣告用「神童小李海泉」、「新李海泉」。俞亮導演。白雲、小燕飛、陳露華、陳天縱主演，李小龍參演。大利影業公司出品。

一九五〇年　五月三十一日，首次主演的《細路祥》首映。馮峰導演。李小龍主演，伊秋水、馮峰、李海泉合演。大同公司出品。報章廣告上用的藝名為「李龍」。

一九五〇年　六月二十三日，參演的《凌霄孤雁》公映。吳回導演。白燕、周志誠、陳楓、張活游、陳露華、林鶯主演，李小龍參演。大聯合影片公司出品，大利影業公司發行。

一九五一年　轉入喇沙書院小學部。

一九五一年　四月十二日，參演的《人之初》首映。首次使用「李小龍」這個藝名。秦劍導演。吳楚帆、黃曼梨、張瑛主演，李小龍合演。大觀編委會出品。

一九五三年　四月三十日，參演的《苦海明燈》首映。秦劍導演。張活游、李清、張瑛主演，李小龍合演。中聯公司出品。

一九五三年　六月二十八日，參演的《慈母淚》首映。秦劍導演。張瑛、紅線女主演，李小龍合演。紅棉公司出品。

一九五三年　九月二十七日，主演的《父之過》首映。孫偉導演，徐泰編劇，龐碧雲、李小龍、小麒麟、小南紅主演。

一九五三年　十月八日，參演的《千萬人家》首映。珠璣導演。吳楚帆、黃曼梨、李清主演，李小龍合演。中聯公司出品。

一九五三年　十一月二十七日，這一天是李小龍的十三歲生日。參演的《危樓春曉》首映。李鐵導演。張瑛、吳楚帆、盧敦、梅綺主演，李小龍合演。中聯公司出品。稍後，在張卓慶的引薦下，拜詠春拳一代宗師葉問為師，學習詠春拳。

一九五四年　參演《愛》及《愛》續集。

一九五五年　一月一日、八日，參演的《愛》及《愛》續集首映。李鐵、李晨風、吳回、秦劍、珠璣聯合導演。張活游、梅綺、馬師曾、白燕、吳楚帆主演，李小龍合演。中聯公司出品。

一九五五年　二月十一日，參演的《孤星血淚》首映。珠璣導演。吳楚帆、張活游、容小意主演，李小龍合演。中聯公司出品。

一九五五年　六月二十四日，參演的《守得雲開見月明》首映。蔣偉光導演。芳豔芬、江一帆、胡楓、朱丹主演，李小龍合演。大成公司出品。

一九五五年　九月八日，參演的《孤兒行》首映。鐵大叔導演。鄧碧雲、梁醒波、鳳凰女主演，李小龍合演。天公公司出品。

一九五五年　十月二十一日，參演的《兒女債》首映。秦劍導演。張活游、紫羅蓮、黃曼梨主演，李小龍合演。中聯公司出品。

一九五六年　二月二十五日，參演的《詐癲納福》首映。蔣偉光導演。新馬師曾、胡楓、白露明主演，李小龍合演。大成公司出品。

一九五六年　九月十日，轉入聖芳濟書院。

一九五六年　十二月二十二日，參演的《早知當初我唔嫁》首映。蔣偉光導演。芳豔芬、任劍輝、胡楓主演，李小龍合演。大成公司出品。

一九五七年　三月十四日，主演的《雷雨》首映。吳回導演。李清、梅綺、白燕、李小龍、盧敦、黃曼梨主演。大生公司出品。李小龍在片中飾演「二少爺」周沖。

一九五七年　十二月六日，參演的《甜姐兒》首映。吳回導演。張瑛、文蘭、梁醒波主演，李小龍合演。

一九五七年　主演電影《人海孤鴻》，飾演片中男主角、問題少年阿三。李晨風導演、編劇。李小龍、吳楚帆、白燕、馮峰、李月清主演。華聯公司出品。

一九五八年　三月二十九日，在聖芳濟書院擊敗過去三年的冠軍加里．埃爾姆斯，贏得校際西洋拳擊少年組冠軍。

一九五八年　與弟弟李振輝搭檔，獲得全港恰恰舞公開賽青年組冠軍。

一九五九年　四月二十九日晚上十點，告別家人，懷揣父親給的一百美元，乘「威爾遜總統號」客輪隻身漂洋過海，遠赴出生地美國讀書。

一九五九年　五月十七日星期日，抵達美國舊金山。在舊金山居住期間，開辦恰恰舞學校，結識李鴻新。

一九五九年　九月三日，來到西雅圖，居住在周露比餐館。每天在餐廳工作四小時，並入讀愛迪生技校。期間，收下了生平首徒傑西·格洛弗，結識木村武之、詹姆斯·德邁爾等人。

一九五九年　在西雅圖開設武術會所。

一九六〇——一九六一年　在西雅圖開設了兩家未向公眾開放的武館。

一九六〇年　三月三日，主演的《人海孤鴻》在香港首映，大獲成功。

一九六〇年　十一月一日，在西雅圖青年會接受一名日裔空手道選手挑戰，僅用十一秒鐘時間便取得了勝利。

一九六〇年　十二月二日，從愛迪生技術學校畢業。

一九六一年　在校園停車場的一個角落設立「振藩功夫道場」。

一九六一年　三月二十七日，就讀於華盛頓大學，主修心理學與戲劇。

一九六二年　四月，在西雅圖唐人街舊樓地窖成立第一家公開的「振藩國術館」。同年，嚴鏡海拜入李小龍門下，同時結識謝華亮、馮天倫、周裕明等人。

一九六三年　李小龍生平唯一一部生前完成的專著《基本中國拳法》，自費出版一千本左右。其間，應邀在加菲爾德高中客串講授中國哲學課，認識了高三女生蓮達·艾米利。

一九六三年 三月二十六日，李小龍攜白人弟子道格·柏爾默由美返港探親。在居住的近五個月期間，葉問破例允許李小龍拍下大量詠春拳對練及器械訓練照片。

一九六三年 九月，琳達進入華盛頓大學讀一年級。李小龍選擇哲學為主修（專修）課。

一九六三年 十月五日，李小龍的功夫表演首次被列為大學開放日的表演項目。隨後，「振藩國術館」由唐人街遷往大學道四七五〇號地下室新址。

一九六三年 十月二十五日晚，李小龍與琳達在新建成的西雅圖城市地標「太空針」首次約會，並在塔頂旋轉餐廳共進晚餐，正式確立戀愛關係。

一九六四年夏 從華盛頓大學肄業，關閉西雅圖「振藩國術館」，飛往奧克蘭開設分館。

一九六四年 八月二日，出席由埃德·派克舉辦的「長堤國際空手道錦標大賽」，做嘉賓表演，技驚四座。並結識李愷、伊諾山度、李俊九等武術界知名人士。

一九六四年 八月十二日，李小龍回到西雅圖，與琳達在西雅圖金郡法院辦理結婚手續。

一九六四年 八月十七日，李小龍與琳達在華盛頓大學的西雅圖公理會教堂舉行了莊嚴而簡樸的婚禮。婚後寄居於嚴鏡海家中。

一九六四年 十二月，李小龍與舊金山教頭黃澤民在奧克蘭振藩國術館比武三分鐘，黃澤民在不接招的情況下滿場逃竄，最終雙方在耗盡體力的情況下，李小龍艱難取勝。

一九六五年　二月一日，李小龍愛子李國豪在奧克蘭出生。

一九六五年　二月四日，李小龍來到洛杉磯好萊塢二十世紀福斯電影公司，為準備出演的《陳查理長子》接受試鏡。

一九六五年　二月八日，李小龍的父親李海泉因心臟病在香港去世，享年六十三歲。

一九六五年　二月十四日，李小龍與李振輝、李秋鳳先後回到香港，與親友家人為父親舉殯。

一九六五年　五月初，李小龍一家三口返港居住了三個多月。

一九六五年　九月二十一日，與好萊塢二十世紀福斯電影公司正式簽訂演員合約。

一九六六年　四月三十日，李小龍與二十世紀福斯公司正式簽訂了三〇集電視影集《青蜂俠》的演出合約。

一九六六年　九月九日，二十六集的《青蜂俠》影集在美國首播。

一九六七年　二月五日，洛杉磯「振藩國術館」在唐人街的學院街六二八號地下室成立。丹·伊諾山度做他的助手。李愷、黃錦銘等弟子於此時加入。在此前後，李小龍開始為好萊塢明星、富豪們做私人授課。

一九六七年　五月六日，應邀出席在美國首都華盛頓舉辦的「全國空手道冠軍大賽」。

一九六七年　五月二十一日，出席洛杉磯全明星空手道錦標賽。

一九六七年　六月二十四日，應邀出席在紐約麥迪森廣場花園舉辦的「全美空手道公開大賽」，並做示範表演。為查克．羅禮士頒獎。喬．路易斯於此時在麥克．斯通的引薦下拜李小龍為師，進行了為期三年的私人訓練。

一九六七年　七月九日，李小龍為自己創立的武術新體系正式命名為「截拳道」。

一九六七年　七月十四日，在電視影集《無敵鐵探長》一集中客串演出三場打鬥。

一九六七年　七月三十日，應邀出席在加州長堤舉辦的「國際空手道錦標大賽」，並與助教伊諾山度做截拳道自由搏擊示範表演。

一九六七年　十一月四日，被柔道家謝華亮邀請在他的柔術界紀念儀式作為嘉賓出席。

一九六八年　六月二十三日，應邀出席美國首都華盛頓舉辦的「全國空手道冠軍大賽」，並做示範表演。

一九六八年　以截拳道創始人身分出席由《黑帶》雜誌主辦的武術論壇。

一九六八年　七月五日，在迪恩．馬丁與莎倫．塔特主演的影片《破壞部隊》中出任武術指導。

一九六八年　八月一日，在詹姆斯．迦納主演的影片《醜聞喋血》中扮演一個功夫驚人的黑社會同性戀殺手。

一九六八年　十月底，遷入位於貝爾區的羅斯高蒙路二五五一號的自購房屋。

一九六八年　十一月十二日，在環球影片公司的《可愛的女人》電視影集中客串一集。

一九六八年　十一月，在電視影集《新娘駕到》之《中國式結婚》一集中以文戲的表演形式，並西裝打扮客串演出。

一九六九年　四月，在哥倫比亞電影公司文藝影片《春雨中的漫步》補拍階段中出任武術指導。

一九六九年　四月十九日，愛女李香凝在加州聖莫尼卡出生。

一九六九年　五月十一日，作為嘉賓出席華盛頓國際空手道錦標賽。

一九六九年　八月二日，出席長堤國際空手道錦標賽。

一九七〇年　二月五日，與李俊九飛抵多明尼加共和國的聖多明戈機場，在李俊九學院做示範講解，並接受電視臺節目錄製。

一九七〇年　二月二十至二十七日，應好萊塢著名導演羅曼．波蘭斯基之邀，飛赴歐洲瑞士，為正在這裡度假的波蘭斯基上私人武術課。

一九七〇年　二月二十八日——三月二日，李小龍來到英國倫敦度假。

一九七〇年　三月底，攜愛子李國豪由美返港省親。

一九七〇年　四月九日，應邀到香港無線電視節目《歡樂今宵》接受許冠文訪問，並與空手道黑帶二段李錦坤及其弟子合作表演。

一九七〇年　四月十日，應邀到香港麗的電視節目《金玉滿堂》接受訪問。之後不久，由

一九七〇年　於與香港最大的邵氏電影公司未能達成合作協定而返回美國。

一九七〇年　四月十五日，離開香港，飛回美國。

一九七〇年　四月二十五日，參加李俊九學院招待會。

一九七〇年　五月二十四日，作為嘉賓出席華盛頓國際空手道錦標賽。

一九七〇年　八月十三日，李小龍在一次舉重訓練中腰椎嚴重受傷，第四腰椎椎節錯位，不得不臥床休息、治療了半年之久，才基本康復。

一九七一年　一月，李小龍與自己的兩位名人弟子、好萊塢影星詹姆斯·柯本、著名劇作家斯特林·西利芬特（Stirling Silliphant）為共同合作構思的功夫電影《無音簫》，一同遠赴印度考察外景地三週，但影片最終未能投拍。

一九七一年　五月，香港嘉禾電影公司派女製片人劉亮華飛赴美國洛杉磯，遊說李小龍回香港加盟該公司，拍攝兩部功夫片。

一九七一年　六月，李小龍出演電視影集《盲人追兇》第一集《截拳之道》中的中國功夫教練。

一九七一年　六月二十八日，李小龍正式簽約加盟香港嘉禾電影公司，並簽訂了主演《唐山大兄》及《精武門》兩部影片的合約。

一九七一年　七月十二日，由美國洛杉磯乘機抵達香港啟德機場，隨即轉機直飛泰國曼谷，投入《唐山大兄》的拍攝工作。

一九七一年　九月三日，《唐山大兄》拍攝完成，由泰國返抵香港，在機場召開記者招待會。並於當天應香港無線電視節目《歡樂今宵》之邀，接受譚炳文訪問。

一九七一　年九月七日，客串三集《盲人追兇》電視影集的演出。

一九七一年　十月十六日晚間九點，攜妻兒、羅伯特・貝克由美國回到香港。鄒文懷動員嘉禾公司全體員工在啟德機場恭候。李小龍一家被臨時安排在九龍窩打老道山文運道二號「明德園」十四樓A座居住。

一九七一年　十月二十二日，再次來到香港無線電視《歡樂今宵》節目，接受劉家傑訪問，並與自己的美國門徒兼特別助理、保鏢羅伯特・貝克合作表演截拳道。

一九七一年　十月三十日，影片《唐山大兄》正式上映。首輪公映二十三天，即創下三百一十九萬七千四百港幣的輝煌佳績，打破此前由美國影片《真善美》所保持的票房，創香港電影史最高紀錄。

一九七一年　十一月三日晚九點，作為主禮嘉賓出席「童軍籌款義映典禮」。

一九七一年　十二月七日，接到美國華納公司的正式書面通知，由他創意並計畫主演的電視影集《武士》（後更命為《功夫》）改由白人演員大衛・卡拉丁主演。）

一九七一年　十二月八日，李小龍出席了在美麗華酒店太和殿「第三屆國語電影週」開幕儀式。當日下午，在香港電視 TVB 演播室，接受加拿大著名談天節目主持人皮埃爾・伯頓的電視專訪。

一九七一年　十二月二十九日，由李小龍創辦的協和電影有限公司（隸屬於嘉禾電影公司，是該公司的子公司）在香港正式宣布成立。

一九七二年　三月二十二日，《精武門》正式上映。首輪公映即創下四百四十三萬港幣的票房，打破《唐山大兄》紀錄，再創新高。

一九七二年　四月十日，斯特林．西利芬特（Stirling Silliphant）夫婦來到香港，遊說李小龍出演《無音簫》。

一九七二年　五月四日晚上八點，兼編、導、演於一身的李小龍，率領攝製組外景隊飛赴羅馬，開拍個人代表作《猛龍過江》。

一九七二年　五月十八日，率領《猛龍過江》外景隊回港。羅禮士、羅伯沃隨行。

一九七二年　五月十九日，李小龍攜羅禮士、羅伯沃在香港無線電視臺《歡樂今宵》節目中亮相，為影片造勢。

一九七二年　六月十二日，出席《獨霸拳王》招待會。

一九七二年　六月二十四日，參加香港無線電視為「六一八雨災」而製作的《籌款賑災慈善表演》節目，與愛子李國豪、好友胡奕表演截拳道，主持人為劉家傑。捐款一萬港幣。

一九七二年　七月二十六日，《麒麟掌》借嘉禾片場開鏡，李小龍主持開鏡典禮。擔任義務武術指導。

一九七二年　七月二十九日，李小龍舉家遷入新購置的私人別墅——九龍塘金巴倫道四十一號「棲鶴小築」。

一九七二年　九至十一月，開拍《死亡遊戲》。合演者有李小龍高足、美籍「菲律賓棍王」伊諾山度，**NBA** 籃球巨星賈霸，韓國合氣道掌門池漢載，香港武打影星陳元、田俊等。

一九七二年　十月十五日，獲金馬獎「最佳演藝特別獎」。

一九七二年　李小龍被美國權威武刊《黑帶》雜誌評為該年度「黑帶群英殿」名人。

一九七二年　十一月二十日，李小龍出席香港 **TVB** 電視臺舉辦的五週年臺慶活動。

一九七二年　十一月二十三日，接受美國華納兄弟電影公司提出的合作協定，同意主演新片《龍爭虎鬥》。該片將由美國華納公司與香港協和公司合拍。

一九七二年　十二月一日，李小龍的恩師、一代詠春拳宗師葉問因咽喉癌在香港逝世。

一九七二年　十二月十八日，被香港權威的報紙《華僑日報》評選為年度「十大影視紅星」。

一九七二年　十二月二十日，在香港大會堂音樂廳接受簡悅強爵士夫人頒發的第十六屆「金球獎」。

一九七二年　十二月三十日，《猛龍過江》正式上映。同日，嚴鏡海在美國因肺癌去世。

一九七三年　一月五日，嚴鏡海葬禮舉行，李小龍未出席。

一九七三年　一月六日，由華納、嘉禾合拍的大型功夫片《龍爭虎鬥》在香港開機。這是李小龍生平首次，也是最後一次在好萊塢的影片中擔綱主演。

一九七三年　三月十三日，在聖芳濟學院作為榮譽嘉賓為運動會獲獎者頒獎。

一九七三年　三月十五日，在《龍爭虎鬥》片場擊敗一名挑戰者。

一九七三年　四月十七日，詹姆斯·柯本飛抵香港，遊說李小龍出演《無音簫》。

一九七三年　五月十日下午五點左右，李小龍為《龍爭虎鬥》英語版配音時暈倒在嘉禾片場，被送往浸信會醫院急診室，隨後轉入九龍聖德勒撒醫院深入觀察。

一九七三年　五月十三日，李小龍出院回家。

一九七三年　五月二十五日，攜帶聖德勒撒醫院的診斷報告，飛往美國洛杉磯做進一步全面檢查，診斷結果無異常。

一九七三年　七月五日下午，李小龍在嘉禾片場試片室與羅維發生口角。羅維報警，警方到場調停，二人衝突方告平息。當晚，就此事件，接受《歡樂今宵》節目何守信訪問。直播當中，李小龍為說明自己不屑於向羅維動武，抬手示範，將何守信撞倒在沙發上，引來公眾非議。

一九七三年　七月二十日夜，李小龍在筆架山道碧華園女影星丁珮家中再次暈倒，被送往伊莉莎白醫院急救，當晚十一點三十分被宣布死亡。

一九七三年　七月二十五日，李小龍遺體在九龍殯儀館出殯。

一九七三年　七月三十日，李小龍遺體在美國西雅圖比特沃夫殯儀館舉行第二次葬禮，隨後在西雅圖湖景墓園下葬，李小龍生前親友與詹姆斯·柯本、史提夫·麥昆、丹·伊諾山度、木村武之、李振輝、秦彼德等為李小龍抬棺送別。

一九七三年　八月十七日，影片《龍爭虎鬥》在洛杉磯好萊塢中國大戲院隆重首映，再次引起轟動。

一九七三年　九月二十四日，香港荃灣裁判署第二法庭裁定李小龍的死因為「死於不幸」。

一九七三年　一〇月十八日，《龍爭虎鬥》在香港公映。

一九七四年　李小龍被國際權威武術雜誌《黑帶》評為「年度武術家」。

一九七九年　美國洛杉磯市政府將《死亡遊戲》的開映日，即六月八日定為「李小龍日」。

一九八〇年　被日本《朝日新聞》選為「七〇年代代表人物」。

一九八六年　被德國漢堡大學選為「最被歐洲人認識的亞洲人」。一九九三年，美國好萊塢名人大道鋪上李小龍紀念星徽。

一九九三年　獲香港電影金像獎大會頒發「終身成就獎」。

一九九八年　獲中國武術協會頒發「武術電影巨星獎」。

一九九八年　獲《時代雜誌》評為「二十世紀的英雄與偶像」，是唯一入選的華人。

一九九八年　獲美國演藝同業公會「終身成就獎」。

一九九九年　美國政府頒授李小龍「多明尼加藝術獎」。

一九九九年　美國《時代》雜誌將李小龍評選為二十世紀最具影響力的一百人之一。

二〇〇〇年　美國政府宣布發行一套李小龍誕辰六十週年紀念郵票。

二〇〇三年　七月二十四日，美國電視臺 VH1 選出歷史上兩百個最偉大的流行文化偶像，李小龍名列其中。

二〇〇四年　英國傳媒協會特為李小龍頒發「傳奇大獎」。

二〇〇五年　獲香港電影金像獎大會「百年光輝之星」獎。

二〇〇五年　入選《人物》「電影百年十強人物」之一。

二〇〇五年　獲「中國電影走向世界傑出貢獻獎」。

二〇〇五年　當選「中國電影百年百位優秀演員」。

二〇〇五年　獲國家「中外文化交流突出貢獻獎」。

二〇〇七年　入選英國 Total Film 雜誌「五十大電影英雄」。

二〇〇八年　被譽為世界武術大師和電影大使。

二〇〇九年　再上美國《黑帶》雜誌封面。

二〇〇九年　美國歷史頻道推出李小龍紀念特輯《李小龍如何改變了世界》。

二〇一一年　由李香凝擔任製片人的紀錄片《我是李小龍》推出。

血統大揭祕

要搞清楚李小龍的血統，首先要弄明白其母——何愛榆的血統，這勢必牽涉到更久遠的年代。

根據史料記載，一七八六年，一個已經擁有兩個的德國猶太家庭——四十歲的雅各（Jacob Levy Bosman，一七四六—一八二九）和他的妻子貝蒂（Betje Simons，一七五五—一八二八）不知何故移民荷蘭，在此地紮根繁衍，家族日益壯大。值得一提的是，這對夫婦及其子女都是德國血統，在荷蘭出生的子女自然是入了荷蘭籍的純種德國人。這對夫妻移民前後共育有六子，他們都娶了荷蘭當地的女子為妻，後代為德荷混血。換而言之，雅各的兒子們都是荷蘭籍德國裔猶太人，而到了他的孫子輩，是荷籍德國——荷蘭混血的猶太人。

到了第四代的何仕文（Charles Henri Maurice Bosman，一八三九—一八九二，以雅各為第一代算起。其實何仕文是他們的家族姓氏，但在各種書籍中，談到此人時都慣稱其為何仕文），也就是香港首富何東的生父這一代，荷蘭血統更多些，但德荷混血依然不變。他於一八五九年與同為猶太裔荷蘭人的合作夥伴來到香港，以販賣華人為生，並很快就認識了因欠下巨債而被親戚從崇明島輾轉賣到香港的上海女子施娣，但由於當時的社會對異國通婚持排斥態度，所以二人只得偷偷摸摸地同居。從一八六一年起，施娣陸續為何仕文產下何柏頤（女）、何東、何福、何啟滿、何啟佳等一女四子。這幾個子女都是中、德、荷混血。一九〇九—一九一〇年期間，已經成為香港首富的何東攜他的弟弟妹妹及子侄前往今上海市崇明島（現為崇明區）尋根，結果找到姨母的兒子祝志昌，並聘請他前往上海看管大宅。也就是說，雖然何東姐弟五人有外國血統，但若以母系論，也有上海血統。

在這串名單裡，沒有何甘棠（一八六六—一九五〇）的名字。坊間傳說他是混血兒，但只要將他與施娣的照片進行對比，就會發現其面貌與施娣幾乎一模一樣，毫無混血痕跡。

另外，據何東家族後人、已故香港歷史學者梁雄姬考證，何甘棠是純中國人，並考據出其生父很可能是活牛貿易商郭興賢（本名郭松，綽號「牛欄松」，生卒年不詳）。一八七三年，何仕文在破產後離港，前往倫敦。一八八八年入籍英國。一八九二年因腦腫瘤惡化未能切除，在倫敦去世，享年五十三歲。坊間流傳何仕文是英國人，應源於此。

何仕文離港後，失去了經濟來源、生活拮据的施娣便旋即改嫁郭興賢做妾，為其生下郭茂超（早逝）、何柏奔（原名郭瑞亭）、何柏娟（原名郭柏娟）等一子二女。

一個女人拖家帶口，何仕文又從不給生活費，肯定很難生活下去。但如果之前施娣與郭興賢素不相識，一個嫁得這麼快，一個娶得這麼快也是不可能的。另外，考慮到施娣已經生育多個子女，郭興賢依然將其娶進門，因此何甘棠只可能是施娣與郭興賢的私生子。

儘管如此，何東依舊將其視為手足，對外親口承認是他的親弟弟，並與之過往甚密。何甘棠過世後，何東還親自前往弔唁，訃告上不但有何甘棠子女們的名字，還寫滿了何東的兄弟們及他們所有後輩的名字（已故去的人名同樣刊登上去）。何東去世時，何甘棠的女兒彭何柏芳、馬何柏嫦、何柏堅等到場祭奠。奇怪的是，何甘棠雖然是何東一母同胞的親兄弟，其死後卻極少被何東的後輩們提及。筆者認為，如果談及何甘棠，便要把施娣的那些陳年往事翻出來，頗令人尷尬；再說，何東已是全港首富，所謂「為尊者諱」，也是可以理解的。何東的後輩梁雄姬的《中西合璧：羅何錦姿》一書中，只有寥寥數語提及何甘棠，並對其頗有微詞。大家族內部的複雜性堪比說不清道不明的後宮祕史，由此可見一斑。但何東後人極少甚至根本不提及此人，也從側面印證了「私生子」一說。

何甘棠是純中國人已是不爭的事實。但何愛榆的身世，就複雜點了。

何愛榆（一九〇七——一九九六年），出生於今廣州市番禺區。有說其原名為「何柏蓉」，但在何甘棠的訃告上，這個名字從未出現過，「何愛榆」這個名字也未在訃告上刊登，顯示其在家庭中的地位並不高，這種做法從側面證明了何愛榆是私生女。

或許是意識到私生子女不被大家族所接納，於是何愛榆被何甘棠帶去上海，讓中俄混血兒張瓊仙（何東平妻張靜蓉的遠房表妹，一八六六——一九六〇年，何甘棠情婦）與其生母一同撫養。何愛榆十九歲時輟學來到香港，據推測，固然有大陸在進行北伐戰爭、政局不穩的原因，但是那年何甘棠六十大壽或許也是原因之一。何愛榆一開始居住在何甘棠的自建大宅「甘棠第」（一九一四年落成，是香港的法定古蹟，現為孫中山紀念館）中，後來因無法忍受何甘棠有這麼多妻妾而搬去何東家居住。

一晚，何東邀請了一家粵劇團來家中演出，很少接觸到戲劇的何愛榆一下子就迷戀上了劇團中一位年輕的當家演員，他就是藝名「李海泉」的李滿船（一九〇二——一九六五）。

何愛榆與李海泉身世懸殊，想要走到一起，幾乎是不可能的事，但是倔強的何愛榆決定無論如何都要與李海泉在一起。兩人經過了種種波折，終於結為伉儷，可說是個奇蹟。據說，當她決定要與李海泉結合時，何甘棠很是失望，因為這違背了他的意願。

一九三八年十月十二日，廣州淪陷，粵劇團的生意更趨蕭條。一九三〇年十月十一日，李海泉出演的第一部改編自粵劇的粵語電影《打劫陰司路》上映。該年，汪精衛投日、汕頭淪陷，為了避難，養活一家老小，也為了響應梨園界抗日救國的號召，一九三九年十二月，李海泉帶著剛生下李忠琛（一九三九——二〇〇八年）兩週的妻子隨大舞臺劇團乘坐「柯立芝總統號」郵輪前往美國做巡迴演出，同時宣傳募捐救國以救濟難民與傷兵。李忠琛與兩個姐姐住在香港的家中，由家人照顧。十二月八日，郵輪抵達舊金山後，巡演便開始。李海泉夫婦住在劇院後的特倫頓街十八號，持有劇團工作證的何愛榆在劇團裡負責看管服裝。

一九四〇年，羅斯福總統批准了《一九四〇移民法案》，該法案於一九四一年一月起生效。該法案規定，出生在美國、入籍美國，或是出生在美國所轄之海外殖民地、孩子出生時母親居住在美國的，無論孩子出生在該法案生效之前或之後，都是美國公民。按照以上法律條文，李振藩一出生便是美籍華裔。於是，一九四一年三月二十九日，為了讓剛滿四個月的李小龍取得美國國籍，何愛榆在三藩市移民局作如下供述：

問：你的父母都是中國血統嗎？

答：我的父親是中國人，母親是英國人。

問：你的母親有中國血統嗎？

答：沒有。

問：你母親的名字和住址？

答：我的母親七年前在上海去世。

何愛榆親口作證，那李振輝說自己母親是「中、英、德三國混血」、外界曾盛傳的「中俄混血說」或「抱養說」等就完全是捕風捉影，經不起推敲的了。中英混血的何愛榆與李海泉結合，生下李秋鳳、李忠琛、李小龍、李振輝共一女三子（在李小龍之前另有一子夭折），其子女自然都是四分之一英國血統，四分之三中國血統，其中最像中國人的是李小龍。該申請兩天後即被批准。

而被稱為「大家姐」的李秋源是李海泉哥哥李滿甜的女兒，李海泉的過繼女。在為李小龍申報美國國籍時，李海泉和何愛榆都曾表示，李秋源為養女，自己生的長女為李秋鳳：

問：你有多少個孩子？

答：我有四個孩子，二子二女，我有一個兒子死了，一個女兒是領養的。

問：說說你的孩子們吧。

答：我的兒子們——（略）

我的女兒們——李秋鳳，生於一九三八年，四歲了，我忘記她的具體生日了……

李秋源，四歲多點，比我的女兒大四十天，是我的養女……

除此之外，對照李秋源與李秋鑽的照片後可以發現，二人外貌極為相似，而與李小龍等混血的弟弟妹妹們很是不同，當屬李海泉哥哥李滿甜的女兒。或因某些原因過繼給李海泉，因此家譜上將李秋源列為李海泉與何愛榆的女兒。

家譜關係圖

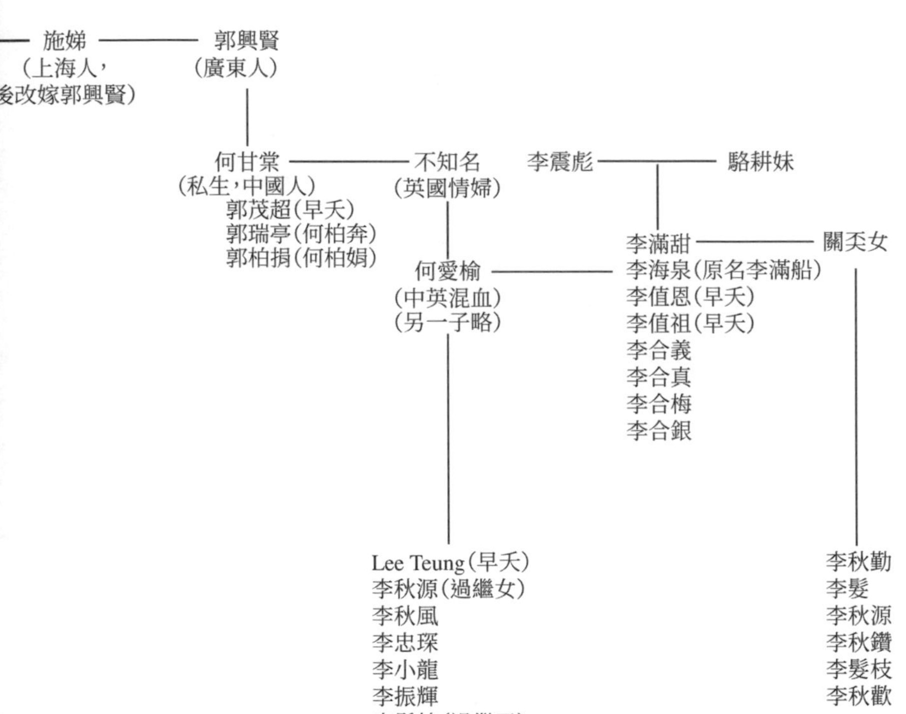
施娣
（上海人，
後改嫁郭興賢）
郭興賢
（廣東人）
何甘棠
（私生，中國人）
郭茂超（早夭）
郭瑞亭（何柏奔）
郭柏捐（何柏娟）
不知名
（英國情婦）
李震彪
駱耕妹
李滿甜
李海泉（原名李滿船）
李值恩（早夭）
李值祖（早夭）
李合義
李合真
李合梅
李合銀
關柔女
何愛榆
（中英混血）
（另一子略）
Lee Teung（早夭）
李秋源（過繼女）
李秋風
李忠琛
李小龍
李振輝
李髮枝（過繼子）
李秋勤
李髮
李秋源
李秋鑽
李髮枝
李秋歡

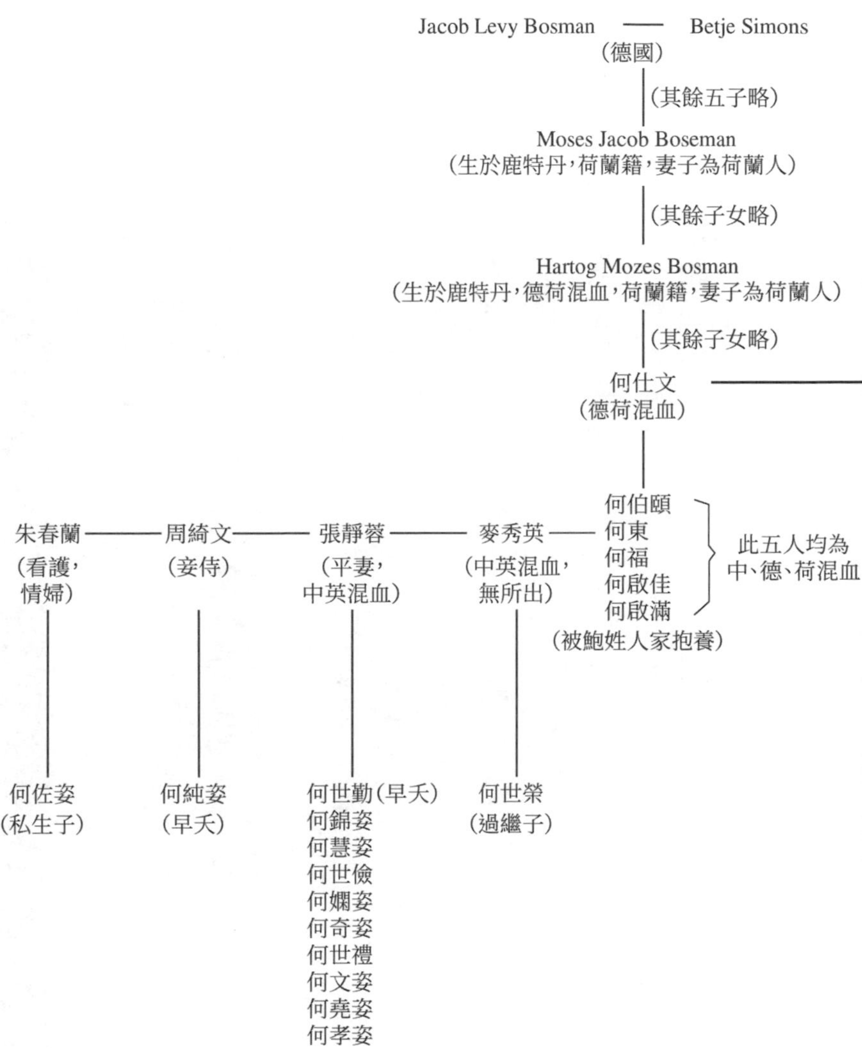
Jacob Levy Bosman
Betje Simons
(德國)
(其餘五子略)
Moses Jacob Boseman
(生於鹿特丹,荷蘭籍,妻子為荷蘭人)
(其餘子女略)
Hartog Mozes Bosman
(生於鹿特丹,德荷混血,荷蘭籍,妻子為荷蘭人)
(其餘子女略)
何仕文
(德荷混血)
何伯顧
何東
何福
何啟佳
何啟滿
(被鮑姓人家抱養)
此五人均為中、德、荷混血
朱春蘭
(看護,情婦)
周綺文
(妾侍)
張靜蓉
(平妻,中英混血)
麥秀英
(中英混血,無所出)
何佐姿
(私生子)
何純姿
(早夭)
何世勳(早夭)
何錦姿
何慧姿
何世儉
何嫻姿
何奇姿
何世禮
何文姿
何堯姿
何孝姿
何世榮
(過繼子)

生平部分足跡

中國		
李小龍樂園	佛山市順德區均安鎮上村鄉	
李小龍順德祖居	佛山市順德區均安鎮上村鄉	
李家廣州祖居	廣州荔灣區恩甯路永慶一巷13號	培正小學內
香港		
李小龍銅像	尖沙咀星光大道東側	
香港文化博物館	文林路一號	李小龍藏品展覽
甘棠弟	中環衛城道7號	何甘棠住宅
彌敦酒店	彌敦道378號	茂林街5號
恒豐中心	彌敦道218號	李家彌敦道住宅
新樂酒店	彌敦道223號	李家經常聚餐的地方
嘉諾撒聖瑪利書院	九龍尖沙咀柯士甸道162號	李小龍入讀的第一所學校
德信學校	油尖旺區柯士甸道103號	李小龍母校之一
喇沙書院	喇沙利道18號	李小龍母校之一

聖芳濟書院	詩歌舞街45號	李小龍母校之一
京士柏公園	油麻地	與父親在此練武
重慶大廈	彌敦道36——44號	原 Bay Side 夜總會
The One 購物中心	彌敦道100號	原東英大廈
香港城景國際酒店	窩打老道23號	原窩打老道青年會
羅曼酒店	金巴倫道41號	原棲鶴小築
爾登豪庭	大埔道369號	原華爾登酒店
長江集團中心	中環皇后大道中2號	原希爾頓酒店
美麗華酒店	彌敦道118——130號	參加國語電影週
美麗都大廈	彌敦道54——64號	經常比武的地方
香檳大廈	金巴厘道16至20號、加拿分道40至46號	在此拍攝過多張舞照
英皇佐治五世學校	天光道2號	與英籍學生打群架
龍華酒店	沙田下禾輋22號	此地常客
九龍倉碼頭	尖沙咀西部海旁	李小龍從此處離港赴美
海運大廈停車場	廣東道3——21號	在此拍攝過多幅照片

海運戲院	廣東道3號海運大廈地下	《唐山大兄》在此首映
大阪日料	亞士厘道14號	最喜歡的日料之一
青山寺	新界屯門	《龍爭虎鬥》外景地
青松觀	新界屯門	《龍爭虎鬥》外景地
大潭灣碼頭	大潭道（浪琴園）	《龍爭虎鬥》外景地
景賢里	司徒拔道45號	《龍爭虎鬥》外景地
快活谷墓地	跑馬地墳場，灣仔	《龍爭虎鬥》外景地
香港仔灣	香港島南部海岸	《龍爭虎鬥》外景地
凱悅酒店	河內道18號	李小龍曾在此暫住
嘉諾撒醫院	舊山頂道1號	李小龍曾在此做汗腺切除手術
浸信會醫院	窩打老道222號	一九七三年五月，李小龍昏迷時曾送至此處急救
聖德肋撒醫院	太子道327號	一九七三年五月，李小龍甦醒後轉院至此
伊莉莎白皇后醫院	加士居道30號	李小龍在此去世
明德園	文運道2號14樓A座	李小龍一家在香港最初住所
香港詠春體育會	旺解水管道3號長寧大廈3樓C座	李小龍在此夜祭先師

九龍殯儀館	楓樹街 1 號 A	李海泉、李小龍的喪禮都在此舉行
澳門		
白鴿巢公園	南灣街和家辣堂街	《精武門》外景地
葡京酒店	葡京路 2——4 號	拍攝《精武門》外景時曾下榻於此
舊金山（San Francisco）		
東華醫院	835 Jackson Street Chinese Hospital	已被擴建
公寓	18 Trenton St	何愛榆朋友家
大明星戲院	636 Jackson St, The Great Star Theater	在此拍攝《金門女》場景
上海飯店	640 Jackson Street	黃澤民曾在此當服務生
公寓（ABC 大餐廳）	654 Jackson Street	曾在此暫住三個多月
大觀戲院旁公寓	772 Jackson street	李小龍曾暫住
御食園川菜館	655 Jackson st, Z & Y Restaurant	曾在此做了一週的服務生
私人公寓	127 Wetmore Street	李小龍曾暫住一晚
金山國父紀念館	836 stockton st	李小龍舞蹈班
商店	810 Stockton Street	唐人街電臺

新聲戲院	1021 Grant Ave, Sun Sing Theature	現為新聲中心
西雅圖（Seattle）		
周露比餐館	Jefferson street 1122	已改建成停車場
西雅圖社區學院	1701 Broadway	愛迪生技術學院
富蘭克林高中	3013 S. Mount Baker Blvd	曾在此補習英語
西雅圖華盛頓大學	4014 University Way	在此就讀並肄業
中華會館	522 7th Avenue	曾在此做示範表演
海城大酒樓	609 South Weller St	未公開武館之一
四川小吃店	420 1/2 8th Ave. South	未公開武館之二
利口福海鮮館	653 South Weller St	練武、休息的會所
某商店	4750 University Way	西雅圖振藩國術館
大同飯店	655 South King St	李小龍最喜歡的西雅圖餐館
湖景墓地	1554 15th Avenue E	李小龍父子在此安息
公理教會大學	45 Ne 16 Ave	李小龍與琳達結婚的地方
太空針塔	400 Broad Street	李小龍與琳達初次約會的地方

比特沃夫殯儀館	300 East Pine St	李小龍美國追悼會在此舉行
奧克蘭（Oakland）		
嚴鏡海故居	3039 Monticello Avenue	李小龍婚後暫住於此
奧克蘭振藩國術館	4157 Broadway	豐田商場
洛杉磯（Los Angles）		
愛群藥房	628 College St	洛杉磯武館
巴靈頓公寓	11740 Wilshire Boulevard	洛杉磯時期公寓之一
某高層公寓	10976 Wilshire Boulevard	洛杉磯時期公寓之一
自購房屋	2551 Roscomare	婚後首套自有房屋
英格爾伍德，霍桑（Ingwood，Hawthorne）		
某居所	2509 W. 115thPlace	短暫居住
卡爾弗（Culver）		
某居所	4114 Van Buren Place	短暫居住
紐約（New York）		
和合中餐館	17 Mott Street, Wo Hop's Chinese Restaurant	父親來演出時一起聚餐

義大利（Italy）		
比薩斜塔	Piazza dei Miracoli（奇蹟廣場）	李小龍在此遊玩並留影
古羅馬競技場	Piazza Venezia（威尼斯廣場的南面）	《猛龍過江》外景地
納沃納廣場	Piazza Navona	《猛龍過江》外景地
古羅馬廣場	Roman Forum	《猛龍過江》外景地
花神萬豪酒店	Via Vittorio Veneto, 191	《猛龍過江》外景地
埃斯特莊園	Villa D' Este	《猛龍過江》外景地
泰國（Thailand）		
曼谷德莫克飯店	78 Prajatipatai Rd	原泰國酒店
北沖瑞姆塔寧酒店	430 Mittraphap road	原新灣仔酒店
印度（India）		
齋普爾宮殿酒店	Sahakar Marg, Tonk Road, 302015	齋普爾王宮改建而成

以上僅為已知的一小部分，或許在您閱讀時，許多地方已經被拆除或重建，或是不知確切地址、或成私人物業而無法進一步尋覓。望有心人能繼續深入探索，找到更多龍的足跡，將這份清單延續下去。

影視作品年表

年份	作品	備註
美國（三個月時）		
一九四一年	《金門女》（Golden Gate）	第一次出鏡，扮演幼年王萊露
香港時期（一九四八～一九五八）		
一九四八年	《富貴浮雲》	第一部電影
一九四九年	《夢裡西施》	
	《樊梨花》	
一九五〇年	《花開蝶滿枝》	
	《細路祥》	第一次主演
	《淩霄孤雁》	
一九五一年	《人之初》	第一次用藝名「李小龍」
一九五三年	《苦海明燈》	

一九五三年	《慈母淚》	
	《父之過》	
	《千萬人家》	
	《危樓春曉》	
一九五四年	《愛》、《愛》（續集）	
一九五五年	《孤星血淚》	
	《守得雲開見月明》	
	《孤兒行》	
	《兒女債》	
一九五六年	《詐癲納福》	
	《早知當初我唔嫁》	
一九五七年	《雷雨》	

年份	作品	備註
一九五七年	《甜姐兒》	
	《人海孤鴻》	赴美前最後一部影片，一九五七年底拍攝，一九六〇年上映。
美國時期（一九六六～一九七一）		
一九六六年	《青蜂俠》（The Green Hornet）	扮演加藤
	《蝙蝠俠》（Batman）	以加藤形象出演三集
一九六七年	《無敵鐵探長》（Ironside）	出演其中一集
	《破壞部隊》（The Wrecking Crew）	武術指導
一九六八年	《醜聞喋血》（Marlowe）	在美國出演的第一部電影
	《可愛的女人》	客串最後一集
	《新娘駕到》（Here Come the Brides）	第一季第二十五集中出演文弱小生
一九六九年	《春雨中的漫步》（A Walk in the Spring Rain）	武術指導
一九七一年	《血灑長街》（Longstreet）	出演過四集並擔任武術指導

香港時期（一九七一～一九七三）		
一九七一年	《唐山大兄》	飾演：鄭潮安
	《精武門》	飾演：陳真
一九七二年	《猛龍過江》	飾演：唐龍 編、導、演、製片、動作指導
	《麒麟掌》	武術指導
	《死亡遊戲》	飾演：海天 編、導、演、製片、動作指導
一九七三年	《龍爭虎鬥》	飾演：李先生 製片、動作指導

注：以拍攝時間為準。

參考資料

中文書籍

李志遠。《李小龍：神話再現》。香港：東方匯澤公司，1998。

成龍。《我是誰──成龍自述》。上海：上海人民出版社，1999。

李秋勤、黃德超。《永恆的巨星：李小龍》。香港：明報出版社有限公司，2000。

張徹。《張徹：回憶錄．影評集》。香港：香港電影資料館，2002。

鄭宏泰、黃紹倫。《香港大老：何東》。香港：三聯書店（香港）有限公司，2007。

張連興。《香港二十八總督》。北京：朝華出版社，2007。

老軻。《香港電影百年：1909──2008》。哈爾濱：黑龍江美術出版社，2008。

李小龍著。溫戈，楊娟譯。《功夫之道：李小龍中國武術之道研究》。北京：中國海關出版社，2010。

羅振光。《李小龍哲理解碼》。香港：匯智出版有限公司，2009。

李振輝。《李振輝回憶錄》。深圳：深圳報業集團出社，2010。

葉準、盧德安。《葉問》。北京：國際文化出版公司，2011。

黃紹倫、鄭宏泰。《何東花園》。香港：中華書局（香港）有限公司，2011。

怡青。《大地史詩：賽珍珠》。北京：民主與建設出版社，2012。

約翰·里特著。劉軍平譯。《生活的藝術家》。北京：北京聯合出版公司，2013。

梁雄姬。《中西融和：羅何錦姿》。香港：三聯書店（香港）有限公司，2013。

李小龍著。鐘海明、徐海潮譯。《李小龍技擊法（全新完整版）》。北京：北京聯合出版公司，2013。

張欽鵬、羅振光。《他們認識的李小龍》。香港：匯智出版有限公司，2013。

黃運特著。劉大先譯。《陳查理傳奇：一個華人偵探在美國》。上海：上海文藝出版社，2014。

李小龍著。杜子心、羅振光譯。《截拳道之道（全新修訂版）》。北京：北京聯合出版公司，2014。

丁珮、圓太極。《李小龍和我的舊時光：半生修行，一生懷念》。北京：北京時代華文書局，2015。

郝吉思。《黃柳霜：從洗衣工女兒到好萊塢傳奇》。香港：香港大學出版社，2013。

英文書籍

Linda Lee. *Bruce Lee:The Man Only I knew*. New York:Warner Communications company, 1975.

Grace Lee. *Bruce Lee:The Untold Story*. Hollywood:CFW Enterprises,1980.

Mito Uyehara. *The Legendary Bruce Lee*. Santa Clarita:Ohara Publications, Inc.1986.

Mito Uyehara. *Bruce Lee:The Incomparable Fighter*. Santa Clarita:Ohara Publications, Inc.1988.

Linda Lee Cadwell. *The Bruce Lee Story*. Santa Clarita:Ohara Publications, Inc.1989.

Bruce Thomas. *Bruce Lee:Fighting Spirit*. Berkeley:Blue Snake Books, 1994.

John Little. *Words of the Dragon*. Boston:Charles E. Tuttle Co., Inc., 1997.

John Little. *Letters of the Dragon*. Boston:Charles E. Tuttle Co., Inc., 1998.

John Little. *Words From A Master*. Chicago:Contemporary Books,1999.

Jhoon Rhee. *Bruce lee and I*. Fairfax:MVM Books,2000.

Greglon Lee. *The Dragon and the Tiger:volume 1——2*. Berkeley:Frog,Ltd., 2003.

Terry Tan. *The straight lead*. Tokyo:Tuttle Publishing,2005.

George Lee. *Regards from the Dragon*. Los Angeles:Empire Books,2008.

Paul Bax. *Disclples of the Dragon*. Denver:Outskirts Press,Inc.,2008.

Steve Kerridge. *Bruce Lee:Legends of the Dragon(volume 1)*.London:Tao Publishing Co.,2008.

Steve Kerridge. *Bruce Lee:Legends of the Dragon(volume 2)* . London:Tao Publishing Co.,2008.

Fiaz Rafiq. *Bruce Lee:Conversations*. Manchester:HNL Publishing Ltd,2009.

Taky Kimura. *Regards from the Dragon:Seattle*. Los Angeles:Empire Books, 2009.

Fred Weintraub. *Bruce Lee, Woodstock and Me*. Los Angeles:Brooktree Canyon Press, 2011.

David Fredman. *Enter The Dragon:The photographer's journey*. New York:Warner Bros Entertainment Inc., 2013.

Tommy Gong. *Bruce Lee:The Evolution of A Martial Artist*. Los Angeles:Ohara Publications Inc., 2014.

Charles Russo. *Bruce Lee & The Dawn of Martial Arts in America*. Lincoln:University of Nebraska Press,2016.

李小龍：不朽的東方傳奇

作者	鄭杰
發行人	林敬彬
主編	楊安瑜
編輯	林奕慈、林子揚
內頁編排	林奕慈
編輯協力	陳于雯、林裕強
出版	大都會文化事業有限公司
發行	大都會文化事業有限公司 11051台北市信義區基隆路一段432號4樓之9 讀者服務專線：（02）27235216 讀者服務傳真：（02）27235220 電子郵件信箱：metro@ms21.hinet.net 網　址：www.metrobook.com.tw
郵政劃撥	14050529 大都會文化事業有限公司
出版日期	2019年07月初版一刷
定價	450元
ISBN	978-986-97711-2-2
書號	98029

Metropolitan Culture Enterprise Co., Ltd.
4F-9, Double Hero Bldg., 432, Keelung Rd., Sec. 1, Taipei 11051, Taiwan.
Tel: +886-2-2723-5216　Fax: +886-2-2723-5220
web-site: www.metrobook.com.tw　E-mail: metro@ms21.hinet.net

◎本書由華中科技大學出版社授權繁體字版之出版發行。
◎本書如有缺頁、破損、裝訂錯誤，請寄回本公司更換。

國家圖書館出版品預行編目(CIP)資料

李小龍：不朽的東方傳奇 / 鄭杰著. -- 初版.
-- 臺北市：大都會文化, 2019.07
416 面；14.8×21 公分. -- (人物誌；98029)
ISBN 978-986-97711-2-2(平裝)

1. 李小龍 2. 傳記

782.886　108005947

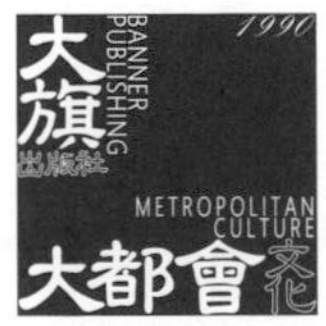

大都會文化　讀者服務卡

書名：李小龍：不朽的東方傳奇

謝謝您選擇了這本書！期待您的支持與建議，讓我們能有更多聯繫與互動的機會。

A. 您在何時購得本書：______年______月______日

B. 您在何處購得本書：____________書店，位於____________（市、縣）

C. 您從哪裡得知本書的消息：

1. □書店　2. □報章雜誌　3. □電台活動　4. □網路資訊

5. □書籤宣傳品等　6. □親友介紹　7. □書評　8. □其他

D. 您購買本書的動機：（可複選）

1. □對主題或內容感興趣　2. □工作需要　3. □生活需要

4. □自我進修　5. □內容為流行熱門話題　6. □其他

E. 您最喜歡本書的：（可複選）

1. □內容題材　2. □字體大小　3. □翻譯文筆　4. □封面　5. □編排方式　6. □其他

F. 您認為本書的封面：1. □非常出色　2. □普通　3. □毫不起眼　4. □其他

G. 您認為本書的編排：1. □非常出色　2. □普通　3. □毫不起眼　4. □其他

H. 您通常以哪些方式購書：(可複選)

1. □逛書店　2. □書展　3. □劃撥郵購　4. □團體訂購　5. □網路購書　6. □其他

I. 您希望我們出版哪類書籍：（可複選）

1. □旅遊　2. □流行文化　3. □生活休閒　4. □美容保養　5. □散文小品

6. □科學新知　7. □藝術音樂　8. □致富理財　9. □工商企管　10. □科幻推理

11. □史地類　12. □勵志傳記　13. □電影小說　14. □語言學習（_____語）

15. □幽默諧趣　16. □其他

J. 您對本書(系)的建議：

____

K. 您對本出版社的建議：

____

讀者小檔案

姓名：______________ 性別：□男　□女　生日：____年____月____日

年齡：□ 20 歲以下 □ 21 ～ 30 歲 □ 31 ～ 40 歲 □ 41 ～ 50 歲 □ 51 歲以上

職業：1. □學生 2. □軍公教 3. □大眾傳播 4. □服務業 5. □金融業 6. □製造業

7. □資訊業 8. □自由業 9. □家管 10. □退休 11. □其他

學歷：□國小或以下 □國中 □高中／高職 □大學／大專 □研究所以上

通訊地址：______________________________

電話：（H）______________（O）______________ 傳真：______________

行動電話：______________ E-Mail：______________________

◎謝謝您購買本書，歡迎您上大都會文化網站（www.metrobook.com.tw）登錄會員，或至Facebook（www.facebook.com/metrobook2）為我們按個讚，您將不定期收到最新圖書資訊和電子報。

BRUCE LEE
The KUNG FU LEGEND

李小龍
不朽的東方傳奇

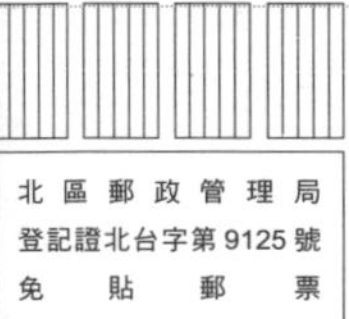

北區郵政管理局
登記證北台字第9125號
免 貼 郵 票

大都會文化事業有限公司
讀 者 服 務 部 收
11051 台北市信義區基隆路一段432號4樓之9

寄回這張服務卡〔免貼郵票〕
您可以：
◎不定期收到最新出版訊息
◎參加各項回饋優惠活動